零起步学做项目经理

管理流程+管理工具+管理方法

吴 艳◎著

中国铁道出版社有限公司

CHINA RAILWAY PUBLISHING HOUSE CO., LTD.

图书在版编目（CIP）数据

零起步学做项目经理：管理流程+管理工具+管理方法 / 吴艳著. -- 北京：中国铁道出版社有限公司, 2024. 11.
ISBN 978-7-113-31532-0

Ⅰ. F224.5

中国国家版本馆CIP数据核字第2024Y3F824号

书　　名：零起步学做项目经理——管理流程＋管理工具＋管理方法
　　　　　LING QIBU XUE ZUO XIANGMU JINGLI: GUANLI LIUCHENG +
　　　　　GUANLI GONGJU + GUANLI FANGFA

作　　者：吴　艳

责任编辑：吕　芟　编辑部电话：（010）51873035　电子邮箱：181729035@qq.com
封面设计：仙　境
责任校对：安海燕
责任印制：赵星辰

出版发行：中国铁道出版社有限公司（100054，北京市西城区右安门西街8号）
网　　址：https://www.tdpress.com
印　　刷：三河市宏盛印务有限公司
版　　次：2024 年 11 月第 1 版　2024 年 11 月第 1 次印刷
开　　本：710 mm×1 000 mm　1/16　印张：16.25　字数：247 千
书　　号：ISBN 978-7-113-31532-0
定　　价：79.00 元

前 言

无论是大型企业还是中小型企业，无论是国际企业还是国内企业，要想长久发展，都有赖于高效、持续的盈利。而企业盈利高低，很大程度上取决于是否做过大项目，大项目做得好不好。

项目做得怎么样，与项目管理人员的能力息息相关。未来，项目管理人才将成为最紧缺的人才之一，成为企业争夺人才的新方向。项目管理人才的炙手可热，源于两方面的原因。

一方面，很多企业都在进行项目化改制，包括金融、电信、工程、建筑与房地产、软件开发、咨询、投资在内，甚至一些餐饮企业也引入了项目管理模式，利用项目管理方法进行餐饮业务开发。这使得项目管理人才的需求大增，特别是拥有丰富经验、综合知识、以专业领域见长的人才一将难求；另一方面，这类人才的"产出"严重短缺。据悉，各大城市招聘会和媒体的招聘广告统计显示，近年来，项目管理人员是各企业"争夺"的焦点，甚至涌现出百余家企业以高薪争聘项目管理人员的火爆场面。

供需的巨大差别，使项目管理人才热急剧飙升，如上海、北京等都已将项目管理人才列入紧缺人才之列。迄今为止，PMI 的项目管理专业人员资格认证（PMP）已被全球近 160 个国家和地区认可，PMP 在国内也被称为继 MBA、MPA 之后的第三块金字招牌，而通过 PMP 认证的项目管理人员则为数不多。

作者旨在打造一本理论性兼实用性的项目管理入门书。全书共八章及两个附录。第 1 章概述项目管理中目前最突出的问题之一——"人才荒"，引出本书后面的内容。第 2～8 章分别按照项目管理的一般过程，从项目管理环节、项目启动、项目执行、项目沟通、关系处理、项目结尾、项目复盘七个层面进行详细介绍。全书语言简洁，案例丰富，读者可以在短时间内了解项目管理的相关知识。

附录分别为项目管理常用工具、常用方法。附录是本书的亮点之一，对项目管理中涉及的工具、方法加以总结提炼，没有枯燥的理论阐述，只有具体的方法技巧，简单实用、紧贴实战，让读者轻松抓住本书重点，把握全书脉络。

限于作者知识水平及阅历，书中难免有疏漏之处，欢迎读者批评指正。

目　录

第 1 章

项目管理困局：管理型人才短缺

在项目运行过程中，管理型人才发挥着重要作用。他能带领团队成员，执行整个项目，并确保各项任务的顺利完成。倘若这类人才短缺，项目就会出现一系列问题，比如进度延误、预算超支、质量下降等。事实是，管理型人才的短缺已经成为当前项目管理最大的困境之一。

1.1　企业项目化改制与巨大的人才需求

很多企业都在进行项目化改制，以实现企业的项目化管理。企业项目化管理是一种非常高效的管理方式，被众多企业引入，涉及各行各业。例如，信息技术业、金融业、电信业、工程与建筑业、房地产业、软件开发业、咨询与投资业等。就连满布街头巷尾的餐饮企业，也逐步引入了项目管理，进行项目化改制，开发和创新餐饮业务。

很多企业在实行项目化改制后，管理效率、执行能力都得到了极大提升，更为重要的是，资源可以得到科学、合理的利用。那么，什么是项目化改制？项目化改制是利用项目管理理论，结合行业实际，逐步演化而来的一种新管理模式。

> 项目化改制，即企业管理者根据项目管理理论对现有的业务进行革新，将烦琐、复杂的传统业务流程简化成具有明确目标的、有严格预算和进度的项目型新业务；然后，结合企业实际进行多方协调，如跨部门调拨资源、组建项目团队等，按照项目管理逻辑、方法对企业业务进行管理。
>
> 其核心是将管理项目的方法论扩展到企业的整个管理活动中，使某一种项目管理方法演变成通用的管理方法。

项目化改制凸显的是企业以"项目为中心"的管理能力，它打破了传统管理的方式和界限。

项目化管理与传统管理有很大区别。

1.传统管理

传统管理是站在企业整体利益和战略的高度，对产品、市场等进行定位，制订计划，并加以实施的一系列管理行为。这种管理模式最大的弊端是，计划与执行很多时候是脱节的，看似完美的计划真正执行起来困难重重，无法落地。

2. 项目化管理

项目化管理则恰恰相反，它是从某一具体业务出发，将业务设想、计划或战略，按照项目管理的思路分割、转化为容易执行的独立业务。比如，薪酬改革、办公场地装修、线路装拆、账单投递、广告活动、新品研发、新品上市等都可以作为一个独立的项目进行组织和管理。

企业项目化管理模型如图 1-1 所示。

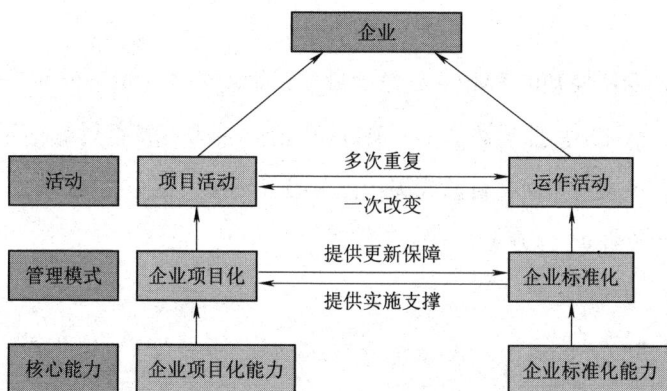

图 1-1　企业项目化管理模型

项目化管理通过将项目管理的原理、理念、方法等运用到企业所有业务，将企业中各种各样的业务当作一个个项目来操作。根本目的是在确保时间、技术、经费和性能指标的前提下，尽可能高效地完成预定目标。

可见，企业实行项目化改制，无论从短期利益，还是长远利益，都有重大影响。而项目化改制对项目管理型人才的需求是非常大的。据统计，上海、北京、广州、深圳等一线城市已将项目管理型人才列入紧缺人才行列；西部地区部分城市，也扩大了对项目管理型人才的引进需求。

1.2　当下项目：管理型人才严重短缺

企业项目化改制使项目管理型人才成为热门职业，但同时也面临着另一个问题，那就是管理人才的严重短缺。这是因为项目化管理，对于大多数行业，目前仍是一种比较新颖的管理方式，再加上综合性比较强，要求管理者具有复合管理能力。

传统管理者转型难度大，新型管理者培养周期又长。因此，这方面人才青黄不接，出现了巨大缺口。2022 年初以来，项目管理人员成为各企业争夺的焦点，在一些招聘会上，曾出现百余家企业高薪争聘一个项目管理人员的火爆场面。而从该行业的整体需求来看，无论国际，还是国内，缺口呈逐年扩大的趋势。

例如，众所周知的 PMP，它是衡量项目管理人才质量高低的一个含金量十分高的资格证书。业界评价一个项目经理是否专业，是否具备资质，都要看是否拥有此证书。然而，目前我国持证人员并不多，截至 2023 年，通过 PMP 认证考试的仅有 40 多万人。

> PMP（project management professional），中文为"项目管理专业人士资格认证"，是由美国项目管理协会（英文简称 PMI）发起的，严格评估项目管理人员是否具备应有的知识、技能的资格认证考试。
>
> 项目管理被美国《财富》杂志誉为 21 世纪的首选职业，在全球近 200 个国家和地区被认可，PMP 在我国也是继 MBA、MPA 之后第三个含金量较高的资格证书。

世界项目管理最权威机构 PMI 发布《2021 年人才缺口：未来 10 年就业趋势、成本及全球影响》报告（以下简称报告），这是 PMI 第四次针对全球项目管理就业及行业活动进行评估。报告从企业岗位需求和行业需求两个维度，对项目管理岗位就业进行了十年展望。

1. 企业岗位需求

预计到 2030 年，全球新增项目管理型人才缺口将高达 2 500 万，这意味着，每年至少需要新增 230 万人，补充到项目管理岗位中去。而在中国市场，这种情况更严峻，项目管理岗位（包括项目经理岗位及相关岗位）增长量、年均人才缺口均为全球最高。10 年项目管理岗位将增至 3 880 万个，人才缺口年均 102 万人，10 年就是 1 000 余万人，如图 1-2 所示。

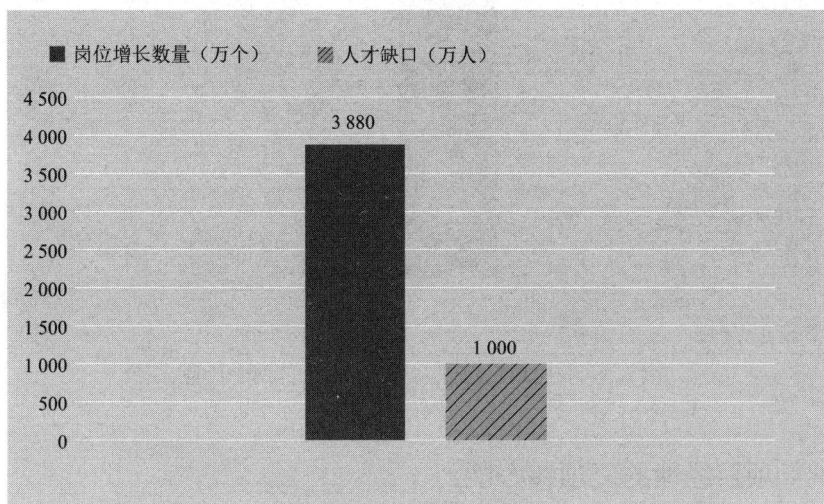

图 1-2　未来十年我国项目管理岗位增长量及人才缺口（预测）

2. 行业需求

从行业角度来看，预计到 2030 年，项目管理人才需求最大的行业，分别为建筑制造业、信息产业、金融保险、服务业、公共设施、石油天然气等。因此，这些行业将是全球项目管理岗位的主要增长点。

就我国而言，建筑制造业、信息产业是对项目管理岗位需求最集中的两大行业。其实，早在 2019 年就已经出现了这个趋势，两项数据在所有行业中分别为 51.9% 和 32.7%，这个趋势势必会持续至 2030 年，甚至更远，如图 1-3 所示。

综上所述，无论是企业岗位需求，还是行业需求，未来一定会需要更加专业的项目管理型人才。对于个人而言，除了认清大势、抓住机遇外，更重要的是加强学习和自我赋能。

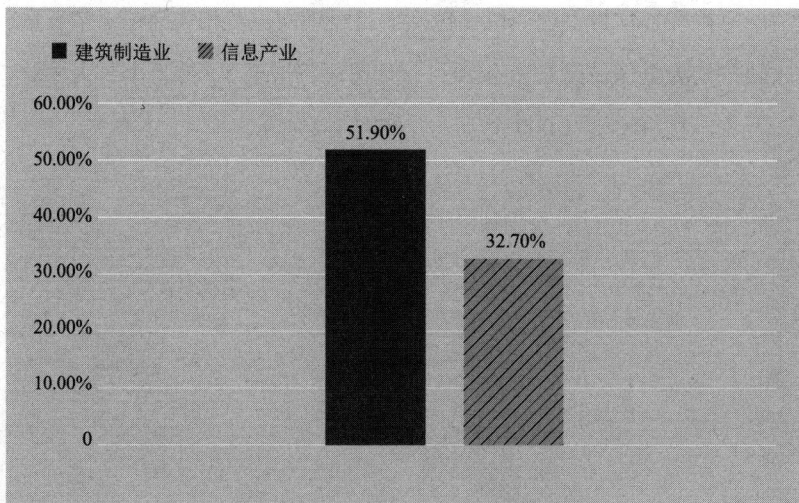

图 1-3　我国项目管理人才需求最大的两个行业

1.3　项目经理的三项核心能力

在整个项目管理过程，项目经理需要全程参与，出现在各个环节，包括决策、组织、规划、控制、协调直至项目交付。在整个项目管理中始终发挥着核心作用，总结起来主要体现在管人、管事、管财三个方面。

1.3.1　项目经理就是处理好人、事、财

项目经理作为项目的核心人物，必须具备超强的综合能力，不但有能力做好项目本身的规划、监督、控制等工作，而且要有能力兼顾项目相关的工作，包括技术合作、营销推广、财务统筹、干系人利益协调、客户关系维护等。

比如，与技术合作方的谈判。在完成对技术合作方的评估，并确认达标后。要就技术的使用条件、价格、合作期限等进行全面沟通，以期达成高度一致。这需要超强的沟通谈判能力。

再比如，就项目成本、费用问题，项目经理必须掌握必要的成本管理方法，确认所发生费用都被准确记录在成本控制线上；监控费用使用情况，以确定与计划的偏差；避免不正确、不合适或者无效变更，反映在成本控制线上；关键

性的费用还要亲自参与核算。

一个优秀的项目经理需要具备的能力很多，综合性越强，对工作越有利。这些能力总结起来，可以归结为三个核心能力：管人、管事、管财。

具体内容如图 1-4 所示。

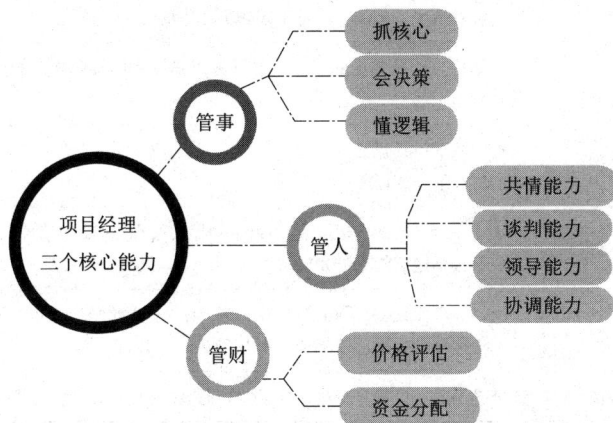

图 1-4　项目经理的三个核心能力

1.3.2　管人：协调团队各方关系

项目经理最重要的工作之一就是带项目团队，并对团队中的每一位成员加以管理，也称为管人。管人是每个项目经理必须具备的一项能力，包括善于与各类人打交道，很好地处理团队中复杂的人际关系，保证团队每位成员各司其职，忠于职守，同时又让每个人都乐意听自己的话，感受到团队的力量，不会产生特别大的矛盾和利益冲突，从而影响到项目的执行。

比如，某团队正在开发一款软件应用。在这个过程中，项目经理可能不会参与具体的研发、技术类工作，但一定得善于处理与技术人员之间的关系，监督每个人的工作，激发他们的工作积极性，确保项目得到足够的技术支持。

那么，项目经理管人需要做好哪些具体工作呢？见表 1-1。

表 1-1　项目经理在管人上具体要做的工作

工　作	详细内容
为团队成员设定 工作目标	为每位团队成员设定特定的目标和任务，以确保每个人都了解自己的工作
跟进团队成员 工作进展	每天召开团队会议，利用项目管理软件跟踪任务和进度，以便及时了解项目的进展情况，确保了解每个人的工作进展
定期检查 团队成员工作质量	定期检查团队成员的工作，这样可以确保他们按照规定的标准进行工作，并及时纠正偏差，没有任何遗漏
团队成员培训	给团队成员提供必要的资源和培训，提高他们的技能和知识水平，有助于他们更好地完成任务
与团队成员进行沟通	建立一个畅通的沟通渠道，使团队成员之间可以交换信息和思路，并让团队成员分享他们的意见和想法
人际关系处理 与协调能力	项目经理要具备人际关系处理与协调能力，能将所有人很好地融合在一起，并且将这种合力进行催化和放大
激励团队成员	鼓励团队成员相互合作，分享他们的经验和知识，以便在困难时相互支持

由此可见，项目经理管人的工作是非常重要的、繁杂的。而做好这些好工作要靠管理者有足够强大的能力支持。所以，作为项目经理，必须学习相应的能力，如图 1-5 所示。

图 1-5　项目经理在管人上应具备的五项关键能力

1. 领导力

项目经理要想成为好的管理者，首先必须成为好的领导者。领导，顾名思义就是领而导之，协助下属工作。

项目经理负有协助团队成员确定工作目标，制订工作计划并执行落实的职责。比如，对项目目标进行精准分析并细分后，一对一地分配给团队中相应的执行人员，让其发挥所长，更好地完成。而不是直接把工作委派下去就不管了，导致团队成员什么都做，忙来忙去，最后什么都没做好。

2.专业力

"专业的事，交给专业的人去做"，这句话适用任何职业，真正凸显出"专业"的重要性。任何项目都有它的专业性，与此同时需要匹配的人去做，只有专业匹配，才能做精、做细，只有做得专业，才能令团队中每个队员信服。

所以，项目经理必须具有专业能力，虽然常说一名优秀的项目经理需要身兼多学科知识，具有综合能力。但具体到某一项目中，还是"一专多知"占优势，即在某一个领域要特别精深，将"深"与"博"结合起来。

3.共情力

管人重在管"人心"，而管"人心"除了能力，靠的就是高情商。高情商一个最重要的体现就是共情能力，它是一种能设身处地，体验他人处境，从而达到感受和理解他人情感的能力。

项目经理要能够"听懂"团队中每位成员的声音，并洞察其背后的动机、需求，充分站在对方的立场想问题、考虑问题。

4.谈判力

项目经理价值的体现，与其资源调动能力大小密切相关。一个项目经理若能高效地调动企业内部、外部各种资源，可以让项目更高效完成；反之，效果则会很差。而要想获取更多的资源支持，项目经理除了拿出令干系人行动的项目利益，还需要具有良好的谈判能力，说服对方支持项目。

谈判是项目资源获取中不可缺少的技能，项目经理身为企业、项目、客户中的一个重要"节点"，具有高超的谈判能力，可以在各方游刃有余，让各方获得利益。

5.协调力

一个团队是有明确分工的。分工明确的工作并天衣无缝地合作，靠的是管理者的协调能力。项目经理必须具备协调团队各方成员的能力，这是保证项目目标实现必须具备的能力之一。

协调力主要体现矛盾和利益冲突的协调能力。比如，项目工期不一，有的几个月，有的长达几年，在项目执行过程中，团队成员之间难免会有矛盾。项目经理要有足够的能力，协调各方消除矛盾，并达成共识。

1.3.3　管事：抓核心，会决策，懂逻辑

管事就是对与项目相关的一切事务进行管理，一个项目中有很多事务需要处理，纷繁复杂，项目经理的主要职责就是捋顺各项事务，做好计划、执行、控制、监督等工作，以保证项目目标更好地达成。

项目经理负责的项目事务见表 1-2。

表 1-2　项目经理负责的项目事务

工　作	详细内容
项目规划	制订项目管理计划，确定项目目标，并描述如何实现这些目标
项目执行	负责项目执行，监督项目成员的工作，并协调各方面的资源来支持项目
项目控制	监测项目进展情况、资源使用情况，掌控项目的进度，控制项目成本
风险管理	识别项目可能面临的风险，并制定应对措施，跟踪和掌控风险的发展
沟通管理	与项目相关方进行沟通，并确保项目计划得到传达、理解和执行
质量控制	确保项目成果符合质量标准，并制定相应的质量控制措施

项目经理需要负责的事务多而杂。如果毫无头绪地做，不但自己很累，工作效率也非常低。所以，项目经理在管事上必须坚持三个原则，第一是抓核心，第二是会决策，第三是懂逻辑。

1. 抓核心

抓核心即抓事务的重点和关键，抓大放小、有主有次，确定事务的优先级，优先完成重要且紧急的事务（至多三件），次要或不太紧急的可以往后延。只要抓住重点，就可以达到事半功倍的效果。

那么，在项目进展的各阶段，项目经理的工作重点又是什么？具体见表 1-3。

表 1-3　项目经理在项目管理各阶段的工作重点

阶　　段	重点工作
启动阶段	识别和分析重要的项目干系人，确定项目沟通策略
	向客户解释项目的范围，明确哪些做，哪些不做
	尽快得到客户的认可，获得客户认可，后面的工作才能顺利开展
	争取客户的大力支持，缺乏客户支持，项目实施寸步难行
执行阶段	积极主动地与客户领导、自己领导沟通，争取他们的支持
	了解项目的状态，掌握项目进度。从全局对项目当前的状态进行评估。一方面，便于掌控项目；另一方面，可随时向领导汇报
	召开周会，周会会议纪要需记录会上达成一致的结论，打印出来交予各方签字确认。用来约束各方的行为，保障各方共同推进项目进展
	做好问题记录表，让项目组和客户对项目存在的问题心里有个底，知道各自的责任，有助于问题顺利解决
收尾阶段	协助客户制订验收计划，做好验收的相关准备，保证项目顺利验收
	总结项目经验教训。项目验收后，认真总结一下项目建设过程中的成败得失，对项目组成员和自身都大有助益

2. 会决策

项目经理需要具备作出决策的能力。对于较简单的活动，决策较少，一般只需要组织项目团队，将工作任务分配给团队成员，做好相应的资源、材料调度供应即可。

但对于复杂的项目，则需要处处决策。比如，团队成员的配合问题、项目达成的标准界定问题、工作流程的衔接问题。同时，项目经理还需要与相关方沟通，确保决策得到支持和理解，并不断跟踪和调整决策的执行情况。

总之，在项目管理中，项目经理需要根据项目的目标、时间、预算、资源和风险等因素来作出决策，以保证项目的顺利进行和成功完成。项目经理需要收集并分析相关数据和信息，评估各种可能性，权衡利弊，最终作出明智的决策。

3. 懂逻辑

懂逻辑即能够透彻、清楚地把握项目每一项任务的前因后果，清晰地知道该任务为什么做（背景）、怎么做（步骤）、做得怎么样（检查点）等，必要时还要承担起其他角色的工作。

比如，在项目进入收尾阶段，需要对产品进行测试，对产品最终质量负责。这时项目经理就充当着技术的角色。测试是一个找问题、解决问题的过程，把可能出现的问题解决掉。

这个过程中会涉及很多技术问题，项目经理主要负责制定测试方案，设计关键测试数据和评审测试案例，负责实施软件测试，完成对产品的集成测试与系统测试。同时，还要将测试出的问题反馈给项目组进行二次修复，没问题后反馈给产品经理进行产品的发布。

1.3.4　管财：既会花钱，又会赚钱

管财，即项目经理在项目管理中要做好与项目有关的财务问题，主要工作包括两个方面：一个是项目成本管理，另一个是项目回款。

1. 成本管理

项目成本管理的好坏，直接与项目经理管理成本的水平、对成本管理的重视程度有密切的关系。因此，项目经理必须重视、懂得成本管理，项目经理在项目成本管理中的职责，见表 1-4。

表 1-4　项目经理在项目成本管理中的职责

职　责	详细内容
确定项目预算	确定项目所需的预算，考虑所有成本涉及的因素，并在项目管理计划中做好成本预算
监控项目成本	项目启动后，跟踪项目成本，确保它们在预算范围内，并采取相应的行动来控制项目成本
评估成本风险	评估可能引起成本增加或成本超预算的风险，并采取措施来降低这些风险
管理成本变更	项目执行过程中成本若需要变更，项目经理要与干系人协商达成共识，并将变化进行记录和沟通
分配成本	项目经理需要考虑如何分配成本，如分配固定成本和可变成本，以便对不同的成本分类进行比较和分析
控制成本	利用资源来控制成本，如资源计划、执行监控等方法，以确保成本保持在预算范围内，并推进项目

续上表

职　责	详细内容
汇报成本情况	为可访问的利益相关者汇报项目的成本情况，如成本累积、成本预测、成本偏差、预算及实际成本
资金分配	结合交付要求，通过制定规则实行对工期的管理、对供应商付款过程的管控。结合项目将每份合同金额进行分配和运用，统一落实付款，保障分包、采购工作
风险管理	项目经理需要识别和评估项目的风险，以便提前采取措施避免或减轻损失。例如，制定应急预案、购买保险等
报告财务状况	定期向相关方报告项目的财务状况，包括预算执行情况、成本花费、收入情况等。这有助于相关方了解项目的进展情况和财务风险

2. 项目回款

项目经理在管理时，负责控制项目成本的职责，同时也需要关注项目回款问题。衡量一个项目是否成功，最重要的指标之一就是能否从客户手中顺利收回项目款。

项目经理在项目回款中的职责见表 1-5。

表 1-5　项目经理在项目回款中的职责

职　责	详细内容
预先确定收入分配	在项目启动阶段，就要明确客户的方式，包括预付款、分次付款、全额付款等
跟踪客户付款	跟踪客户的付款情况，确保付款及时到账
解决付款异议	如果客户存在付款异议问题，需要协调、沟通，解决问题，保证项目的顺利实施
收回拖欠已久的款项	如果客户未按照合同约定支付款项，项目经理需要与客户沟通并采取相应措施，以尽快收回欠款，并确保公司的资金结构稳定
监控其他收入	确保项目按时按量完成，以便及时收到客户的付款。同时，还需要跟踪项目的其他收入来源，如政府补贴、投资回报等
汇报回款情况	要及时向财务部门汇报项目的回款情况，包括已收到的款项、未收到的款项、已超时付款等
财务分析	对项目收入、支出、盈利等财务情况进行分析，更好地理解项目的经济效益，帮助团队作出更好的决策
合同管理	了解并严格遵守与客户签订的合同条款，对价款、付款方式、付款进度等进行管理，以确保合同约定的回款计划得以实现

第 2 章

项目管理的六个环节

　　项目管理是一个完整的，需要在规定时间内持续进行的管理过程。一般情况下，项目管理包括六个环节，分别为做分析、订计划、控制量、抓进度、降成本、防风险。六个环节相辅相成，缺一不可。

2.1　做分析：做好调查工作，防患于未然

项目需要做好调查工作。在项目管理中，调查是非常重要的一项工作，可以帮助项目经理更好地了解项目的需求和背景，为项目的设计和实施提供基础数据和信息。

2.1.1　事前分析：项目可行性分析

在日常生活中，做一件事情之前，很多人会对该事情最终能否达到预期进行可行性分析。项目管理同样如此，尤其是在做大型项目时，在决定做之前进行可行性分析必不可少。

项目经理在决定做某项目之前，应对项目的可行性进行分析。可行性分析就是对影响项目可行性的各种因素进行分析的过程。

项目可行性分析是一种评估项目实施能否顺利，以及最终能否盈利的方法，主要内容包括市场研究、竞争分析、财务预测等方面，见表 2-1。

表 2-1　可行性分析的主要内容

因　　素	具体内容
市场研究	该项目的市场需求、趋势、规模、增长率等市场信息，以及客户的潜在需求和行为模式
竞争分析	评估竞争对手同类项目、产品、品牌、价格策略、市场份额等信息，以及竞争对行业的影响
财务预测	该项目从投产到最后盈利一共需投入的资金、人力、物力、时间等。除各种固定成本和可变成本，还要考虑到其他方面的资本成本投入，投资回报率和回报周期
投资要求	整个项目需要投入多少资金？这些资金如何获得？项目上市后，投资回报率是多少？是可持续还是一次性的？能否满足最低预期回报率
风险分析	项目实施过程中可能存在的风险，包括市场冲击、政策变化、偶然性事件等。这些风险可控吗？能否很好地规避
资源能力	项目实施过程中需要哪些设备，哪些物料，现有的设备及物料供应情况怎么样，在不借助外力或者第三方的情况下，是否能支撑该项目的正常运行
营销策略	营销是项目从计划到上市重要一环。好的项目，没有好的营销也达不到最好的效果。在项目初期，一定要充分估算企业是否有能力上市该项目？是否有足够的渠道和手段推广该项目

以上是项目可行性分析的主要内容，是进行项目管理的重要前提，有利于项目经理在项目正式实施前，从整体上进行评估，比如，需求大小、盈利状况、投入产出、潜在危机等。

2.1.2　事中分析：项目立项条件分析

立项是项目实施阶段的第一件事，特别是大型项目或要列入政府、经济发展计划中的行政项目，项目方需要先向主管部门提出申请，得到批准才能实施。

立项其实就是对项目的筛选过程，只有那些对社会、企业有利，有高投资回报率的项目才能被立项。因此，在项目立项时，项目经理需要明确立项条件，并对条件做进一步分析，确保项目顺利立项。

决定项目立项的条件通常有以下五个。

1. 战略匹配性

从战略高度看项目是否能被立项，不仅要看是否符合企业整体战略方向和目标，是否与企业使命和愿景一致，而且要看是否符合国家相关政策、行业导向，以及能否创造良好的社会效益。

有很多项目经理过于重视前者，而忽视了后者，其实两者是紧密联系的。战略匹配性条件之间的相互关系如图 2-1 所示。

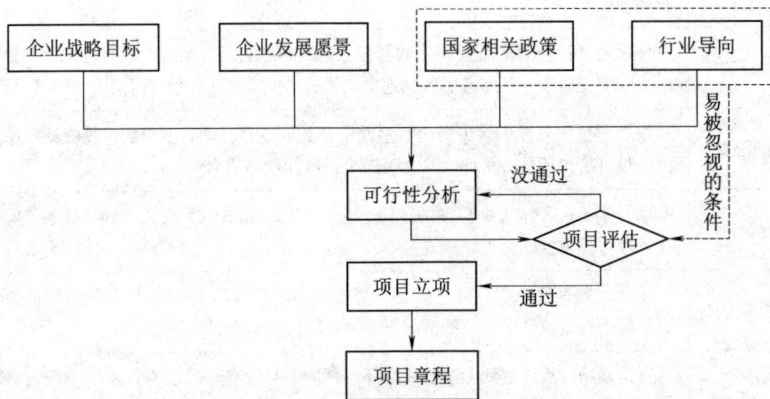

图 2-1　战略匹配性条件之间的相互关系

2. 投资回报率

投资回报率是企业从一项项目投资中得到的经济回报，是分析判断项目投资盈利能力的核心指标。其公式如下。

投资回报率 = 项目税前总利润 ÷ 项目总投资 × 100%

项目投资回报率是否达到预期，是否可以满足投资者的需求，是决定项目能否被立项的重要条件。需要注意的是，投资项目回报率的考量，必须基于项目生命周期，全面考虑项目建设投资、运营成本和税费、营业收入等因素。

3. 项目执行团队的能力

一个项目能否被立项，还与项目执行团队有关，执行团队的能力直接决定着项目能否圆满完成。评价项目执行团队能力的标准有两个：一个是看团队是否有合理的组织结构，另一个是看团队成员的知识、技能和经验。

（1）执行团队的组织结构

执行团队是为实现项目目标而特别设立的一种临时性的组织（组织结构的类型后面会详细讲到）。针对不同项目，团队的组织结构也有所差异。尽管架构的形式不同，但设计必须要合理，具有适应性、灵活性的特点。

（2）执行团队成员的知识、技能和经验

团队成员要具备充足的知识、技能和经验，以确保能够有效地规划、实施、管理和控制项目，保证项目按时、按质量、按预算完成。如果执行团队缺乏必要的技能和经验，项目的执行可能会出现重大问题，导致项目无法按时达成目标，甚至彻底失败。这就需要项目经理重视项目的团队建设，注重团队成员之间的协作和沟通，选定能力、经验和责任心强的成员。

4. 对风险的评估和把控

项目能否被立项，还要看其在实施过程中可能面临的风险，要求项目组对风险要有充分的评估，并且能够制定出切实有效的把控措施。

项目在实施过程中可能面临的风险，如图 2-2 所示。

- 风险1

  项目的成本、进度
  和质量等方面的风险

- 风险2

  项目所涉及的技术、
  资源是否可靠等风险

- 风险3

  上下游连链条中的
  供应商、客户等风险

- 风险4

  市场需求、竞争情况、行业
  标准、法律法规等外部环境风险

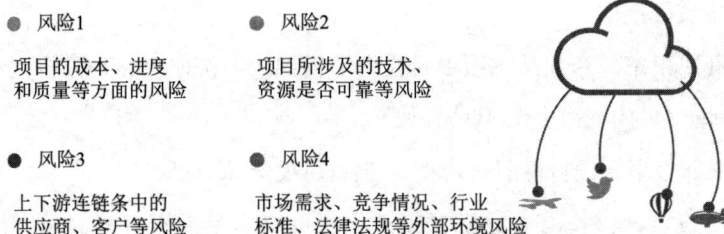

图 2-2   项目在实施过程中可能面临的风险

5. 资源的可用程度

资源的质量、数量、使用时限等会影响项目的执行效果，充足的资源可以提高项目的工作效率和生产力，从而为项目带来更好的结果。项目所需的资源包括资金、人员、技术和设施等，这些资源是否充分可用，以及它们在合理的时限内的可用程度。

资源的可用程度对项目的执行效果有着非常重要的影响。如果项目所需要的资源难以获取或者无法被满足，那么可能会导致项目面临延误、超预算、降低质量等各种问题，导致最终结果不理想。

因此，在项目立项前，需要对所需资源进行充分评估，确保资源的充分性。同时，要求对资源的实时使用情况进行把控，一旦出现断供应立即采取补救措施，要有足够的应对能力。

综上所述，分析项目的立项条件需要综合考虑多种因素，大到企业的战略方向和目标，小到人力、物力、财力供应。只有对各个条件进行充分评估，才能确保项目的顺利立项。

2.1.3   事后分析：突发事件应对补救

在项目实施过程中，突发事件是不可避免的，对项目造成的影响也是十分重大的。那么，这些事件都包括哪些呢？项目管理中的突发事件见表 2-2。

表 2-2   项目管理中的突发事件

事 件	具体内容
预算超支	项目的成本超出预算，特别是进度较短的情况下，可能会导致项目无法按时完成或质量不佳

续上表

事　　件	具体内容
进度延误	进度延误可能是由于各种原因引起的，例如资源缺乏、技术故障等。如果项目不能按时完成，可能会导致额外的成本或者客户不满意
人力不足	由于项目经理或成员离职、缺乏技能或不合适，可能导致项目进度受到影响。为了避免这些问题，需要在项目启动前，选择合适的团队成员和工作流程
技术障碍	现有技术难以支撑项目的正常开展，比如，App 的开发项目，技术是关键，开发工具的错误使用，代码质量问题，与第三方应用程序的集成问题等都是重大技术障碍
交付问题	项目无法按时交付，造成客户不满，从而影响项目的声誉和未来的商业机会

上述事件，发生任何一项，项目都将难以继续实施。这时，项目经理要及时、快速地采取行动，并与领导层、团队成员、合作伙伴、客户进行沟通，共同商定应对策略。那么，具体应该如何做呢？通常按以下五个步骤进行，如图 2-3 所示。

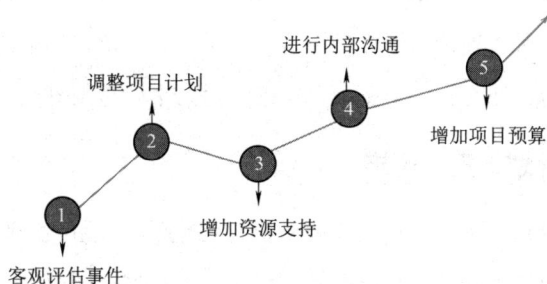

图 2-3　项目经理处理突发事件的五个步骤

1. 客观评估事件

如果突发事件对项目造成了重大影响，必须及时重新评估项目风险，并采取适当的措施来降低风险。

2. 调整项目计划

突发事件可能会导致项目计划出现偏差，因此需要及时调整项目计划，以确保项目能够按照计划进行。

3. 增加资源支持

在处理突发事件期间，可能需要增加更多的资源来完成任务。这可能包括人员、财务和物资等方面。

4. 进行内部沟通

突发事件通常需要快速决策和行动，为了使项目能够有效地应对突发事件，需要做好内外部协作与沟通工作，并确保各方都能得到充足而正确的信息。

5. 增加项目预算

突发事件发生，一般需要增加一定的预算，以应对可能带来的额外成本。如果没有足够的预算，处理起来可能会受到限制。

总之，既然突发事件不可避免，那就用快速的反应机制和完善的预案来弥补，将不利影响降到最低。

2.2　订计划: 欲善其事，计划先行

好的计划是成功的一半。任何事情要想成功离不开科学、合理的计划。在项目管理中，项目管理计划同样扮演着非常重要的角色。如果说项目经理只有精力做两件事情，那么，一个是项目实施，另一个就是制订项目计划。

2.2.1　没有计划，无计可施

好的管理计划是项目管理的重要前提，贯穿于整个项目管理过程中。然而，大多数企业的项目管理计划只停留于表面，导致计划形同虚设，与执行"两层皮"，对执行起不到任何指导作用。

没有计划的项目，就像海上没有目标的孤舟，飘到哪儿是哪儿，不知道去哪儿，一不小心还会翻船。而好的计划，在整个项目管理过程中都发挥着至关重要的作用，是保证项目有序进行的重要一环。因此，项目经理做项目管理首要工作就是制订项目管理计划。

1. 明确计划的意义和定义

项目经理和项目团队制订项目管理计划，用于指导项目的执行和详细控制，是项目后续执行的主要依据，提前识别项目风险，降低失败率，保证项目目标得以实现。

但项目管理计划不是单一的计划，而是一个系统集合，整合了项目基准和各个环节的子计划，目的是全方位、全流程规范和指导项目的执行。

项目管理计划集合示意图，如图 2-4 所示。

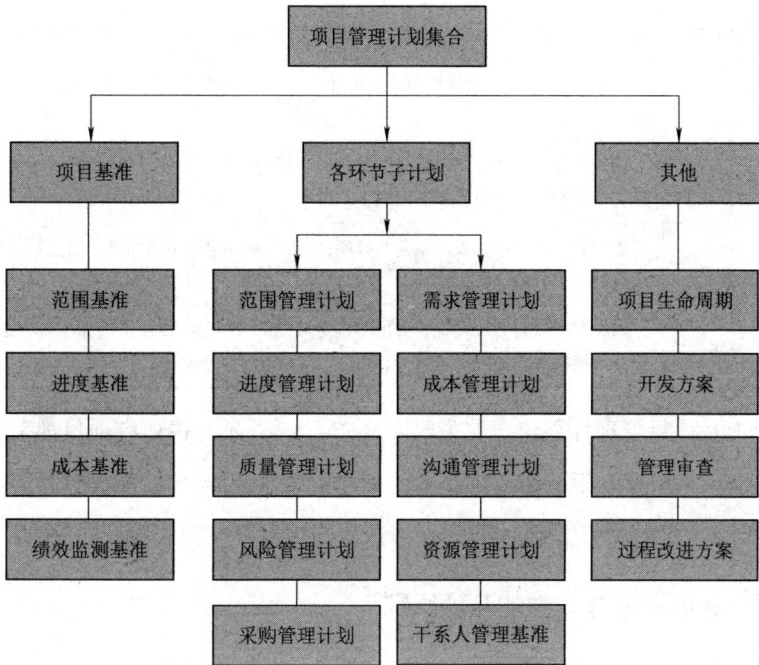

```
                      ┌──────────────────┐
                      │   项目管理计划集合   │
                      └──────────────────┘
         ┌────────────────────┼────────────────────┐
   ┌──────────┐         ┌──────────┐         ┌──────────┐
   │  项目基准   │         │  各环节子计划 │         │   其他    │
   └──────────┘         └──────────┘         └──────────┘
        │            ┌───────┴───────┐            │
   ┌──────────┐  ┌──────────┐  ┌──────────┐  ┌──────────┐
   │  范围基准   │  │ 范围管理计划 │  │ 需求管理计划 │  │ 项目生命周期 │
   └──────────┘  └──────────┘  └──────────┘  └──────────┘
   ┌──────────┐  ┌──────────┐  ┌──────────┐  ┌──────────┐
   │  进度基准   │  │ 进度管理计划 │  │ 成本管理计划 │  │  开发方案   │
   └──────────┘  └──────────┘  └──────────┘  └──────────┘
   ┌──────────┐  ┌──────────┐  ┌──────────┐  ┌──────────┐
   │  成本基准   │  │ 质量管理计划 │  │ 沟通管理计划 │  │  管理审查   │
   └──────────┘  └──────────┘  └──────────┘  └──────────┘
   ┌──────────┐  ┌──────────┐  ┌──────────┐  ┌──────────┐
   │ 绩效监测基准 │  │ 风险管理计划 │  │ 资源管理计划 │  │ 过程改进方案 │
   └──────────┘  └──────────┘  └──────────┘  └──────────┘
                 ┌──────────┐  ┌──────────┐
                 │ 采购管理计划 │  │ 干系人管理基准 │
                 └──────────┘  └──────────┘
```

图 2-4　项目管理计划集合示意图

2. 明确计划包含的内容

项目管理计划作为项目管理的总体规划，包括的内容很多，项目规模越大，所含内容就越多。但任何计划在具体撰写时都有一些规律可循，一部分是必备内容，一部分是根据项目实际情况而增加的特殊内容，项目管理计划的内容见表 2-3。

表 2-3　项目管理计划的内容

项目内容	具体解释
介绍项目概况	介绍项目的基本情况，让执行者了解项目最终将要呈现的状态
明确项目团队成员职责	写明项目经理、项目经理的主管领导、客户方联系人、客户方的主管领导、项目领导小组（即项目管理团队）和项目实施小组人员

项目内容	具体解释
列出项目清单	列出项目清单是制订计划的基础工作,尽管每个项目千差万别,但列出一个实际有效的项目设计清单是最起码的,适用于各种项目和部门
明确各自职责	列出团队成员各自扮演的角色,应承担工作任务及各项任务之间的关系
分配项目时间	为所有工作制定明确的期限,起始、完成时间节点,每一个时间点都要罗列清楚
确定成本计划	确定项目所需物料的基础上,计算每一种的成本、必要费用支出等。成本应该是力求以在保证项目效果的前提下,以最低的成本获取最大效果
制订计划变更预案	当项目实际与预期发生偏差的时候,需要采取一定的措施纠偏。当偏差过大时,还需要变更计划
制定应急预案	对项目实施过程中可能遇到的不确定风险进行预估,并制定应急预案。在此部分尽可能将风险的识别、分析、管理、控制进行详细描述

以上是项目管理计划包含的主要内容,当然,并不是说所有项目都是这些。比如,一些小项目就不会涉及这么多,再加上项目是一个动态变化的过程,可以随着计划的实施情况,随时更新,以适应项目需要。

2.2.2　保证计划有效性的八项原则

许多项目经理制订的项目计划貌似完美,但在落实时,总会出现与执行脱节的情况。一旦出现脱节情况,就说明该计划是无效或部分无效的。因此,项目经理在制订计划时必须按照一定的原则,客观分析、全盘考虑,既要保持严肃性,又不失灵活性。

制订项目管理计划应遵循八项基本原则,如图 2-5 所示。

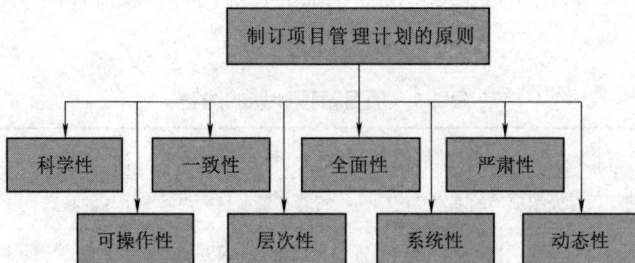

图 2-5　制订项目管理计划应遵循的八项基本原则

1. 科学性

好的项目管理计划，在于科学性与合理性，而制订科学、合理的计划就必须坚持科学性原则。

科学性原则主要体现在以下三个方面。

首先，不要为了计划而计划。项目计划主要是用于指导项目工作的开展，必须基于项目的实际情况及最终目的。

其次，计划中各项工作任务的界定要清晰，要可把控。在进行工作分解时，要尽可能详尽，并且在分解后还要全面仔细检查，尤其要检查计划是否有遗漏。

最后，工作进度安排要合理。立足项目实际情况，合理分配项目各阶段所需的人力、物力和财力，并在此基础上明确各项阶段任务完成的时间，设置不能过慢，也不能过快。

2. 可操作性

在制订项目管理计划时坚持可操作性原则是非常重要的。因为计划如果无法实施，即使再好的计划也无法达到预期的目标。项目管理计划的可操作性原则是多层面的，包括时间、资源、技术等，见表 2-4。

表 2-4　项目管理计划的可操作性原则

项目可操作性原则	具体内容
时间可操作性	考虑时间约束，包括可用时间、交付日期、早期开始时间和拖延时间等，这些时间要与项目目标相一致并能够实施
资源可操作性	要考虑可用资源，包括人员、资金、设备和材料等。需评估资源是否足够，能否满足项目目标和要求
技术可操作性	要考虑实施所需的技术能力和可行性，包括技术设备的可行性、操作系统的支持、测试工具的可行性等
风险可操作性	要考虑潜在的风险因素，包括人员离职、技术问题、预算问题、需求变更等，确保制订相应的风险预警和处理计划
质量可操作性	要考虑质量可行性，包括编写的代码是否有效、设计和维护能力、用户体验等

制订项目管理计划要综合考虑以上因素，确保计划的可操作性。如果发现某些因素可能会影响计划的实施，项目经理要及时调整，以免造成更大的影响。

3. 一致性

一致性原则就是要确保计划与企业的发展目标一致。那么如何确保计划符合一致性原则呢，这就需要按照以下五个步骤来做，如图 2-6 所示。

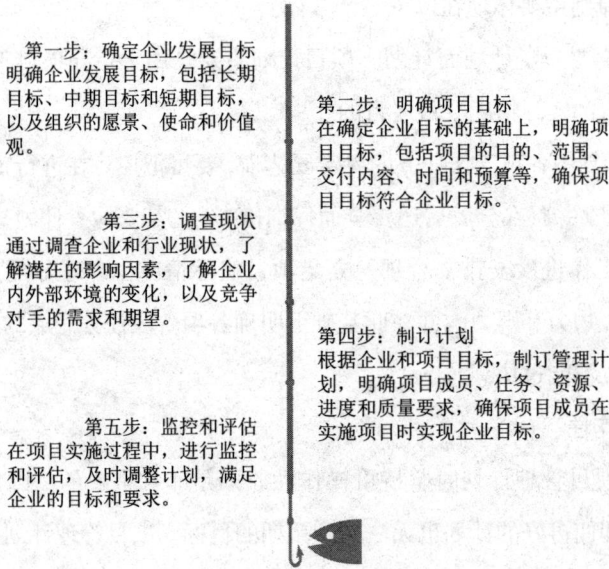

第一步：确定企业发展目标
明确企业发展目标，包括长期目标、中期目标和短期目标，以及组织的愿景、使命和价值观。

第二步：明确项目目标
在确定企业目标的基础上，明确项目目标，包括项目的目的、范围、交付内容、时间和预算等，确保项目目标符合企业目标。

第三步：调查现状
通过调查企业和行业现状，了解潜在的影响因素，了解企业内外部环境的变化，以及竞争对手的需求和期望。

第四步：制订计划
根据企业和项目目标，制订管理计划，明确项目成员、任务、资源、进度和质量要求，确保项目成员在实施项目时实现企业目标。

第五步：监控和评估
在项目实施过程中，进行监控和评估，及时调整计划，满足企业的目标和要求。

图 2-6　计划符合一致性原则的五个步骤

通过以上步骤可以确保计划与企业目标一致。同时，项目经理需要与企业领导层进行紧密合作，确保项目与目标始终步调一致，并能够得到足够的支持。

4. 层次性

层次性是制订项目管理计划的一个重要原则，将项目目标和范围分解为若干可管理的工作包，并逐级分解为具体的任务和活动。

分层次的具体做法如图 2-7 所示。

5. 全面性

项目管理计划必须具有全面性，以保证被所有成员和干系人充分理解和参考。全面性就是要包括项目管理过程中所有方面、环节和任务。具体内容前一节曾简单介绍过，项目全面性包括十个方面，表 2-5 对此做了详细解释。

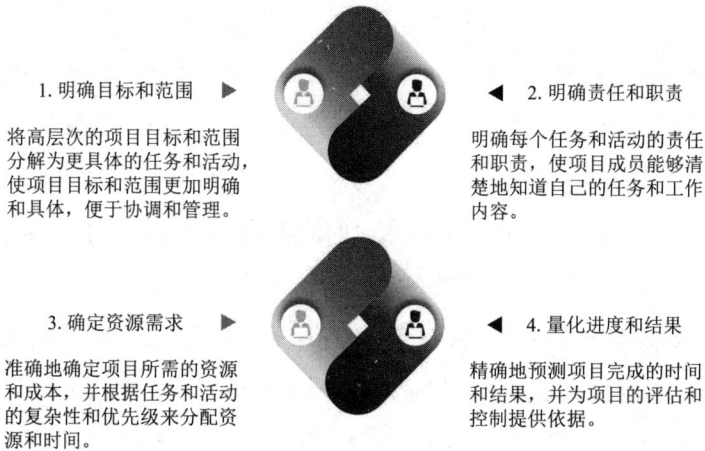

1. 明确目标和范围　▶

将高层次的项目目标和范围分解为更具体的任务和活动，使项目目标和范围更加明确和具体，便于协调和管理。

◀　2. 明确责任和职责

明确每个任务和活动的责任和职责，使项目成员能够清楚地知道自己的任务和工作内容。

3. 确定资源需求　▶

准确地确定项目所需的资源和成本，并根据任务和活动的复杂性和优先级来分配资源和时间。

◀　4. 量化进度和结果

精确地预测项目完成的时间和结果，并为项目的评估和控制提供依据。

图 2-7　分层次的具体做法

表 2-5　项目全面性包括 10 个方面

项目全面性	具体内容
项目范围管理计划	包括明确项目范围、制定项目工作分解结构、编制项目需求和规格说明等
项目进度管理计划	包括制订项目进度计划、资源需求计划、时间管理方法和项目进度控制
项目成本管理计划	包括确定项目成本估算、项目成本预算、项目成本控制等
项目质量管理计划	包括质量管理方法、质量保证计划、质量控制计划等
项目需求管理计划	包括需求调研、需求分析与设计、需求确认、需求跟踪服务及需求变更等
项目风险管理计划	包括风险识别、评估、规划和应对策略等
项目沟通管理计划	包括项目沟通方法、信息发布计划、项目报告计划等
项目资源管理计划	包括人力资源需求计划、团队建设计划、培训计划等
项目采购管理计划	包括采购工作的计划、流程、程序以及风险控制
项目整体变更管理计划	包括管理项目变更、变更提出、审批和实施的方案等

6. 系统性

项目经理在编制项目管理计划时，应保证项目各阶段或各承包单位各计划的有机连接，保证计划的系统性。

要想确保计划的系统性，需要做足两方面工作：一方面，充分了解计划实施的外部条件；另一方面，兼顾与其他工作的界面联系。

（1）充分了解计划实施的外部条件

计划实施的外部条件可以包括许多，例如政治、法律、环境、市场等。项目经理需要认真分析这些因素，以了解实施项目各要素之间的关系。比如，既需要考虑政策、市场需求、法律法规等对项目实施可能产生的影响，又要考虑与其他项目、相关组织和利益相关者之间的联系。

（2）兼顾与其他工作的界面联系

项目经理需要了解和协调项目与其他相关项目、任务和任务之间的关系，以确保项目成功所需的协调和沟通，并减少冲突和延迟。例如，在编制项目管理计划时要确定项目所需的资源，例如人力、资金、物资等，同时要考虑与其他项目或组织共享资源的关系，以便协调和处理相关资源共享的问题。

总之，了解外部条件和界面联系是项目经理编制项目管理计划的关键因素，这将有助于确保项目目标的实现，并提高项目管理的效率和成效。

7. 严肃性

项目的严肃性表现在两个方面：一是当计划被批准，开始执行后，计划内容是不能随意更改的；二是如果需要更改，必须与各方沟通，说明变更原因。

（1）计划内容不能轻易更改。计划内容应该被视为必须遵守的要约，一旦确立必须严格按规定执行。项目计划反映了项目利益相关方的共识和承诺，任何内容都是经过审慎考虑，并且批准和授权的。如果更改，就意味着要约将重新评估和调整，预算、进度、资源分配和沟通等都要进入新的计划流程。

（2）若需更改必须符合流程。当计划内容需要变更时，项目经理必须与相关方进行交流和沟通，以确保所有人员都知道计划的变更，变更后将对目标造成什么影响。同时，必须采取合理、合法的流程。

在项目实施过程中，计划变更是监控和控制阶段的一部分，以确保任何变更都不会对项目目标造成任何不必要的影响，同时维持项目的开展和实施进程。总之，项目计划的严肃性对于项目的成功至关重要，并且应当遵守项目管理的最佳实践和应用基本原则。

8.动态性

项目开始之前，制订一个好的项目管理计划十分有必要。但这份计划不是固定不变的。因为计划在实际操作过程中，受各种因素的影响，可能会有一些变化，例如，预算限制、需要提前或延迟交付、增加临时任务等。在这些情况下，计划都要根据实际情况进行调整。

因此，项目管理计划势必是具有动态性的，这样，才能确保计划和实际保持在同一节奏、同一频道上。作为项目经理，要意识到计划动态性的重要性，并按照实际情况及时做出相应增加和删减。

2.2.3　五步写出完美计划书

完美的项目管理计划书，即使寥寥几页，也能井井有条地呈现整个项目的管理轮廓，并能满足所有干系人的需求。那么，项目经理如何写出完美的计划书呢？可以按照以下五个步骤来做，具体如下。

1.撰写项目范围说明书

项目范围说明书是项目管理计划书中最重要的文件之一，它正式明确了项目所应该产生的成果和可交付的成果。同时，也明确了项目中所有干系人达成共识的项目范围，为项目决策提供管理基线。

无论什么项目，在正式实施之前，一定要先有项目范围说明书。那么，如何撰写项目说明书呢？

首先,充分了解应该写什么内容。一份完整的项目范围说明书的主要内容，总结起来包括四个方面，见表 2-6。

表 2-6　项目范围说明书的主要内容

序　号	具体内容
1	描述项目范围、主要可交付成果、假设条件和制约因素
2	记录整个范围，包括项目和产品范围，并详细描述项目的可交付成果
3	代表项目干系人之间就项目范围所达成的共识
4	明确指出哪些工作不属于本项目范围

其次，结合项目范围说明书基本格式进一步完善。项目范围说明书包括项目信息、项目交付成果、项目实施办法、项目工作范围、其他工作五个部分。这五个部分共同构成了项目范围说明书的基本格式，见表2-7。

表 2-7　项目范围说明书的基本格式

项目范围说明书
1. 项目信息
提供项目名称、客户名称、项目经理及项目发起人姓名等与项目相关的一般信息
项目名称：_____　起草人：_____
项目经理：_____　日期：_____
项目发起人：_____　最新更新日期：_____
2. 项目的交付结果
陈述项目的交付结果（产品的技术参数）及完成项目的衡量指标
3. 实施项目的方法
详细陈述项目是依靠内部完成的，还是需要外部力量的帮助和介入，以及项目范围变更管理的方法
4. 项目工作范围
确定项目需要完成的工作，包括相关的业务要求
5. 其他工作
确定不属于项目范围的工作，包括相关的业务要求

2. 确定项目时间计划

任何项目从提出到目标的最终达成，都需要有明确的时间限制。计划书最重要的一个内容就是明确项目每个部分的起止、完成时间等。

一个项目时间计划按照"总—分"原则，大致可以分为五个关键时间计划，如图 2-8 所示。

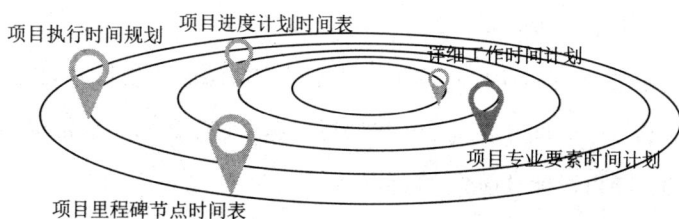

图 2-8　项目的五个关键时间计划

（1）项目里程碑节点时间表

项目里程碑节点时间表是对项目主要活动、里程碑事件和关键交付物时间的一个统筹规划。通常不要求列出详细的时间节点，仅列出项目中关键点即可。通常由企业高层或总经理创建，然后由项目经理遵照落实，项目执行团队人员组成及其职责见表 2-8。

表 2-8　项目执行团队人员组成及其职责

成员	职责
项目负责人	制订项目详细的执行计划，带领团队成员完成项目任务； 项目结束后还需要做好项目移交工作
实施人员	负责项目的具体实施，保证项目进度、目标的如期达成
技术员	负责项目的技术支持，包括与生产、营销、采购等各部门做技术对接
材料员	负责项目材料管理工作，包括材料验收、搬运、存储； 用料检查和监督； 仓库消防、安全工作
质量安全员	协助项目经理做好各项目质量与安全的检查工作，对质量不达标的进行监督整改
预算员	对项目所需材料进行管理，包括图纸、工料分析，工程分包、劳务结算，进度预算、材料调差，材料规格、型号、材质； 协助财务成本核算

（2）项目执行时间规划。项目执行时间规划是对项目里程碑节点时间的

细化、扩充，也是下一层次时间规划的汇总。该时间规划一般是按项目进度、区域来划分，以全面控制进度，内容包括设计、采购、施工等阶段中的里程碑和主要活动。对上要符合项目总体统筹进度要求，对下要约束项目各阶段工作的进度。通常由"业主"创建，使用者包括但不限于总经理、赞助商、项目经理。

（3）项目专业要素时间计划

项目专业要素时间计划是按照关键路径方法编制的项目时间计划，以便向管理层报告。该时间计划基于关键路径的施工进度计划，通常由"主包商"编制，作为其项目投标过程的一部分。

该时间计划跨越项目整个生命周期全程，包括所有主要里程碑、设计、采购、施工、检验、调试和试生产环节。使用者包括但不限于项目计划人员、项目经理、施工经理或业主代表、监工和工头。

（4）项目进度计划时间表

项目进度计划时间表，是具体操作层次的关键路径时间计划，重在表现项目总体时间概念，显示所有项目阶段应完成的所有活动。

该时间表比较详细，通常由项目经理或工程师编制，包括计划中所有工作，多用于项目分阶段进度的管理与实施，比如，项目的决策计划、采购计划或调试计划等。使用者包括但不限于项目经理、监工和工头。

（5）详细工作时间计划

详细工作时间计划是对项目进度计划时间表的细分，是一种短期的时间计划，用于显示在特定区域，协调具体任务的时间详细安排。计划由监工或工头编制，以协调他们在细节层面的工作。计划根据工作特性定期更新，每周、半月或一月一次，以确保各工序的平顺衔接，使用者包括但不限于施工经理、工长、班组长、工头、领班。

3. 确定项目执行团队

项目的实现预期目标，有赖于一支强有力的团队，而组建高效项目团队的基础是选择合适的人员。一个完整的、理想的项目执行团队通常由六类人员组成，见表 2-8。

4. 编制项目成本计划

做任何项目都会涉及花钱，这时对项目成本的规划和管控就显得非常重要。只有将成本控制在合理范围内，才能实现项目利益的最大化。

编制项目成本计划是为规划、管理、花费和控制项目成本而制定的规范性文件。目的是对项目各阶段所需的成本做预先分配，为整个项目资金的用途提供指导，全面反映项目资金的动态和流向。

编制项目成本计划通常需要做好以下三个方面，如图 2-9 所示。

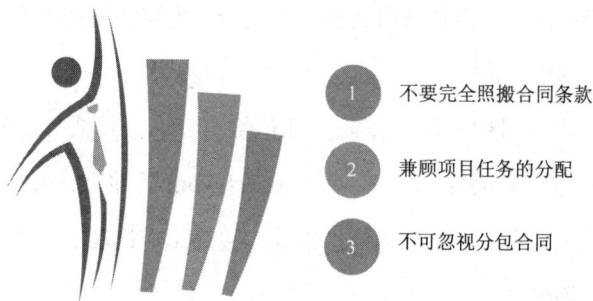

1	不要完全照搬合同条款
2	兼顾项目任务的分配
3	不可忽视分包合同

图 2-9　编制项目成本计划需做好三个方面

（1）不要完全照搬合同条款

编制项目成本计划是以合同中的项目成本估算、合同价格等条款为基础的。需要注意的是不能完全照搬。因为随着项目进度的调整、资源的变化，以及其他客观环境的变化，项目成本必须做相应的调整，以达到最优化分配。

如果调整的幅度较大，须得到项目管理委员会的同意，同时签署变更合同或分包合同变更协议。

（2）兼顾项目任务的分配。项目成本与项目任务的分配有很大关系，在编制项目成本计划时要兼顾工作任务的分配情况。如果按照常规工作任务量进行分配，成本是可控的；如果按照时间段进行分配，成本则会不可控。

比如，一些按时付费的项目，支付成本与和项目进度密切关系。项目进度一旦被延误，就可能导致支付项目人员的成本增加。在这种情况下，项目预算成本与实际成本可能就要有差距，在成本预算时还要考虑到不可控因素，谨慎分配。

（3）不可忽视分包合同

如果项目中某项工作如果需要分包，是需要签订正式的分包合同的。分包合同包括两类。一类是当项目中某项工作需要分包给公司内部其他部门时，与对方签署的一种分包合同简称 PWAA，即 project work authorization agreement 的缩写，又叫项目工作授权协议，是对所分包工作的详细描述，包括预计进度、预计成本、质量要求、验收标准等信息。虽然在公司内部不会因为工作分包而发生实际的货币流通，但各部门的实际收入和支出需要单独核算，以此作为考核各部门绩效的重要依据。

另一类是当项目中某项工作需要外包给第三方公司或分包商时，与对方签署的一种分包合同简称 SOW，即 scope of work 的缩写，又叫工作说明书，通常指对所分包出那部分工作的详细描述，包括工作进度、交货日期、质量标准、付款条款等内容。

5. 完善项目的反馈机制

项目管理计划只是给项目管理给出了整体的规划，但在实际实施过程中需要很多更为详细的辅助计划。其中一个就是项目的反馈机制，因此，完善项目的反馈机制，用于对各方的情况进行及时沟通和反馈，非常重要。

那么，项目经理如何完善项目的反馈机制呢？可以从以下四点做法入手，见表 2-9。

表 2-9   项目经理完善项目反馈机制的四点做法

做　　法	职　　责
建立多样化反馈渠道	包括线上、在线反馈传统渠道在内的反馈体系，同时也要考虑新型方式，比如，社交媒体、在线聊天或短视频等多种方式
坚持透明化反馈沟通	反馈处理过程应该对反馈者进行透明解释，告知对方是否已经得到解决方案，如果未得到解决方案，则说明原因

续上表

做　　法	职　　责
持续改进	根据反馈建议进行持续改进，并将改进情况反馈给各方
收到反馈 及时回复	在收到反馈后应该尽快回复对方，确认已经收到反馈并尽可能快地提供解决方案

2.3　控质量：质量是一切项目的"生命线"

质量是一切项目的"生命线"，要时时刻刻将质量放在第一位，严格把控项目质量。对于不达标的，要应坚决返工。因为任何一个质量不达标的项目，会直接危及干系人的利益、财产甚至生命安全。

2.3.1　进行质量管理，将质量放在第一位

做项目必须树立质量意识，严格把控项目质量，坚持"质量至上"。因此，项目质量管理成为项目管理中不可忽视的一个部分。

项目质量管理，简单说就是为了保障项目的质量，整合和协调各种资源，运用一整套管理手段和方法，以确保项目质量达到预期。那么，如何做好项目质量管理呢？

1. 明确项目质量管理的内容

项目质量管理的内容包括项目质量规划、项目质量保证、项目质量控制三个部分，如图 2-10 所示。

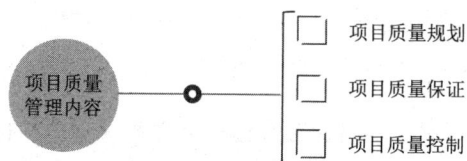

图 2-10　项目质量管理的内容

（1）项目质量规划

项目质量规划是确保项目按时按质完成的关键，图 2-11 为项目质量规划

的基本步骤。

①明确项目目标和需要满足的质量标准
了解干系人或客户的需求，确定项目目标和可接受的质量标准

②确定质量控制和保证活动
根据项目需求和质量标准，确定实施质量控制和保证活动的方式和时间表，以确保项目达到预期的质量水平

③建立质量管理团队
建立负责质量管理的团队，确定质量管理人员的职责和责任，以确保项目的成果符合预期质量标准

④明确质量管理计划
根据项目需求和质量标准，明确所有质量管理活动，包括质量控制、质量保证、质量审计等

⑤建立质量测量和监控机制
确定质量测量和监控机制，以便及时识别潜在的问题和风险，并及时采取纠正措施

⑥培训和教育团队
提供培训和教育，以确保所有参与质量管理的成员都理解其职责和责任，并知道如何按照质量管理计划执行活动

⑦监督和控制质量
在项目执行过程中，持续监督和控制质量，以确保产品或服务符合质量标准。同时根据质量测量和监控机制，及时识别并纠正任何违规行为或问题

⑧报告项目质量状况
定期向相关人员报告项目质量状况，包括已经采取的行动和成果，以便业主或客户对项目质量有清晰的了解

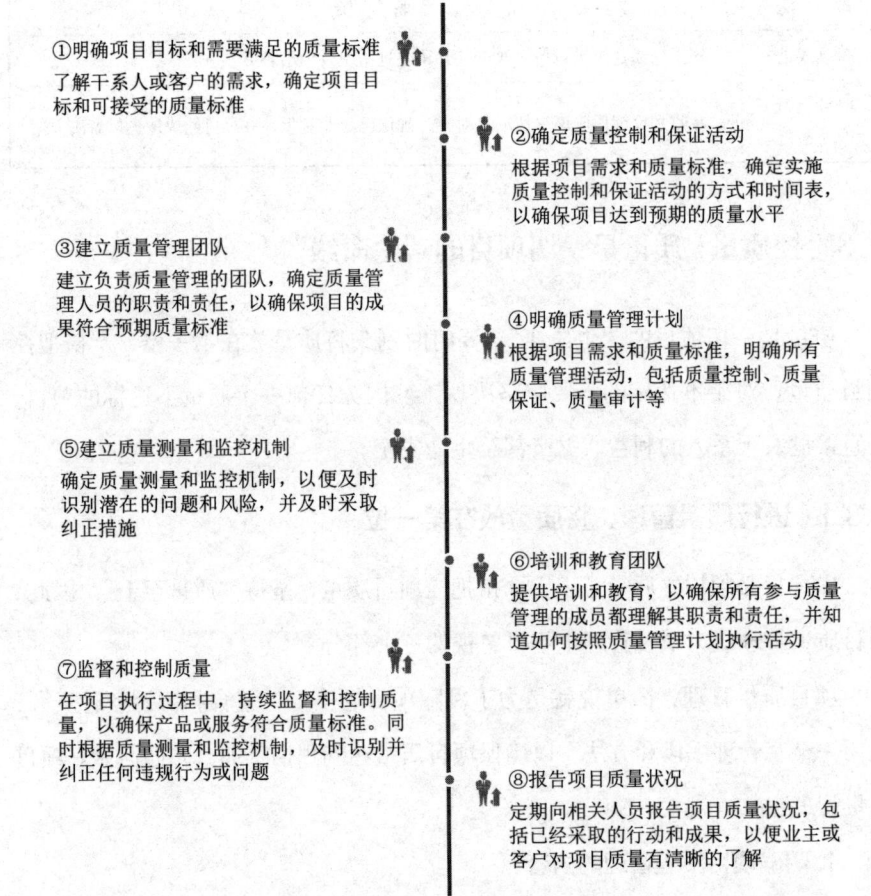

图 2-11　项目质量规划的基本步骤

通过以上步骤，就可以制定出完整的项目质量规划，并按计划执行，以确保项目达到预期质量水平。

（2）项目质量保证

项目质量保证是确保项目按照预设标准和要求完成的过程，图 2-12 为项目质量保证的常用方法。

总之，项目质量保证需要考虑到项目开发的整个生命周期，并适时调整质量保证计划，以确保项目成功达到预期目标。

①质量保证计划
清晰地描述项目完成后的验收标准，并确定需要监控和测量的质量标准

②质量审核
质量审核确保项目符合预定目标的保证，常用审核方式分两类：检查开发过程中的文档、代码和产品；对产品的实际测试

③过程分析
按照过程改进计划来识别改进内容，主要是对根本原因的分析，即识别问题、探究根本原因，并制定预防措施

④测试计划
构建有效的测试计划是质量保证的重要组成部分。该计划应该清楚地定义需要测试的功能和目标，以及测试过程中应该使用的工具和技术

⑤持续监控
确保项目按质量标准进行。监控可以通过结构性示范、再检查测试和质量审核来完成。同时，应该适时地对项目进行评估，并对质量保证计划进行调整

⑥效率评价
项目质量保证需要评估项目中的过程和产品，以提高效率和保证项目开发质量。这通常需要专业评估机构根据现有标准对项目进行评估，以确定改进方案

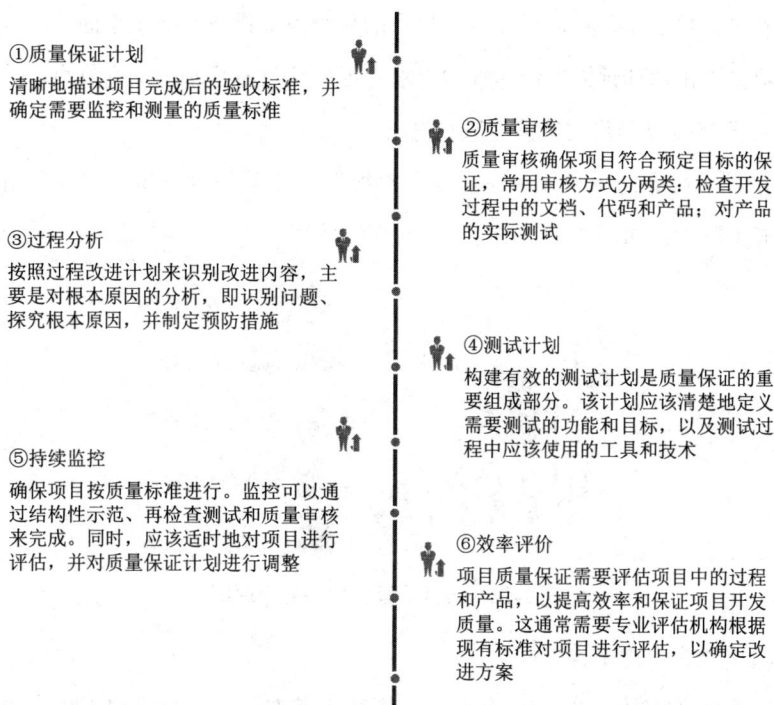

图 2-12　项目质量保证的常用方法

（3）项目质量控制

项目质量控制就是要监督、记录质量活动的执行结果，以此来评估项目绩效，并进行必要变更的管理活动，确保项目符合预期的质量标准和要求。项目质量控制的作用着重体现在两个方面：一是识别过程低效或产品质量低劣的原因；二是确认项目可交付成果，并满足主要干系人的既定需求。

那么，具体如何对项目质量进行控制呢？具体方法如图 2-13 所示。

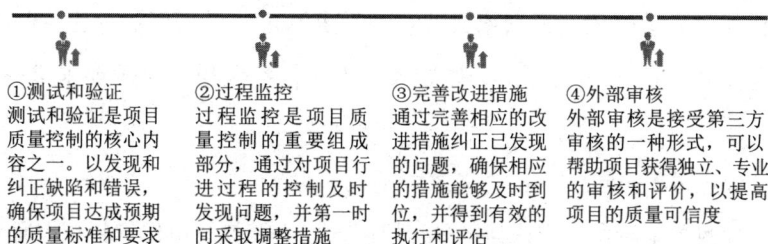

①测试和验证
测试和验证是项目质量控制的核心内容之一。以发现和纠正缺陷和错误，确保项目达成预期的质量标准和要求

②过程监控
过程监控是项目质量控制的重要组成部分，通过对项目行进过程的控制及时发现问题，并第一时间采取调整措施

③完善改进措施
通过完善相应的改进措施纠正已发现的问题，确保相应的措施能够及时到位，并得到有效的执行和评估

④外部审核
外部审核是接受第三方审核的一种形式，可以帮助项目获得独立、专业的审核和评价，以提高项目的质量可信度

图 2-13　项目质量控制的具体方法

总之，项目质量控制需要针对项目的各个方面进行，务求全面、系统，以确保项目真正达到预期质量标准和要求，提高项目质量水平和竞争力。

2. 严格按照项目质量管理原则进行

在对项目进行质量管理时需要严格按照一定的原则办事，即项目质量管理的五个原则，如图 2-14 所示。

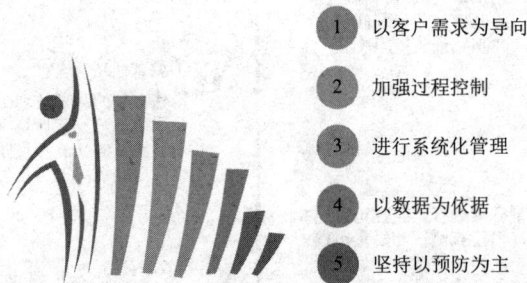

图 2-14　项目质量管理的五个原则

（1）以客户需求为导向

质量管理必须以客户为中心，关注客户需求，以满足客户需求为出发点和落脚点。坚持为客户提供最高质量的产品和服务，把客户需求贯穿到各项工作中去。

（2）加强过程控制

加强过程控制，是保证项目达到预设质量的重要保证，而且能够降低成本、减少失误率。一旦发生差错，可以快速找到问题产生的原因，并及时调整。

那么，如何进行项目过程控制呢？可以采取以下四种措施。

①建立全面的过程控制框架

在项目启动阶段，根据项目特点和需求制定一个全面的过程控制框架，并对每个环节的工作内容、工作方式、工作标准及质量管理要求进行明确规定。

②促进过程协同

在项目各个阶段，应该强调过程协同，建立有效的协作机制和沟通平台，使项目各阶段的工作人员都能够实现信息和资源的高度共享，对项目进行有效协同控制和管理。

③建立质量控制体系

在项目过程控制中，应该建立质量控制体系，为制订详细的质量计划，明确质量要求，突出质量控制关键点。

④精细化管理

项目过程管理要精细化，对项目各项管理进行详细的拆分和分类，编制出详细的计划和工作方案，从细节之处对进度和质量进行监控和调整。

（3）进行系统化管理

项目质量管理中的系统化管理就是要在整个项目生命周期中，建立一系列质量管理体系，以确保项目能够按照计划要求达到质量目标。系统化管理的主要内容如图 2-15 所示。

建立质量管理计划

确定质量指标

设计质量保证体系

开展质量检查和测试

其他方面管理

图 2-15　系统化管理的主要内容

①建立质量管理计划

制定项目质量标准和过程，明确各项质量任务的责任、执行时机和方式。

②确定质量指标

明确各种质量要求的状态、实现标准和测量标准，以便实时监控项目质量。

③设计质量保证体系

确定包括人员、程序和设备等各种资源的质量管理方法，构建质量保证体系，并将其应用于项目的整个过程。

④开展质量检查和测试

结合质量计划和质量指标，开展质量检查和测试，并及时对测试结果进行数据分析和统计。

⑤其他方面管理

其他方面管理包括风险管理、持续改进等。比如，针对各种可能出现的风险，及时制订应对计划并实施；基于质量管理的数据分析，结合实践反馈和新技术，持续完善质量保证体系。

（4）以数据为依据

质量控制要建立在有效的数据基础上，必须依靠能够反映客观实际的数字和资料，否则就谈不上科学管理。

而做到靠数据说话就需要使用统计方法，对项目本身及其相关方面进行科学的分析和整理，从积累的大数据中，找出规律。并据此研究项目质量的波动情况，寻求影响项目质量的主次原因，掌握保证和提高工程质量的客观规律，以保证项目的高效建设。

（5）坚持以预防为主

坚持以预防为主的原则，强调的是提前预防，防患于未然，将问题发生的可能性降到最低。这是项目质量管理中一种新的趋势。过去，消极防守，事后检验，而如今已经逐步转型为积极预防，事先管理。项目管理的全过程必须事先采取各种措施，消灭种种不符合质量要求的因素。如果各质量因素预先得到保证，那么项目质量就有了保证。

2.3.2　制订项目质量计划，从重结果到重过程

项目质量计划简单说就是为确定项目应该达到的质量标准，以及达到这些项目质量标准而要做的项目质量的计划与安排。制订项目质量计划，应该明确计划所含详细内容、明确项目质量达成标准、质量管理评价和反馈方式等。

1.项目质量计划的内容

项目质量计划包含的五项内容，如图2-16所示。

2. 质量要求的达成标准

在项目质量管理过程中，需要明确质量目标和质量标准，以便项目的质量得到有效的管理和保证。通过明确项目实施过程中需要达到的具体质量目标和标准，可以有效地监控项目的过程和结果，避免可能会影响项目质量的因素和问题，以确保项目最终达到客户或干系人的要求。

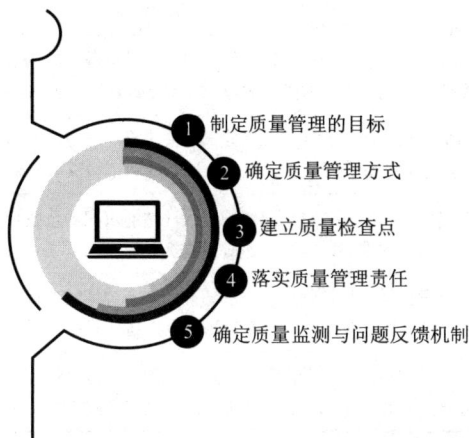

图 2-16　项目质量计划包含的五项内容

质量要求的达成标准通常包括以下四个方面，见表 2-10。

表 2-10　质量要求的达成标准

标　　准	具体内容
功能性标准	该标准指项目交付的产品或服务所必须满足的功能需求，它通过明确功能定义、设计产品或服务目标，以及功能测试等方式来实现
可靠性标准	该标准指项目交付的产品或服务所必须具备的可靠性要求，包括操作稳定性、可维护性等，它通过制定可靠性指标、实验室测试、现场测试等方式来实现
适用性标准	该标准指项目交付的产品或服务所必须考虑到的用户需求，包括用户体验、易用性等，它通常通过调查、用户访谈、用户反馈等方式来检验是否满足用户的需求
性能标准	该标准指项目交付的产品或服务在性能方面需要达到的标准，包括响应速度、处理能力等，它通过测试、监控等方式来实现

通过明确这些质量要求的达成标准，可以更好地实现对项目质量的管理和保证，确保项目能够达到预期的质量标准和客户的要求。

3. 质量管理评价和反馈

在项目质量计划中，评价和反馈是至关重要的部分，这部分有助于项目经理了解团队的绩效，并识别项目已完成部分和需要改进或优化的部分。常见的评价和反馈方式有五种，见表 2-11。

表 2-11　常见的评价和反馈方式

方　　法	具体内容
客户调查	通过客户调查，组织可以了解客户对产品或服务的满意度和需求。这些反馈可以帮助组织确定需要改进的领域，并实施具体的改善措施
内部审核	内部审核是组织定期自我审查的重要工具。通过内部审核，组织可以发现潜在的问题、风险和改进机会，并采取适当的纠正和预防措施
外部审核	外部审核是第三方机构对组织进行评估的过程。这些审核可以帮助组织确定是否符合相关标准和法规，并评估其绩效水平
绩效考核	绩效考核是一种评估员工表现的方法。通过绩效考核，组织可以了解员工的强项和弱点，并提供适当的反馈和培训以提高他们的表现水平
经验教训总结	经验教训总结是一种学习和改进的过程，通过总结过去的项目或事件，在组织中分享成功和失败的经验，并确定改进机会以避免将来的错误

2.3.3　项目质量管理的四种方法

选择正确的项目质量管理方法，可以确保项目按计划实施，快速达到预期目标。那么，项目质量管理方法主要有哪些呢？常用的有以下四种。

1. 流程图法

流程图法是用于梳理项目实施过程及项目不同部分相互关系的一种方法。流程图的表现方式主要有两种：一种是系统流程图，另一种是因果图。

（1）系统流程图

系统流程图又称程序流程图，如图 2-17 所示。主要用于展示一个系统中各要素之间存在的相互关系。这种流程图的优势在于，可以帮助项目管理人员预测项目哪些环节可能会产生什么质量问题，有助于提前看清问题，做到防治结合。

（2）因果图

因果图又称鱼骨图，如图 2-18 所示，是一种发现问题根本原因的分析方法。其基本原理是针对项目中的问题（鱼头），列出产生问题的主要原因（鱼骨主干），从主要原因中找出具体原因；具体原因还可以再继续挖掘更细分的小原因，如此层层分析下去，直到找出解决问题的方法或思路。

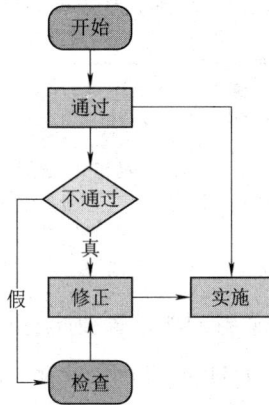

图 2-17 系统流程图

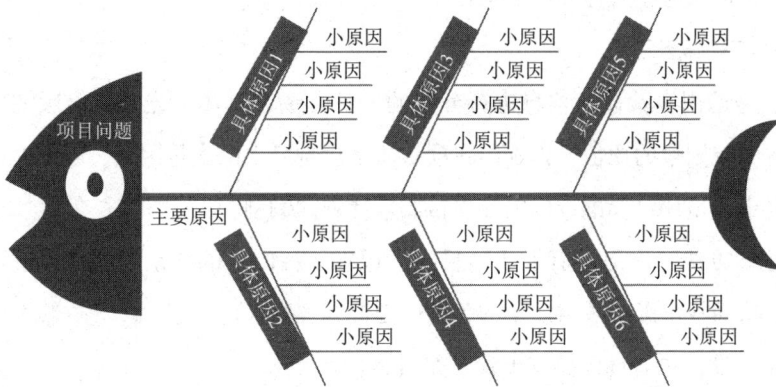

图 2-18 鱼骨图

2. 成本 / 收益分析法

成本 / 收益分析法也叫经济质量法，其成本类型见表 2-12。这种方法就是合理安排项目的成本，以使项目总成本控制在一个相对合理的区间。

表 2-12 成本 / 收益分析法中的成本类型

成本类型	具体内容
外部损失成本	项目生产出的产品或服务，进入市场后由于质量问题，导致项目额外增加的一切损失和费用，比如因承担相应责任带来的损失、产品折旧损失等

续上表

成本类型	具体内容
内部损失成本	项目在交付前，由于质量存在问题，导致项目产生的一切额外损失和费用，比如，返工损失、停工损失等
鉴定成本	因为项目质量检验而产生的相关费用，比如工序检验费用、质量审核费用、成品检验费用、进货检验费用、保险检验费用等
预防成本	为防止项目风险的发生而采用的相关措施费用，比如质量教育培训费用、专职质量管理人员的薪酬、质量奖励费、质量审核费用等

3. 质量标杆法

利用已成功取得较显著效益的项目管理计划或结果，作为未来新项目的参照物，通过对比制订出新项目质量计划。这种方法关键是对参照物的选择，不一定选择同类项目中特别优秀的，因为估计很难达到，最好选择与自身条件差不多，但做得相对比较好的项目。

4. 实验设计法

这是运用实验设计信息进行分析的一种方法，具体是先分析出影响项目质量各影响因素的比值，识别出对项目质量影响最大的变量因素，确定关键原因，得出质量评价标准，以辅导项目质量计划的编制。

这种方法的优势是有助于项目经理识别何种因素的变量对项目质量影响最大，从而找出影响项目质量的关键性因素，客观性比较强。

实验设计法的具体操作步骤，如图 2-19 所示。

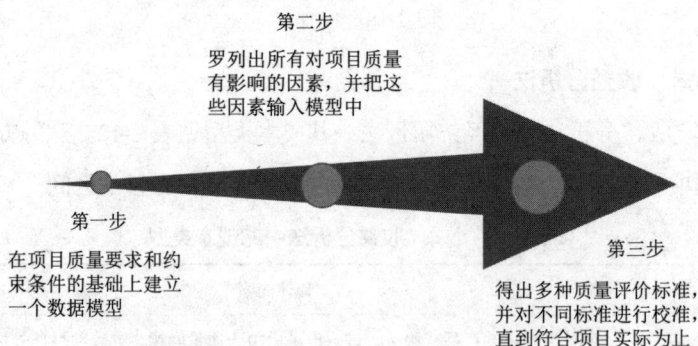

第二步
罗列出所有对项目质量有影响的因素，并把这些因素输入模型中

第一步
在项目质量要求和约束条件的基础上建立一个数据模型

第三步
得出多种质量评价标准，并对不同标准进行校准，直到符合项目实际为止

图 2-19　实验设计法的具体操作步骤

2.4　抓进度：恰如其时，美好自来

项目经理的任务之一是确保项目按计划按时完成。项目经理需要通过项目进度管理来监督和控制项目的进展情况，以及及时采取行动，确保项目达到预期目标，满足客户的需求。

2.4.1　项目需要分进度管理

项目进度管理是项目管理的一个重要部分，通过采用科学的方法确定进度目标，编制进度计划和资源供应计划，进行进度控制，在与质量、费用目标协调的基础上，实现项目目标。

1. 项目进度管理的必要性

项目经理应该认真对待项目进度管理，并采取一系列有效措施以实现项目的高效管理。这样可以使项目保持良好的状态，带给项目所涉及的各方最好的结果。可见，重视并做好项目进度管理非常有必要，具体主要体现在以下五个方面。

（1）保证项目按时完成

项目进度管理可以帮助团队确定项目的时间表，将项目的每个阶段和任务分成小型和可管理的部分，从而确保项目能够按时完成。

（2）提高团队的效率

通过使用项目进度管理的方法，团队可以更好地组织和规划项目任务，减少工作的浪费和冗余，最大限度地利用时间和资源，提高团队的效率。

（3）对项目进程进行跟踪

对项目进程进行跟踪，随时监测项目的进度，以确保整个项目的顺利进行，从而保质保量地完成预设目标。

（4）提前发现问题

通过监测项目进度，及早发现问题并采取相应的纠正措施，避免小问题演变成大的风险。

（5）优化项目资源分配

项目进度管理可以帮助团队更好地分配和利用项目资源，以确保在整个项目的执行过程中所需的人力、物力和财力资源得到最大限度地利用。

综上所述，项目进度管理对于项目管理的成功非常重要，可以确保项目按时完成，提高团队效率，实现目标，发现问题，并优化资源分配。

2. 项目进度管理的流程

了解项目进度管理流程，需要先明确进度管理的内容。因为流程是基于内容建立的。项目进度管理主要包括六项内容，见表2-13。

表 2-13　项目进度管理的六项内容

内　　容	详细解释
规划进度管理	规划进度管理是通过数据分析、会议分析及专家判断，为规划、编制、管理、执行和控制项目进度而制定章程、计划、流程和文档等，形成进度管理计划，为整个项目的进度提供指南和方向
定义"活动"	定义"活动"是识别和记录为完成项目可交付成果而需采取的具体行动的过程，目的是将工作报告分解为具体的、可执行的"活动"，从而让自己更好地管理项目，使执行团队更好地执行项目
排列活动顺序	排列活动顺序描述的是项目活动之间、项目与所需资源之间的关系，目的是用来定义工作之间的逻辑顺序，以便在既定的所有项目制约因素下获得最高的效率
估算活动时间	根据估算的结果，估算完成单项活动所需工作时段数的过程
制订进度计划	分析活动顺序、持续时间、资源需求和进度制约因素，创建进度模型，从而落实项目执行和监控的过程
控制进度	监督项目状态，更新项目进度和管理进度基准变更的过程

这六项内容构成了一个完美的项目进度管理流程，如果用流程图表示，可以参考图2-20。

2.4.2　编制项目进度计划

项目进度计划是一个项目管理的关键文件，它描述了项目工作的时间表、截止日期和里程碑，以及团队成员需要达到的阶段目标。目的是合理规划时间，高效利用资源，降低成本支出和风险干扰。

在编制项目进度计划之前，需要先确定编制步骤，按照步骤一步步进行。

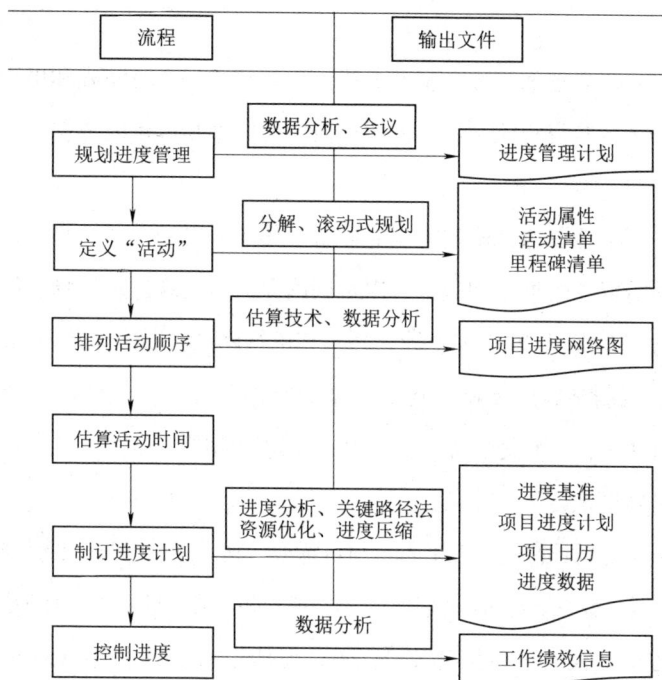

图 2-20　项目进度管理的流程图

第一步：收集信息。首先，需要了解所有与项目有关的信息，包括项目的要求和约束条件，项目的可用资源，以及项目交付的期限等。

第二步：确定项目范围。明确项目的具体目标、可交付成果和工作内容，以确定需要包含在进度计划中的任务。

第三步：制定工作分解结构。将项目工作分解为更小、更容易管理的任务，以便更好地衡量进度。工作分解结构可以确定项目所有工作的区域从计划到完成的每个特定任务。

第四步：确定任务持续的时间。对每个任务评估所需的时间，一个任务的持续时间可能取决于涉及的资源、技能水平等多种因素。

第五步：建立依赖关系。确定项目各项任务之间的依赖关系。了解这些关系，项目经理可以更好地衡量项目完成的优先级。

第六步：确定关键路径。这也称为项目的最长路径，是将所有项目任务连接起来的一系列相互关联的任务。在这个过程中，确定哪些任务对于项目的进度至关重要。

第七步：建立进度基准。基于上述信息，建立一个时间表和里程碑，在项目执行期间进行监督和控制。收集所有需要的信息和最近的数据，并验证或更新进度计划。

第八步：估计资源。确定需要完成每个任务所需的人员、物品、设备等资源。了解所需资源的类型和数量可以帮助确保成功实现进度计划。同时，对进度计划进行审查：反复审查进度计划并对其进行修订，以确保计划的准时完成。

在明确编制步骤的基础上还需要掌握常用的方法。项目进度计划的编制方法主要有两个：一个是甘特图法，另一个是网络图法。

（1）甘特图法

甘特图法是用甘特图条形来表示项目每项活动进度，它是一种线条图，又称线条图、横线工作法，最早由美国学者甘特发明，用于日常工作计划进度管理。

这种方法最大的优势是高效、简单、便捷，图 2-21 是某 App 项目开发进度甘特图，图中纵轴表示项目活动，横轴表示时间，从线条可以看出项目活动的预计完成时间和实际完成时间。

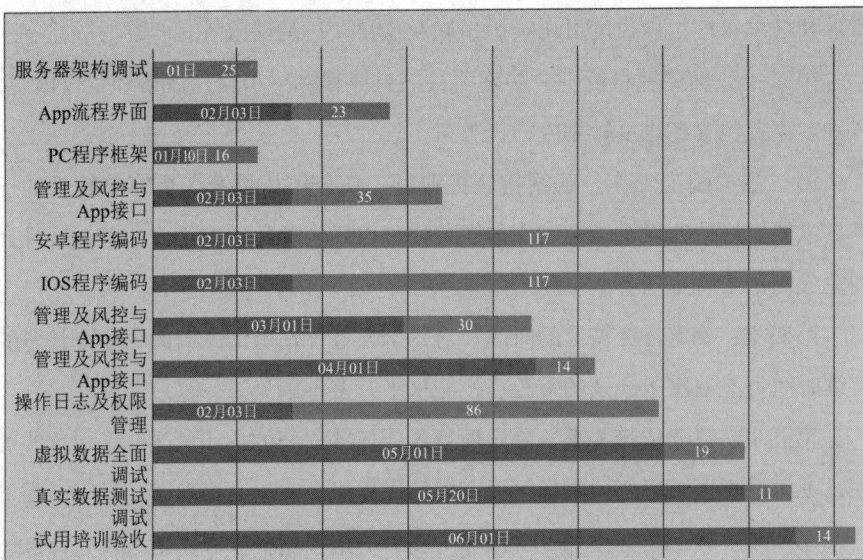

图 2-21　某 App 项目开发进度甘特图

那么，甘特图如何制作呢？接下来详细阐述。

①找到模板

模板在 PPT、Excel、WPS 等中都可以轻松找到。在新建面板顶部搜索框内输入"甘特图"，就能找到不同的甘特图模板，具体可以根据项目实际情况选择。

②创建文件

在搜索结果中点击唯一可选的模板，创建一个 Excel 表格文件。

③生成活动条目

先在表格中修改项目名称，然后把项目分解成合适的步骤，分解完成后，将内容输入甘特图模板。

④修改起止时间

模板中只有当月日期，比如，现在是 1 月，第一项工作计划从 1 月 1 日开始，用五天完成。那只需要在计划开始时间输入"计划开始日""计划结束日"，模板就会自动生成进度条。

以上面 App 项目开发进度甘特图前两项数据为例，其对应的数据见表 2-14。

表 2-14　图 2-22 中前两项对应的数据

阶　　段	项　　　目	任　　务	计划开始日	天　　数	计划结束日
筹备期（1 月）	Android/IOS/PC	服务器架构调试	1 月 1 日	25	1 月 26 日
	UI 设计	App 流程界面	2 月 3 日	23	2 月 26 日

甘特图的制作比较简单，在软件中可以自动生成，生成之后，再根据实际情况进行调整即可。比较难的是要提前规划好项目关键节点的起止和完成时间。

（2）网络图法

网络图法，又称网络计划技术、矢线法，它通常用来编制项目流程，以保证项目进度足够流畅。

项目网络图有相对固定的模板，基本形式是带箭头的线条，构成要素一般有四个，分别为工序或事件、一个起点、一个收点，以及路线（连接工序或事件的路径），如图 2-22 所示。

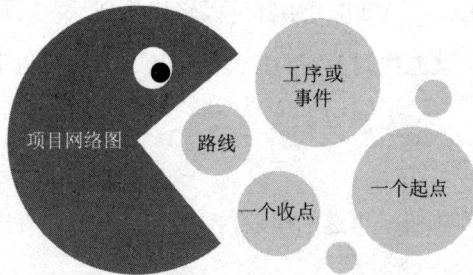

图 2-22　项目网络图的构成要素

①工序或事件：整个项目或重要节点。

②一个起点：项目的起因。

③一个收点：项目的交付结果。

④路线：从事件最初到完成由各项工序组成的一个路径。

项目网络图的示意图，如图 2-23 所示。

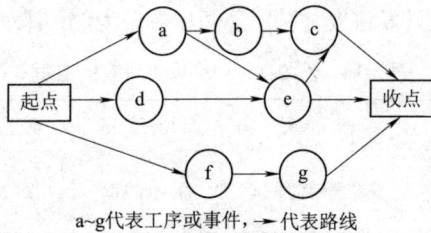

a~g代表工序或事件，→ 代表路线

图 2-23　项目网络图的示意图

模板和构成要素是项目网络图的外在表现形式，真正核心的是方法。因此，编制项目网络图还需要掌握一定的方法。常用的方法有三种，如图 2-24 所示。

①关键路径法

关键路径法就是在不考虑资源限制和时间强度的情况下，根据理论上的可行性进行进度计划编制。

首先从项目"起点"出发，沿网络图各条路径进行顺时针推算，计算出各项活动最早的开始时间和完成时间；然后从项目的"收点"出发，沿网络图各条路径进行逆时针推算，计算出各项活动的最晚完成时间与开始时间。

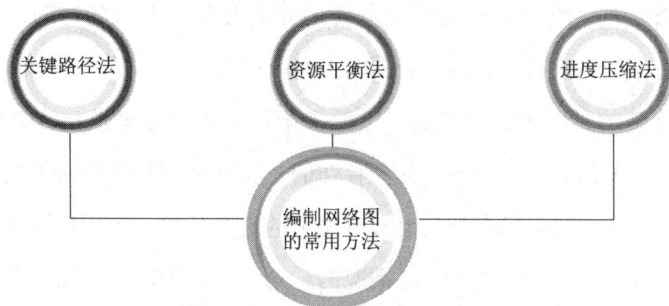

图 2-24　编制网络图的常用方法

需要注意的是，运用关键路径法计算出的最早开始和完成时间、最晚完成和开始时间只是理论上的时间，需要足够的资源保证。如果缺乏所需的资源保证，则应采用资源平衡法。

②资源平衡法

资源平衡法就是通过确定项目所需资源的准确投入时间，并尽可能均衡使用各种资源来满足项目进度规划。该方法也是均衡项目各阶段资源投入的一种常用方法，最大限度地解决资源不均衡的问题。

在使用这个方法时，要先计算各时间段的资源需求情况，弄清楚每个时间段所需要的资源种类、数量、短缺情况。然后在项目内部进行资源调剂，在调剂过程中，可以考虑重新分解工作，比如，把一个活动分解成两个子活动，增加资源分配的灵活性。

如果资源仍然短缺的话，就只能削减工作内容，或延长项目工期。这是经过资源平衡后的计划的缺点所在，表面上看上去可行，但不一定是最优的。客户可能会认为计划项目内容不够全面，或工期太长，在这种情况下可以采用进度压缩法进行优化。

③进度压缩法

进度压缩法是在不改变项目范围的前提下，缩短项目进度，降低项目成本的一种方法。这种方法的基本思路是将任务分解为多个小任务，然后为每个小任务设置截止时间，并对其进行排序，以确保任务在规定的时间内得以完成。

这种方法的优势是可以为每项任务的完成分配足够多的时间，并能密切关注每项任务的完成情况，以便必要时进行调整。

需要注意的是，关键路径法、资源平衡法、进度压缩法三种方法在实际运用时无法完全割裂。它们不是独立存在的，相互之间是层层递进的关系。一般是先用关键路径法制订出理论上接近完美的进度计划，再用资源平衡法将进度优化成切实可行的，且符合实际情况的计划，最后用进度压缩法来进一步细化，提高工作效率，确保任务按时完成。

进度压缩法主要有赶工和快速跟进两种执行方式。赶工是通过权衡成本和进度之间的得失关系，以决定如何用最小增量成本达到最大量的时间压缩。快速跟进，则是将一般情况下按顺序执行的多项活动改为平行进行。

2.4.3　基于"活动"的进度管理

项目进度管理需要将整个项目分解为一个个具体、可执行的"活动"，这些"活动"是后期项目估算、规划、执行、监督和控制的基础。那么，如何理解项目"活动"呢？

1. 项目"活动"的内容

项目"活动"即项目生命周期内，各个阶段在特定时间内需要完成的任务。可以是一个小任务，如撰写报告或传达信息；也可以是一个大而复杂的任务，如完成某项项目的一部分或提交最终成果。

项目经理的工作是对于每一项目"活动"进行识别、编码、计划、分配和监控。具体包括创建项目进度计划、识别"活动"、分析"活动"可行性、建立"活动"进度基线、监控及记录"活动"进度等，如图 2-25 所示。

（1）创建项目进度计划

在项目启动阶段，项目经理将制订项目进度计划，其中包括需求收集、资源分配和风险管理计划。将这些信息集成起来就能够创建一个整体的项目进度计划。

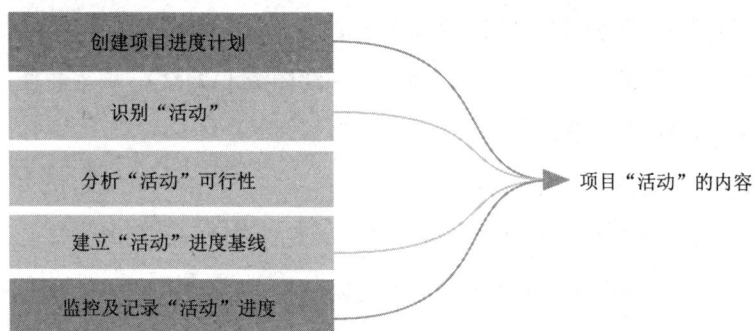

图 2-25 项目"活动"的内容

（2）识别"活动"

在项目进度计划中，要想确定"活动"，明确哪些"活动"需要同时进行，哪些"活动"是需要逐次进行，以及每个"活动"进度需要多长时间。

（3）分析"活动"可行性

在项目进度计划中，需要考虑影响"活动"可行性的一些因素。例如，资源可用性、持续时间、活动依赖性等，这样做是为了更好地评估任务的可行性并在后续阶段进行监控。

（4）建立"活动"进度基线

进度基线是时间管理的基础。建立进度基线可用于在项目进展过程中对实际进度进行对比。如果发现实际项目状态偏离进度基线，就会马上知道在哪些方面需要进行调整。

（5）监控及记录"活动"进度

在项目进度计划中，项目经理需要不断监控"活动"的进展情况，确保项目始终朝着正确的方向前进。当需要进行调整时，项目经理也要根据进行实际调整，改变资源分配，或者重新规划进度。另外，对于"活动"的进展情况需要进行实时记录，以便及时发现问题。

2. 排列"活动"顺序

各个"活动"需要组织成一个有序的计划，一是为了确保项目按照计划按部就班地逐步完成，二是避免工作延期或重复性工作。

在对"活动"进行排列时，需要特别注意方法。项目进度管理中"活动"的排序方法常用的有三个，分别为紧前关系绘图法（PDM）、确定和整合依赖关系、提前量和滞后量。

（1）紧前关系绘图法（PDM）

紧前关系绘图法是创建"活动"进度模型的一种方法，用节点表示"活动"，同时用一种或多种逻辑关系将活动连接起来。连接方式通常有四种。其中，A 代表先行活动，B 代表后继活动，S 代表开始，F 代表完成。

① FS：从完成到开始

FS 是一种先行活动（A）完成后，后继活动（B）才开始的一种逻辑关系。这种方式多用于创建连续性"活动"的情况，如图 2-26 所示。

② SF：从开始到完成

SF 是一种先行活动（A）的完成必须在后继活动（B）开始之后的一种逻辑关系。这是最不常用的一种方法，如图 2-27 所示。

图 2-26　从完成到开始的紧前关系绘图法　图 2-27　从开始到完成的紧前关系绘图法

③ FF：从完成到完成

FF 即后继活动（B）的完成要等到先行活动（A）完成的一种逻辑关系，如图 2-28 所示。比如，调试和优化网站、App 应用之间就是这种关系，网站功能需要不断调试和优化，直到所有"活动"完全符合要求才能用于 App 应用。

④ SS：开始到开始

SS 即后继活动（B）的开始要等到先行活动（A）开始的一种逻辑关系。例如，开始写作测试结果（后继活动）必须在测试（先行活动）开始之后开始，如图 2-29 所示。

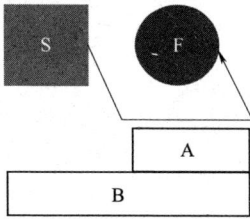

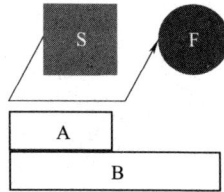

图 2-28　从完成到完成的紧前关系绘图法　　图 2-29　从开始到开始的紧前关系绘图法

（2）确定和整合依赖关系

依赖关系是项目"活动"之间的关联，确定和整合"活动"之间相互依赖形成的关系，可以更好地创建项目进度表，保证"活动"按正确的顺序进行。

"活动"之间相互关联、依赖的关系分为四种类型，见表 2-15。

表 2-15　项目"活动"的四种依赖关系

关　　系	解　　释
强制性依赖关系	又称硬逻辑关系，这种关系是合同所要求的或"活动"本身内在性质所决定的一种关系，往往与项目客观条件有关
选择性依赖关系	又称软逻辑关系、首选逻辑关系、有限逻辑关系，这种关系基于"活动"具体的应用领域而确定，比如，先进行卫生管道工程，再开始电器安装工程
外部依赖关系	是不可控制的，项目"活动"与非项目"活动"之间存在依赖关系
内部依赖关系	是可控的，项目"活动"之间存在依赖关系

（3）提前量和滞后量

提前量和滞后量都是"活动"排序及制订进度计划中的一种逻辑关系。

①提前量

提前量，即在 A 目标发出指令后，B 目标前往的方向地点与 A 目标发出指令的方向地点一致，从而使 A 目标发出的指令与 B 目标相交。这是一种相对于先行活动，后继活动可以提前开始的逻辑关系。

比如，设计一栋大楼的图纸项目，在设计图纸完成两周（14 天）前，就可以提前开始对已经完成的部分进行审核。这个就可以记作提前量（–14，代表提前 14 天）。图 2-30 为提前量流程示意图。

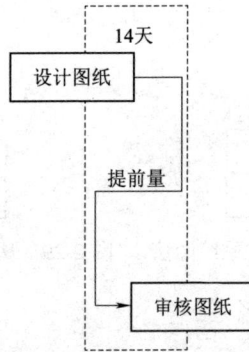

图 2-30　提前量流程示意图

　　这里的后继活动提前开始，不同于进度压缩技术中的快速跟进。区别在于提前量是活动本身允许的，不存在风险的问题；而快速跟进，是把本应按顺序执行的活动，进行部分或全部并行，以压缩时间，这极有可能造成返工和增加风险。

　　②滞后量

　　滞后量就是延后做事情（等待时间），具体是指相对于先行活动，其后继活动需要推迟开始时间。比如，在标书提交两周后，开始启动评标活动，这是带两周滞后量地完成到开始的逻辑关系，记作滞后量（+14，代表滞后 14 天），图 2-31 为滞后量流程示意图。

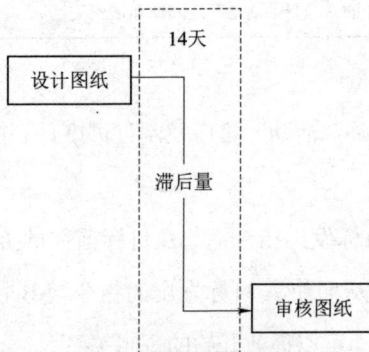

图 2-31　滞后量流程示意图

　　需要注意的是，尽管"活动"的提前量和滞后量最终会体现在项目进度计划里，但在估算活动持续时间的时候，不应包含任何活动的滞后量。因为滞后量往往是在某种限制条件下，在先行和后继活动之间加一段不需工作或资源的自然时间。例如，某活动持续时间三天，外加两天的滞后量，则该活动历时就是三天，不能计算为五天。

3.估算活动持续时间

估算活动持续时间是根据资源估算的结果来估算单项"活动"完成所需时间。估算活动持续时间的通常会用到四种方法：类比估算、参数估算、三点估算、自下而上估算，具体见表 2-16。

表 2-16　活动持续估算的四种方法

估算方法	内　　容	优缺点
类比估算	以过去类似活动的参数值（如范围、成本、预算和持续时间等）或规模指标（如尺寸、重量和复杂性等）为基础，估算未来活动同类参数或指标的估算方法	优势是速度快、成本低、耗时少；劣势是粗略估算，精确度较低
参数估算	利用历史数据与其他变量（如建筑施工中的平方英尺、软件开发中的代码行数）之间的统计关系来估算诸如范围、成本、预算和持续时间等活动参数的一种估算方法	准确率取决于参数的精确度
三点估算	使用最可能时间（T_M）、最乐观时间（T_O）、最悲观时间（T_P）三种估算值，界定活动持续时间的近似区间的一种方法，适用于项目有风险或不确定因素时。 具体有两种算法： 三角分布：期望工期 =（$T_O + T_M + T_P$）÷ 3 贝塔分布：期望工期 =（$T_O + 4 \times T_M + T_P$）÷ 6	缺点是当参数不足时会有一定风险
自下而上估算	先把项目分解为更细的活动，再对每个活动所需的投入进行估算，最后汇总得到整个工作所需的总投入	优势是分析具体；劣势是难度大，耗时长

2.5　降成本：以最小投入，产出最多效益

做项目需要遵循"以最少投入，产出最多效益"的原则，做好成本管理，保证项目在有限资源、时间内实现效益最大化。项目成本管理主要包括两个方面：一个是项目运行前的项目预算，另一个是项目运行过程中的成本管理。

2.5.1　项目预算：有多大财力，办多少事

项目预算是项目成本管理的重要组成部分，通过对项目资源、费用、收

益的估算、控制和管理，达到降本增效的目的。

1.项目预算的重要性

项目预算对整个项目管理起着至关重要的作用。比如，通过预算可以确保项目在可接受成本范围内有效落地。做项目预算非常有必要，其重要性主要体现在五个方面，见表 2-17。

表 2-17　项目预算的五个方面重要性

必 要 性	内　　容
确定资源需求	确定项目所需要的各种资源，如人力、物资和设备等，在项目执行时能够得到充分且有效地利用
确定项目可行性	有利于项目成本和收益的分析，确保该项目后期的可行性，以及该项目对企业效益的影响
管理变更	为项目经理在项目后期变更时，做成本调整提供依据
评价绩效	用于比较实际成本和预算情况，帮助项目经理评价绩效，为以后项目制定基准提供参考
实际成本的基准	帮助项目经理监督项目的执行情况，提前发现成本费用问题

然而，实践中很多项目经理不会做项目预算，或非常片面，只做费用预算，而忽略了资源、收益等的预算。

2.项目预算的内容

（1）费用预算

费用预算理解起来比较容易，即预估项目在运行过程中可能产生的支出。当支出额度较大时，可以单独列出来；当费用额度比较小或零散时，由于很难精确到某个行为，一般按类型分类，再分派到项目各个阶段。比如，人员驻场期间可能会产生住宿费、交通费等，这类费用统称为差旅费，而不必详细罗列每笔费用。

值得注意的是，采购预算要与普通费用预算区分开来，单独制订一个计划，以更好地关联采购合同，规范采购支出管理。

（2）资源预算

项目管理中的资源预算，主要就是根据项目所需资源情况进行预估。资源预算非常重要，是项目经理向上申请资源的重要依据。在做资源预算时，需要先明确项目每阶段任务所需的工作量，然后根据工作量估算所需要的资源多少，规划可能需要的工时。

比如，在进行人力资源预算时，就要预估人力资源工作量的大小，包括招聘、培训及日常管理等，从而确定完成该项目所需的人工、时间投入。

（3）收益预算

收益预算是在项目管理中的一个重要概念，是项目完成后所能带来的收益和效益的估计值。具体来说，收益预算包括估计的销售额、降低成本及其他收益。

收益预算是三个预算中最主要的部分，要求必须精准。以下是做好收益预算的具体步骤。

①理解项目的目标和业务需求：首先需要明确项目的目标和业务方面的需求，这些信息对于制定收益预算至关重要。这些目标和需求应该与组织的战略目标相符，并且应该描述清楚实现这些目标所需的财务目标。

②分析过往经验及相关数据：如果类似的项目以前已经执行过，那么可以使用过去的数据来制定一个大致的收益预算。如果没有相关数据，也可以通过市场和竞争分析来进行一些假设和研究，以利用行业标准和趋势来制定预算。

③考虑风险和不确定性：在制定收益预算时需要考虑风险和不确定性。这包括将正面的影响和负面的影响纳入考虑并建立一个防御计划以应对潜在的不良影响。

④定义关键绩效指标（KPI）：在预算中应该包含一些关键绩效指标，比如销售额、成本降低、客户满意度等。

⑤确认业务盈利模型：根据项目所从事的行业和组织价值链，来确立业务盈利模型。

⑥评估风险与收益：将收益预算与项目的实际风险进行比较，以分析项目回报率是否合理。如果收益被高估，或是存在风险，对项目的实施可能会有很大的影响。

建立一个可靠的收益预算需要综合考虑各种因素，包括项目目标和业务需求，过去的数据和经验，风险和不确定性，以及关键绩效指标。这可以帮助确保项目成功并从中获得经济收益。

3. 项目预算的方法

（1）自上而下的预算法

自上而下预算法依赖于中高层项目管理人员的经验和直觉（判断），这些经验和直觉可能来自项目相关历史数据，也可能来自当前项目实现数据。

首先，由项目中高层管理人员对项目的总体费用、构成项目的子项目费用进行估算，其次，将估算结果传递给基层管理人员，基层管理人员对组成项目或子项目的任务、子任务费用进行再次估算后，最后，继续向下级传递，直到最底层。

这种方法优势是总体预算往往比较准确。由于早早确定了既定预算，可以使预算在后期一系列分配中避免出现有些任务预算过多，而有些任务被忽视的情况。

当然，这种方法也有缺点，当中高层管理人员根据经验估算的费用分解到基层时，可能会出现基层认为中高层估算不足的情况。这时基层人员不一定会表达自己的真实想法，也不一定会及时反馈上去，从而使预算分配方案不够合理。基层被动等待中高层自行发现问题，并予以纠正，这种沉默会给项目带来诸多问题，甚至失败。

（2）自下而上的预算法

自下而上的预算法是相对自上而下而言的，是先由基层对组成项目或子项目的任务费用进行预算，然后层层汇总到高层部门，形成总预算，最后再根据总预算分配到各基层执行部门。

自下而上预算法优势：使基层人员更清楚项目预算的组成部分，预算的各项数据更符合实际，切实可行，更能反映职能部门发展目标与企业发展目标统一。不过，自下而上预算法也暗含一定的博弈。例如，当基层人员认为高层管理人员会以一定比例削减预算时，他们就会过高估计自己的需求。这样又会导致高层管理人员认为下层的估算有水分,需要加以削减,从而陷入一个怪圈。

2.5.2 项目成本:让"投产比"达到最高

项目成本是在投资项目生命期内,为实现项目的预期收益而投入的全部成本。

1. 项目成本类型

项目成本类型有很多,由于立场和角度不同分类也不一样。常见的分类有六个,如图 2-32 所示。

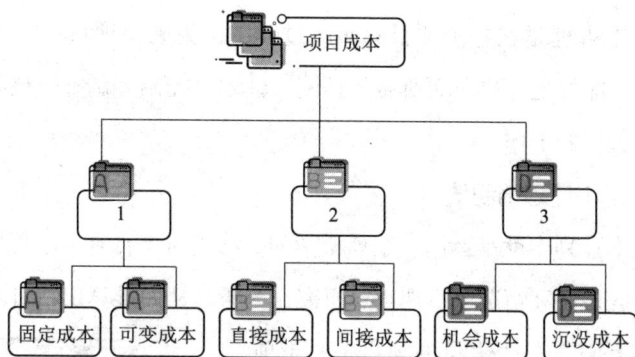

图 2-32 项目成本分类

(1)固定成本与可变成本

不随生产量、工作量或时间的变化而变化的非重复成本为固定成本。

随着生产量、工作量或时间而变的成本为可变成本,可变成本又称变动成本。

固定成本与可变成本的关系如下:

$$成本 = 固定成本 + 产量 \times 变动成本$$

(2)直接成本和间接成本

直接成本:直接可以归属于项目工作的成本。如原料、材料费、设备使用费、项目团队差旅费、工资等。

间接成本:来自一般管理费用科目或几个项目共同担负的项目成本,所分摊给本项目的费用,如公司场地租赁、组织管理费、税金、额外福利和保卫费用等。

（3）机会成本与沉没成本

机会成本：为了获得某些东西而要放弃另一些东西的最大价值，指向未来。利用一定的时间或资源生产一种商品时，而失去的利用这些资源生产其他最佳替代品的机会，泛指一切在做出选择后其中一个最大的损失。

沉没成本：那些已经产生，且无法挽回的，与当前决策无关，指向过去。沉没成本是一种历史成本，对现有决策而言是不可控成本，会很大程度上影响人们的行为方式与决策，在投资决策时应排除沉没成本的干扰。

项目成本管理是在整个项目的实施过程中，为确保项目在已批准的成本预算内，尽可能好地完成，而所做的预测、计划、控制、调整、核算、分析和考核等各个过程的工作。

2. 项目成本计划编制法

项目成本计划本就是运用一系列科学的方法去对项目有关工程技术、经济、社会等方面的条件和情况进行调查、研究、分析，从而推算出项目所需成本的手段。尤其是对于一个大型的项目，由于项目的复杂性、行业独特性，预算不是一件容易的事情，需要进行一系列的方法支撑。因此，在成本预算中，方法很重要，是核心要素。

项目成本计划编制方法有三种，如图2-33所示。

成本建模技术估算
专家判定估算
类比估算

图 2-33　项目成本计划的方法

（1）成本建模技术估算

成本建模技术是根据项目特征，用数学模型来预测项目的成本。这种方法一般采用历史成本信息（信息与项目成本的一些软件度量标准相关），建立估算模型，并通过这个模型预测工作量和成本。

采用这种方法时可以按照以下三个步骤进行。

①成本分析

在进行成本分析时，应该对每一项成本进行分解，明确项目中的所有成本要素。

以采购成本为例。按照总拥有成本 TCO 的概念，成本要素包括四个部分，即采购价格、取得成本、使用成本、寿命末期成本，见表 2-18。

表 2-18　采购成本分析

成本要素	具体内容
采购价格	购买材料的价格
取得成本	从购买地到使用地的费用，如寻源、运费、存储费等
使用成本	机会成本、安装使用成本、耗材维护成本等
寿命末期成本	处理成本、残值、项目费、库存损耗、模具报废等

②获取数据

通过成本分析获取大量数据，这些数据是建立成本模型的前提和基础。数据越充分，成本模型越可靠，预算就越精准。

成本预算项目数据通常有以下三类数据来源，见表 2-19。

表 2-19　成本预算项目数据来源

成本预算数据	具体内容
直接材料	原料、辅助材料包装材料
直接人工工资	各工序工资
物料的损耗	各工序的收得率
制造费用	管理人员工资及附加折旧修理检验费用、动力费用，以及水、电、燃气费用等

③建立成本模型

成本模型使用得当，能够帮助企业或客户理解产品的成本结构，帮助公司与较为被动的供应商建立基于事实的谈判。建立成本模型的方法有很多，最常用的是合理成本估算法。

这种方法需要先根据行业数据或者供应商提供的数据作为参考，建立一个行业或供应商的基础成本模型，图 2-34 为某塑料产品的基础成本模型。

有了基础模型以后，就很容易根据其中某项我们所知的成本推算其他部分的成本数据。例如，可以通过拆解某个产品而推算其直接材料成本，再根据其在成本结构中的比例来推算其余成本要素的数值。

图 2-34　某塑料产品的基础成本模型

仍以前所述的某塑料产品为例。比如，它的直接材料成本为 6 元，在总成本中占 56%，那么根据所建立的基础成本模型，就可以计算出其他各成本要素的数值，某塑料件的基础成本模型各成本要素的数值见表 2-20。

表 2-20　某塑料件的基础成本模型各成本要素数值

成本要素	占比（%）	成本（元）	计算方法	备注
直接材料	56	6	已知	三项成本统称为生产成本，生产成本占比76%，总计 8.15 元
直接人工	8	0.86	6/56%×8%	
制造费用	12	1.29	6/56%×12%	
GSA	15	1.61	6/56%×15%	
税前利润	9	0.96	6/56%×9%	
总计	100	10.72	6+0.86+1.29+1.61+0.96	各成本要素总和

（2）专家判断估算

专家判断估算，就是聘请一个或多个领域专家和软件开发方法人员，分别对项目成本进行估计，并达成一致而获得最终的成本。这种方法是项目管理过程中的常用工具，在规划成本管理和估算成本的过程中，其主要作用在于对项目环境进行有价值的分析，并提供以往类似项目的相关信息，决定是否联合使用多种估算方法，以及如何协调这些方法之间的差异。

运用专家判断法，最核心的是组织专家队伍，广义上讲，任何能够为项目提供专业知识、技能的集体和个人均属于专家范畴。"专家"来源如图 2-35 所示。

图 2-35　专家判断估算中的"专家"来源

（3）类比估算

类比估算也叫自上而下估算，是一种使用相似活动或项目的历史数据，估算当前活动或项目的持续时间或成本的方法。

类比估算是依据以过去类似项目的参数值（如持续时间、预算、规模、重量和复杂性等），估算未来项目的同类参数或指标。比如，在估算持续时间时，以过去类似项目的实际持续时间为依据，估算当前项目的持续时间。

这种方法步骤比较简单，只有四个步骤，如图 2-36 所示。

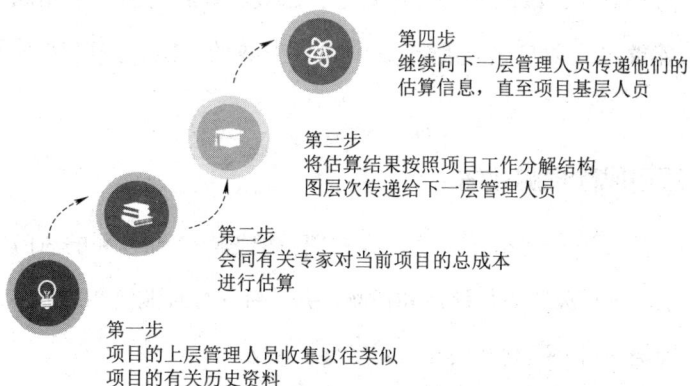

第四步
继续向下一层管理人员传递他们的估算信息，直至项目基层人员

第三步
将估算结果按照项目工作分解结构图层次传递给下一层管理人员

第二步
会同有关专家对当前项目的总成本进行估算

第一步
项目的上层管理人员收集以往类似项目的有关历史资料

图 2-36　类比估算的步骤

相对于其他估算，类比估算的优势是成本较低、耗时较少，尤其当项目的资料难以取得时，此方法是估算项目总成本的一种行之有效的方法。类比估算可以针对整个项目或项目中的某个部分进行，或可以与其他估算方法联合使用。如果以往活动是本质上而不是表面上类似，并且从事估算的项目团队成员具备必要的专业知识，那么类比估算就最为可靠。

当然，它也有一定的局限性，即准确性较低，进行成本估算的上层管理者根据他们对以往类似项目的经验对当前项目总成本进行估算，但是当前项目往往具有一次性、独特性等特点。在实际生产中，根本不可能存在完全相同的两个项目，因此，这种估算的准确性较低，这也成为其最大劣势。

所以，有时需要根据项目复杂性方面的已知差异进行调整，在项目详细信息不足时，就经常使用类比估算来估算项目持续时间。为了使这种方法更为可靠和实用，进行类比的以往项目不但在形式上要和新项目类似，而且在实质上也要非常趋同。

2.6 防风险：决战项目需要"风险防治"

决战项目在实施过程中需要"风险防治"，针对可能发生的各种风险情况进行预防和应对，以保证项目在安全、高效、顺利的前提下完成。通过风险防治，能够最大限度地避免或减少项目失败的风险，并确保项目的成功实施。

2.6.1 项目风险预测评估

项目风险预测评估是在项目实施初期，根据已知和预测的风险因素，对项目所面临的各种风险进行评估和预测，并有针对性地制定相应的防范和控制策略，以确保项目的顺利开展和成功实施。

项目中可能发生的风险见表 2-21。

表 2-21　项目中可能发生的风险

风　　险	具体内容
跟进风险	进度跟进不及时、不精准，导致项目进度缓慢的风险
成本风险	项目实施过程中出现成本超支、资金缺乏等情况带来的风险
范围风险	变更无法被识别且控制，需求不清晰、不完整，实施目标的变化等风险
技术风险	技术的不成熟、不适配性导致项目失败的风险
执行风险	执行人员在执行过程中，因出现差错，或延误，或抢工期造成的风险
合规风险	政策、法律法规变动导致项目无法按照既定计划顺利执行的风险

项目在实施过程中，风险预测是非常重要的，对每一种风险都要进行有效预测、评估，以减少风险对项目的影响。

以下是项目风险预测、评估常用方法。

1.SWOT 分析法

SWOT 是优势（strengths）、劣势（weaknesses）、机会（opportunities）、威胁（threats）英文首字母的大写缩写。SWOT 分析法就是将与项目密切相关的优势、劣势、外部机会和威胁等，通过调查列举出来，并依照矩阵形式排列。然后通过系统分析，把各种因素加以分析，从中得出相应的结论。

SWOT 分析法模型见表 2-22。

表 2-22　SWOT 分析法模型

主要分析内容		
主要分析目的		
外部环境分析 （O、T）	机会（O） 主要分析维度、关键词描述	威胁（T） 主要分析维度、关键词描述
	①	①
	②	②
	③	③
内部环境分析 （S、W）	④	④
	⑤	⑤
	⑥	⑥

续上表

		优势机会策略（S、O）	优势威胁策略（S、T）
优势（S） 主要分析维度、 关键词描述：	①		
	②		
	③		
	④		
	⑤		
	⑥		
劣势（W） 主要分析维度、 关键词描述：	①	劣势机会策略（W、O）	劣势威胁策略（W、T）
	②		
	③		
	④		
	⑤		
	⑥		

从整体看，SWOT 分析法是对影响项目内外部条件进行全面、系统、准确研究，从而根据研究结论制定相应的发展战略的一种方法。在实际应用中可以分为两部分：第一部分为 SW，主要用来分析内部条件，第二部分为 OT，主要用来分析外部条件。

找出对项目有利及不利的因素并进行分析。根据这个分析，将问题按轻重缓急分类，明确哪些问题是亟须解决的，哪些问题可以缓一缓再解决，哪些问题是战略性问题，哪些问题是战术性问题。

2.PESTEL 分析法

PESTEL 分析法又称大环境分析，用来分析宏观环境，通过分析政治、经济、社会、技术、环境和法律六方面因素，评估项目的外部环境，评估项目机会。

PESTEL 是六种外部因素英文首字母的大写缩写，分别代表政治（political）、经济（economic）、社会（sociocultural）、技术（technological）、环境（environmental）和法律（legal）等因素，见表 2-23。

表 2-23　PESTEL 分析法中的六种因素

因　　素	具体内容
政治因素	实际与潜在影响的政治力量和有关的政策、法律及法规等因素
经济因素	经济结构、产业布局、资源状况、经济发展水平及未来的经济走势等
社会因素	文化传统、价值观念、教育水平及风俗习惯等因素
技术因素	与项目有关的新技术、新工艺、新材料等
环境因素	自然环境、道德标准、与项目行业相关的发展趋势及媒体关注程度
法律因素	法律、法规、司法状况和公民法律意识所组成的综合系统

3. 概率分析法

概率分析又称风险分析，常用于对大型、重要项目的评估，通过研究历史数据、相关经验及各种不确定性因素变动幅度的概率分布，对项目风险作出判断。

这种方法的逻辑为，通过计算单个项目方案的净现值大于或等于零的累积概率，预测项目实施方案承受风险的能力。累积概率越接近 1，方案承受风险的能力越小，反之，承受风险的能力越大。

累积概率的计算方法有三种。

（1）期望值法

期望值法应用最为普遍。通过计算项目净现值的期望值、净现值大于或等于 0 时的累计概率，比较方案优劣、确定项目风险程度。

（2）效用函数法

效用函数法反映的是决策者对待风险的态度。不同决策者在不同情况下，其效用函数是不同的。效用是对总目标的效能价值或贡献大小的一种测度，在风险决策中可用来量化决策者对待风险的态度。

通过效用这一指标，可将难以量化的事物（事件）进行量化，将各种因素的影响折合为效用值，得出各方案的综合效用值。有了效用值，就可以进行更科学的决策。

（3）模拟分析法

模拟分析法是利用计算机模拟技术，对项目的不确定因素进行模拟，通过抽取项目不确定因素分布的随机数，计算出项目经济效果评价指标，从而得出项目经济效果评价指标的概率分布。通过概率分布，评估项目不确定因素对项目经济指标影响的全面情况。

4. 问题分类分析法

问题分类分析法又称因果图分析法，是通过对项目中可能出现的问题进行分类，将问题之间的关系用图形关联出来，以便更好地识别问题与问题的相关性，以及对项目的影响。

在对问题进行分析时可以按照以下步骤进行，如图 2-37 所示。

图 2-37　对问题进行分析时的步骤

（1）定义问题

项目经理要明确项目中可能出现的问题，以便识别问题的相关性。

（2）分类问题

将这些问题进行分类，并将相似或相关的问题放在一起。

（3）绘制因果图

在纸上写下项目目标；然后在目标的右边列出所有可能的因素，并使用箭头表示它们之间的相互关系，创造一个因果链。

（4）优化因果关系

评估这些因素之间的关系，查看可能的存在的缺陷或不足，并进行调整，以更好地预测问题及其影响。

（5）优先考虑问题

根据问题的影响度和发生概率考虑先解决哪些问题。一般而言，影响度越高、发生概率越大的问题，优先解决。

通过问题分类分析法，项目经理可以更好地识别项目中潜在问题，并制订适当的响应计划，减轻风险对项目的影响。

2.6.2 项目风险应对措施

项目中的风险主要有三种应对措施，分别为规避风险、转移风险和缓和风险。

1. 规避风险

规避风险，简单说就是通过设置条件尽可能地避免风险的发生。比如，在产品设计阶段，就使用风险较小的原材料，最大可能地减少产品在制造过程中，因材料质量导致项目出现风险。

规避风险最有效的手段是做好预先风险管理。即在风险尚未发生时做好防范，提前识别项目可能面临的风险，哪些风险是主要的，哪些风险是次要的，采用什么样的措施能避免风险的发生，或者即使发生了损失也是最小的。

项目预先风险管理见表 2-24。

表 2-24　项目预先风险管理表

序号	项目名称	项目经理	风险类型	风险描述	发生概率			影响程度			应对方案
					低	中	高	小	中	大	
1	项目一		风险A	描述1	√					√	方案1
			风险A	描述2		√		√			方案2
			风险B	描述3		√			√		方案3

续上表

序号	项目名称	项目经理	风险类型	风险描述	发生概率			影响程度			应对方案
					低	中	高	小	中	大	
1	项目一		风险D	描述4			√	√		√	方案4
2	项目二		风险C	描述5		√				√	方案5
			风险B	描述6			√			√	方案6
			风险A	描述7	√				√	√	方案7
			风险C	描述8	√				√		方案8
			风险C	描述9			√		√		方案9

总结			
风险类型	数量（个）	发生概率高（%）	影响程度大（%）
风险 A	3	0	40
风险 B	2	（≈）33.3	20
风险 C	3	（≈）33.3	20
风险 D	1	（≈）33.3	20
合计（个）	9	3	5

各类型风险数量、发生概率高的风险占总风险数量比、影响程度大的风险占总风险数量比示意图如下。

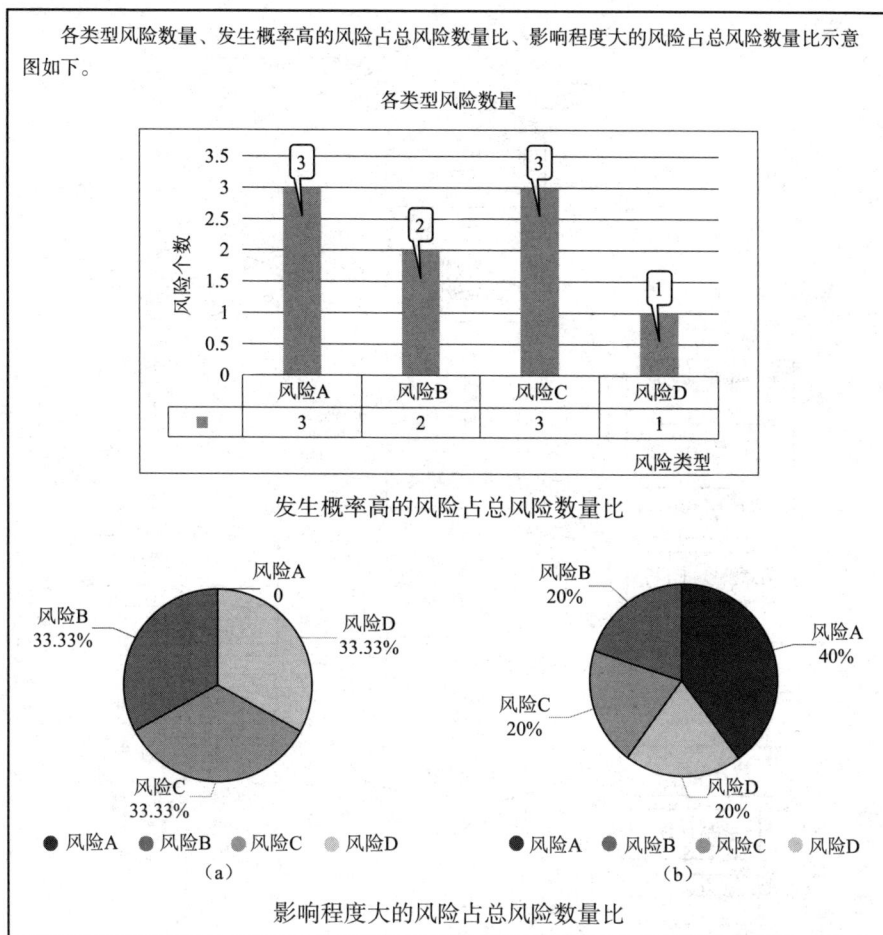

各类型风险数量

■	风险A	风险B	风险C	风险D
	3	2	3	1

发生概率高的风险占总风险数量比

（a）　　　　　　　　　　　　　　　　（b）

影响程度大的风险占总风险数量比

2. 缓解风险

缓解风险即将无法规避的风险，造成后果的可能性降低到可接受的程度。比如，在项目早期修订项目范围、预算、进度表或制定应急预防，健全风险应急机制等，可以在风险发生后更快地采取应对措施。

在项目风险计划中，需要制定项目风险应急方案。所谓应急方案，顾名思义就是在项目风险出现，使用常规手段无法解决的时候进行的应急处理措施。找到影响项目的主要风险，利用已经存在的应急措施进行处理，将风险对项目的影响和损失降到最低。

项目风险应急处理流程如图 2-38 所示。

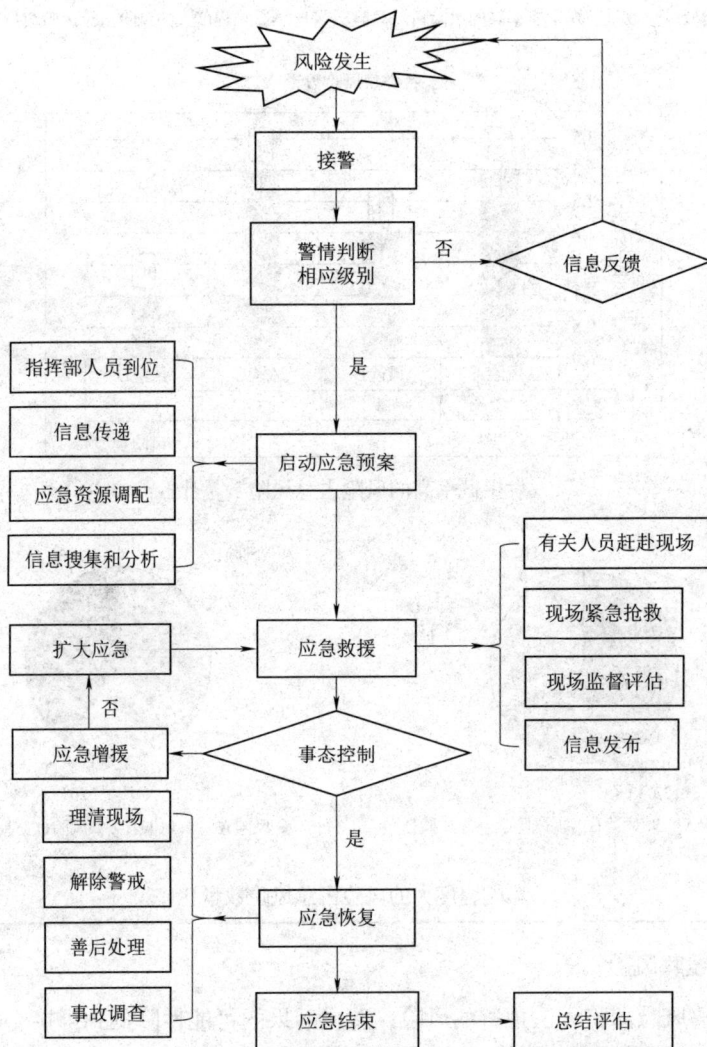

图 2-38   项目风险应急处理流程

有效处理风险的发生，需要做到有预防，才有保障。无预防时，不能慌。及时找出问题的解决方法才是关键。

3. 转移风险

转移风险就是通过合法的手段，将项目中的风险责任和损失由一方转移到另一方。通常是通过签订保险、合同、转移协议等方式来实现，比如，在合同中加入某些条款，将某些不可控制的风险转移给合同另一方。

具体转移方式常用的有三种，如图 2-39 所示。

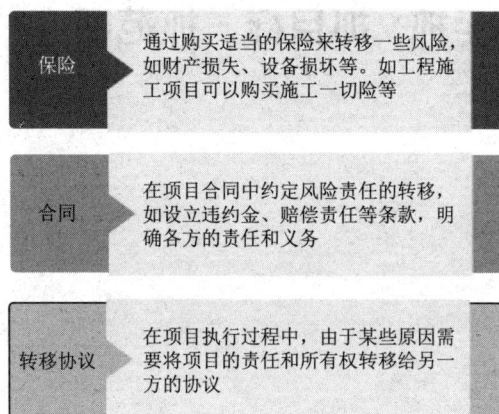

保险	通过购买适当的保险来转移一些风险，如财产损失、设备损坏等。如工程施工项目可以购买施工一切险等
合同	在项目合同中约定风险责任的转移，如设立违约金、赔偿责任等条款，明确各方的责任和义务
转移协议	在项目执行过程中，由于某些原因需要将项目的责任和所有权转移给另一方的协议

图 2-39　项目风险转移常用的方式

转移风险可以降低项目方的风险责任，同时也能够提高项目的成功率。风险转移并不代表风险的消失，项目经理仍然需要进行大量的风险评估和管理，以最大限度地降低风险对被转移方的影响。

需要注意的是，在实际应用时，项目经理要综合考虑各种因素，采取适当的应对措施。风险应对无法一次性完成，需要持续监控和调整。在项目执行期间，可能会有新的风险产生，需要及时采取相应的应对措施。

第3章

项目启动两手抓：抓目标、抓范围

　　抓目标和抓范围是项目启动阶段两个重要的方面。抓目标是确定项目目标，建立目标层次结构；抓范围是制定范围说明书，定义项目范围和边界。它们将确保项目经理明确了解项目目标和工作范围，并为后期的执行打下更好的基础。

3.1 抓项目目标

做项目管理首先要确定该项目最终目标是什么，不清楚这一点，所谓的项目管理就无从谈起。项目管理中，一个最重要的工作内容就是目标管理，不但要制定明确的目标，而且要针对目标进行科学、有效的管理。

3.1.1 一切目标以解决问题为导向

项目目标管理是项目启动阶段一个关键的环节，核心是一开始就要明白，通过该项目要解决什么问题。做任何工作都应该以解决问题为目标导向，深入地认识和理解最终的目标是什么，并将目标与当前的计划、行动联系在一起，确保目标达成有意义并能够产生实际成果。

那么，如何科学、有效制定项目目标呢？具体可以按照以下六个步骤来做，如图 3-1 所示。

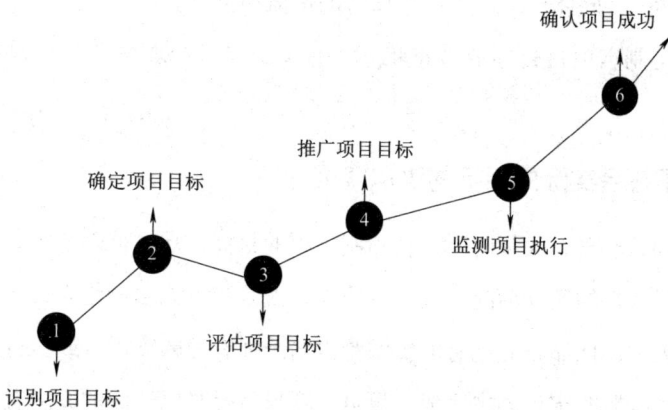

图 3-1 制定项目目标的步骤

1. 识别项目目标

在制订项目计划阶段，就必须确定明确的项目目标，这将有助于为项目经理实施项目制定策略指明方向。

2. 确定项目目标

在识别和确定项目目标后，项目经理需要进一步分析这些目标是否可行，是否具有挑战性，与企业的整体战略目标是否一致。

3. 评估项目目标

一旦确定项目目标，项目经理需要对目标进行详细的定义，以对目标进行测量、跟踪，确保执行团队按目标去行动。

4. 推广项目目标

项目经理还要宣传推广项目目标，确保所有项目干系人理解它们，支持它们，并作出相应的贡献。

5. 监测项目执行

监测项目执行进展，并根据进展和时间表进行调整，确保项目按时推进。在这个过程中，同时，还要识别影响项目的一切障碍。

6. 确认项目成功

根据项目目标和关键绩效指标（KPI）检查项目是否成功，包括识别并披露项目成功的共同体成员，以证明项目的价值和贡献。

以上是制定项目目标的基本步骤，有助于项目经理最大化实现项目目标管理。

3.1.2   不符合实际的目标将难以实现

很多项目经理花大量时间、精力制定出的目标，常常难以达成。这是因为目标脱离了项目的实际情况，或不够明确，太笼统，无法量化为具体行动，或实现难度太大，依靠企业现有的资源难以给予强有力的支撑；或执行人员执行力差，无法按照既定计划去完成。可见，项目目标难以达成的原因有很多。那么，根据什么制定目标呢？无数事实表明，制定项目目标必须符合 SMART 原则。制定项目目标的 SMART 原则如图 3-2 所示。

1. S（specific）：明确性

项目目标的明确性是指项目目标一定要清晰、明确、易于理解。模棱两可的项目目标，不但会导致项目团队在项目实施过程当中迷失方向，而且会造成项目成员与项目干系人之间无法有效传递信息。

S（specific） M（measurable） A（attainable） R（relevant） T（time-based）
明确性 可衡量性 可实现性 相关性 时限性

图 3-2 制定项目目标的 SMART 原则

比如，很多项目经理认为自己的项目目标已经实现了，可是领导却不这么认为，觉得距目标实现有一定的距离，这就是项目团队与领导对项目目标的认知有分歧，从根本上讲在于项目目标没有一个明确的数据。

项目目标要求，必须能以具体的语言清楚地表达出来，包括工作内容、衡量标准、达成措施、完成期限及资源支持等。

例如，"项目目标是提高客户满意度"，这样的描述就是不明确的。提高客户满意度可以有很多措施，如提升服务质量，使用规范的项目管理流程；加强与客户的沟通，定期组织项目团队活动；减少客户投诉，将本项目客户投诉次数控制在两次以内。仅仅用"提高客户满意度"这样的笼统描述，目标是无法衡量和评价的。但如果使用"每月与客户进行两次公开沟通或举办一次团队活动"或"将客户投诉次数控制在两次以内"等这样的描述，衡量标准和评价体系就明确起来了。

2. M（measurable）：可衡量性

项目目标的可衡量性指项目指标是可量化或行为化的，以使对目标的考核有个统一、标准、清晰、可度量的依据。

项目目标的可衡量性体现在两个维度：一个是评价指标的统一程度，即分析测量指标的内涵是否具有统一、标准的解释；二是评价指标的量化程度，即分析测量指标的评价方法是否采取量化的方式。

例如，"项目目标是为项目团队安排更多的项目管理培训"。其中，"更多的"就不明确，也不容易衡量，多问几个问题就会发现问题——安排几次培训？培训又是什么层次、什么难度的？授课老师什么级别？

由此可见，"为项目团队安排更多的项目管理培训"这一目标是不可衡量的，无法实现，可以改成"为项目团队安排两次为期 6 天的项目管理基础知识培训，要求所有参训人员通过考试"。

3. A（attainable）：可实现性

项目目标的可实现性是指目标是通过努力可以实现的，也就是说，目标制定得不能过低或过高，过低了无意义，过高了实现不了。项目目标的制定需要有一定的高度，可以制定跳起来"摘桃"的目标，但不能制定跳起来"摘星星"的目标。

一般而言，目标的可实现性也从两个维度进行评价：一是目标的样本数据的丰富性，即企业或团队内是否有丰富的样板数据以指导目标实现；二是企业或团队的组织结构所拥有的技术、资金及管理等各种资源，对目标的实际支持程度。

4. R（relevant）：相关性

项目目标的相关性是指在目标体系内部，该目标与项目工作相关，非项目相关目标之间具有相关性。项目不是单个目标达成就代表成功了，如果该目标与其他目标完全不相关或者相关度很低，即使这个目标达到了，对项目本身、对客户、对企业的意义都不大。

项目目标一定要考虑与其他目标的相关情况。评价目标的相关性可以从三个角度入手：一是目标体系内部之间各个要素是否具有相关性，即是否指向同一目标；二是该目标与其他目标之间的相关性，即是否能够相互支持；三是该目标与组织战略之间的相关性，即是否支持组织战略。

5. T（time-based）：时限性

项目是在一定时间和一定预算内要达到预期目的一次性活动，这就决定了项目目标具有很强的时间性。时限性是指目标设置要具有时间限制，根据工作任务的权重、事情的轻重缓急，拟定出达成目标的时间要求，并定期检查项目的完成进度，并调整工作计划。

一般而言，目标的时限性主要从两个维度来看：一是目标设置的期限性，即目标设置是否具有明确的时间期限；二是目标管理的节点性，即目标实现过程是否具有清晰的时间节点管理。

比如，"2023 年 12 月 25 日完成项目可行性研究"。2023 年 12 月 25 日就是一个明确的时间限制节点。时间一到，项目工作必须完成。没有明确时间限制的项目目标是无法考核的。同时，确定项目目标时间限制也是项目所有干系人对项目目标轻重缓急的认知统一的过程。

3.2　抓项目范围

项目最终能否成功，会受多层面管理的影响。比如，项目整体管理、项目范围管理、项目时间管理、项目成本管理、项目质量管理、项目人力资源管理、项目沟通管理、项目风险管理、项目采购管理等。在这些管理影响因素中，其中项目范围管理最为重要。

3.2.1　项目范围的界定及方法

在项目启动前确定项目范围十分重要，重要到什么程度？换句话说，就是一个项目如果范围不明确，将会陷入无限恶性循环。

下面来看一个失败的案例。

这是一个软件开发项目，整个项目前前后后进行了两年多。更糟糕的是，项目经理对项目何时结束仍不明确，理由是用户不断提出新要求。每当客户提出新要求，项目组就要根据用户需求调整项目计划。

这样一来，项目就陷入一个"修订—执行—再修订—再执行"的恶性循环，没完没了地往下做，肥的拖瘦，瘦的拖死，导致最后实在做不下去了，所有人都对项目失去了信心。

案例中这个项目为什么陷入"恶性循环"？其根源就在于一开始没有很明确界定项目的范围。在此情况下，客户怎么说，项目组就得怎么做。这就像玩游戏，一开始就要把规则建立起来，有了规则往后无论怎么玩都有约束，即使修订也是有原始参照的。

造成项目范围不够明确的原因有很多，其中最重要的一个就是，项目经理对项目范围的理解不够深入。

1. 项目范围的界定

（1）概念

项目范围，即产生项目产品所包括的所有工作，以及产生这些产品所用的过程。项目经理，包括所有的项目干系人必须在项目要产生什么样的产品方面达成共识。即明确什么是项目内的工作，什么是项目外的工作，应该做什么和不应该做什么，项目范围概念的界定如图3-3所示。

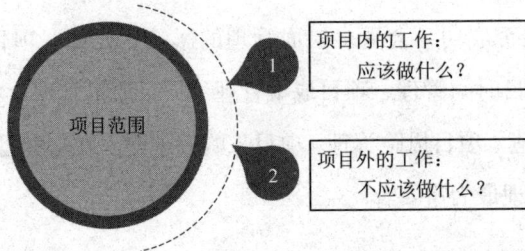

图 3-3　项目范围概念的界定

（2）作用

定义范围对项目的作用是多重的，具体体现在以下五个方面，见表3-1。

表 3-1　定义范围对项目的作用

作　　用	具体内容
确定最后的项目需求	在收集需求过程中，所识别出的需求并不一定全部包含在项目中，而定义范围过程就是一个从需求文件中选取最终的项目需求，然后制定关于项目及其产品、服务或输出的详细描述的过程，可以极大地提高需求的匹配度
提升项目估算的准确度	定义范围可以增加项目时间、成本和资源估算的准确度，定义项目控制的依据，明确相关责任人在项目中的责任，明确项目的范围、合理性和目标，以及主要可交付成果
详细规划下一次工作	在迭代型生命周期的项目中，先为整个项目确定一个高层级的愿景，再针对每一次迭代。通常，随着当前迭代的项目范围和可交付成果的进展，详细规划下一次迭代的工作
更新和优化项目	定义项目范围是不断迭代的过程，这是因为在项目规划过程中，随着项目进程的推进，以及内外部环境因素的影响，项目工作人员对项目信息的更深入增加，项目范围会发生变化。这时就需要在分析现有风险、假设条件和制约因素的基础上，对范围做必要的增补或更新

续上表

作　　用	具体内容
降低后期变更的概率	恰当的定义范围对项目成功十分关键。当范围定义不明确时，变更就不可避免地出现，往往会造成返工、延长工期、降低团队士气等一系列后果

2. 项目范围界定的过程

项目范围的界定是一个不断变化的动态过程，有输入，有输出，还需要使用一定的工具和方法。项目范围管理过程如图 3-4 所示。

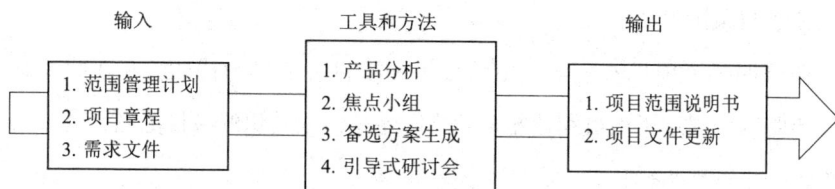

图 3-4　项目范围管理过程

（1）输入

①范围管理计划

确定制定、监督和控制项目范围的各种活动。

②项目章程

包含对项目和产品特征的高层级描述，以及项目审批要求。如果执行组织不使用项目章程，则应取得或编制类型的信息，用作制定详细范围说明书的基础。如果组织不制定正式的项目章程，通常会进行非正式的分析，为后续的范围规划提供依据。

③需求文件

描述项目中所要满足的相关业务需求。项目相关的业务需求包括五类，见表 3-2。

表 3-2　项目相关的业务需求

需求类型	具体内容
业务需求	包括可跟踪的业务目标和项目目标、执行组织的业务规定、组织的指导原则
干系人需求	包括对组织其他领域的影响、对执行组织内部或外部团体的影响、干系人对沟通和报告的需求

续上表

需求类型	具体内容
解决方案需求	包括功能和非功能需求、技术和标准合规性需求、支持和培训的需求、质量需求、报告需求（可用文本记录或用模型展示解决方案需求，也可两者同时使用）
项目需求	包括服务水平、绩效、安全、合规性，以及验收标准
过渡需求	包括与需求相关的假设条件、依赖关系和制约因素

（2）输出

①项目范围说明书

正式明确了项目所应该产生的成果和项目可交付的特征，并在此基础上进一步明确和规定了项目利益相关者之间希望达成共识的项目范围，为未来项目提供一个管理基线。

②项目文件更新

可能需要更新的项目文件至少包括干系人登记册、需求文件、需求跟踪矩阵。

（3）工具和方法

工具和方法泛指定义项目范围确定所使用的手段和方法，即采用什么样的方法实现从输入到输出的转变。项目范围确定的工具和方法有五种，见表3-3。

表3-3　项目范围确定的工具和方法

工具和方法	具体内容
产品分析法	弄清产品范围，并把对产品的要求转化成项目要求的方法。具体包括：产品分解、系统分析、需求分析、系统工程、价值工程和价值分析等
焦点小组法	这是一种群体访谈而非一对一访谈。由一位受过训练的主持人引导大家进行互动式讨论，可以有 6~10 位被访者参加。针对访谈者提出的问题，被访谈者之间开展互动式讨论，获取最有价值的信息
引导式研讨会	把干系人召集在一起，通过集中讨论来定义产品需求。由于群体互动的特点，被有效引导研讨会有助于参与者之间建立信任、改进关系、改善沟通，从而有利于干系人达成一致意见
识别可选方案	该方法用来产生执行和完成项目工作的多种方法。在这个过程中可应用很多通用的管理方法，例如"头脑风暴法"和"横向思维法"

续上表

工具和方法	具体内容
专家判断法	每个应用领域都有一些专家，其经验可用于定义详细的项目范围说明书。他们的判断和专长可运用于任何技术细节

3.2.2 项目范围管理的五个过程

项目范围管理是一个连续的、逐步细化的过程，项目范围管理包括五个过程，如图 3-5 所示。

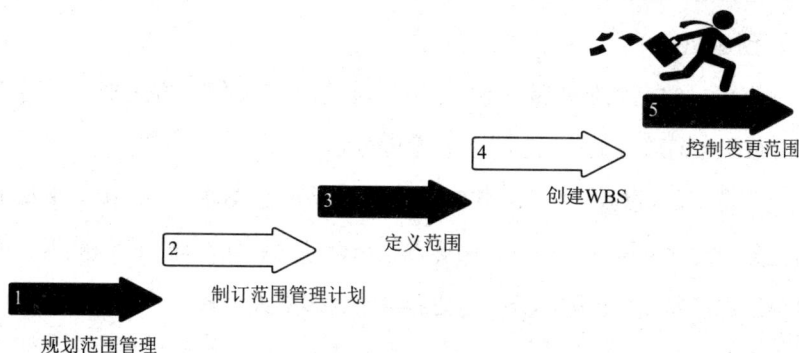

图 3-5 项目范围管理的过程

1. 规划范围管理

规划范围管理是为了记录如何定义、确认和控制项目范围及产品范围，而创建范围管理计划的过程。在这一过程中，有一个重要的输出文档，即项目章程。该文档正式承认项目的存在，明确了项目经理、项目组成员的职责、相关干系人的职责，明确规定了项目的范围，这也是项目范围管理后续工作的重要依据。

2. 制订范围管理计划

项目经理要想真正管理好项目范围管理，第二步就是制订完善的范围管理计划。制订项目范围管理计划是项目管理中非常重要的一步，它可以确保在项目的整个生命周期内，范围得到科学、有序和有效的管理。

项目范围管理计划是在项目范围管理基础上形成的一系列文档，这些文档用于衡量一个项目，或项目阶段是否已经顺利完成的标准等，为将来项目决策提供基础。而制订范围计划需要参考很多信息，如产品描述、项目章程，在此基础上进一步深入和细化。

3. 定义范围

定义范围是指对项目范围的正式认定，项目主要干系人，如客户和项目发起人等要在这个过程中正式接受项目可交付成果。

定义范围解决的是，范围在确定之后，执行实施之前各方相关人员的承诺问题。项目范围一旦被承诺就预示着已成事实，承诺人就必须根据承诺去实现它，这也是确保项目范围能得到很好管理和控制的有效措施。

4. 创建 WBS

一个项目的完成是非常复杂的过程，必须采取分解的方式把主要可交付成果分成更容易管理的单元，这就是范围分解。

范围分解的过程也叫创建 WBS，第一层是项目成果框架，接下来每层都是对任务的细化分解。这种方式的优点是结合进度划分直观，时间感强，评审中容易发现遗漏或多出的部分，也更容易被大多数人理解。

5. 控制项目范围

再好的计划也不可能一成不变，变化不可避免，关键是如何对变化幅度进行有效控制。控制项目范围就是在项目执行期间，对项目范围、进度、成本、质量、风险等方面的变动进行控制。

项目范围的任何变化都需要经过严格的审查和批准，确保变化给项目带来的影响在可承受范围之内，并与项目目标保持一致。控制项目范围的宗旨是，最大限度地减少项目范围变动，加强对项目的实时控制。需要注意的是，控制变更范围必须有一套规范的变更流程，因此项目经理必须制定一套严格、高效、实用的变更程序。

3.2.3　项目范围管理的两项重要工作

在项目范围管理中，有两项重要工作一定要做好，一个是制订项目范围管理计划，另一个是创建 WBS。

1.项目范围管理计划

项目范围管理计划是规划、制订、管理和控制项目范围的文件，主要作用是明确阐述项目范围、项目范围说明书、工作分解结构及项目范围控制。

项目范围管理计划的内容具体可以归结为以下十项，见表 3-4。

表 3-4 项目范围管理计划的内容

内容	具体阐述
制定项目范围说明书	明确项目目标及如何将这些目标分解为可交付成果
范围确认流程	确定项目范围的过程，包括发起人、项目经理和关键干系人之间的沟通和协调
范围定义流程	定义项目范围的过程，包括确定项目需求和限制等
范围控制流程	控制项目范围的过程，确保项目实现的交付成果符合预期范围，并在必要时进行变更控制
工作分解结构	将项目范围分解为可管理的工作组件，以便于安排和控制项目工作
可交付成果描述	对每个可交付成果进行详细定义，以便于理解和评估
范围变更控制流程	定义如何管理和控制范围变更的过程，包括识别变更、评估影响、批准变更和更新相关文档等
质量要求	定义项目交付成果的质量标准和要求，以便于评估项目绩效
范围管理角色职责	明确各个项目利益相关者在项目范围管理中的角色和职责
范围管理工具和技术	包括可用于范围管理的工具和技术，以便于支持项目的实施

表 3-4 是项目范围管理计划中理论上应该包含的内容，但在实际应用中不能一概而论，可以根据项目的特点和实际需求增加或删减。

明确了项目范围管理计划的内容之后，接下来，就是着手制订一份完美的计划。那么，具体应该如何做呢？可以按照以下步骤进行，如图 3-6 所示。

（1）明确项目的目标和愿景：首先需要明确项目的目标和愿景，以便为项目范围管理计划提供明确的方向和目标。

（2）界定项目的范围：在确定项目范围时，需要考虑项目的可交付成果、工作包、里程碑等方面，同时还需要考虑项目的约束和假设条件。

（3）确定项目范围管理的方法：在制订项目范围管理计划时，需要确定使用的方法、工具和技术，以及相关的流程和规定。

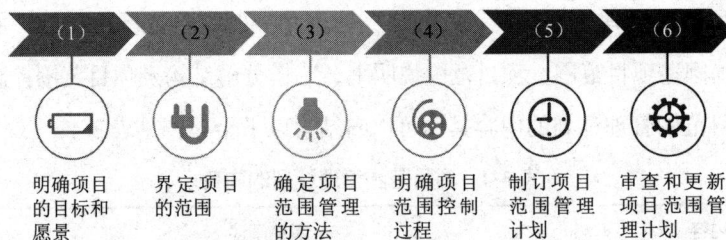

图 3-6　制订项目范围管理计划的步骤

（4）明确项目范围控制过程：需要确定变更请求的提交、评估、批准和实施的过程，以及相关的角色和责任。

（5）制订项目范围管理计划：综合考虑以上步骤，制订项目范围管理计划，明确项目的范围、目标、方法、过程和规定。

（6）审查和更新项目范围管理计划：项目范围管理计划是一个动态的文件，需要根据项目进展情况进行审查和更新，以确保其与项目目标和计划保持一致。

2. 创建 WBS

WBS，英文全称 work breakdown structure，中文意思是工作分解结构，是为实现项目目标、创建所需可交付成果，对需要实施的全部工作范围的层级分解。为了更形象地了解 WBS 结构，下面以一个"图书出版"项目 WBS 构建为例进行讲解，如图 3-7 所示。

可见，创建 WBS 的过程就是把项目可交付成果和项目工作分解成较小、更易于管理组件的过程。那么，如何创建 WBS 呢？可以按照以下五个做法进行。

（1）确认和定义项目范围

根据项目的目标和需求，制定项目范围说明书，与项目团队及干系人讨论 WBS，开始一系列的迭代和修改，并获得干系人的批准，直到关键干系人都认可 WBS。

（2）确定项目可交付成果

确定项目可交付成果，即对于每个项目需要交付的成果，进行明确的描述和定义，以便于执行者、客户理解和评估。为项目的可交付成果明晰可见，要详细列出项目的工作任务，将项目的可交付成果分解为具体的工作任务，并列出所有必要的工作内容。

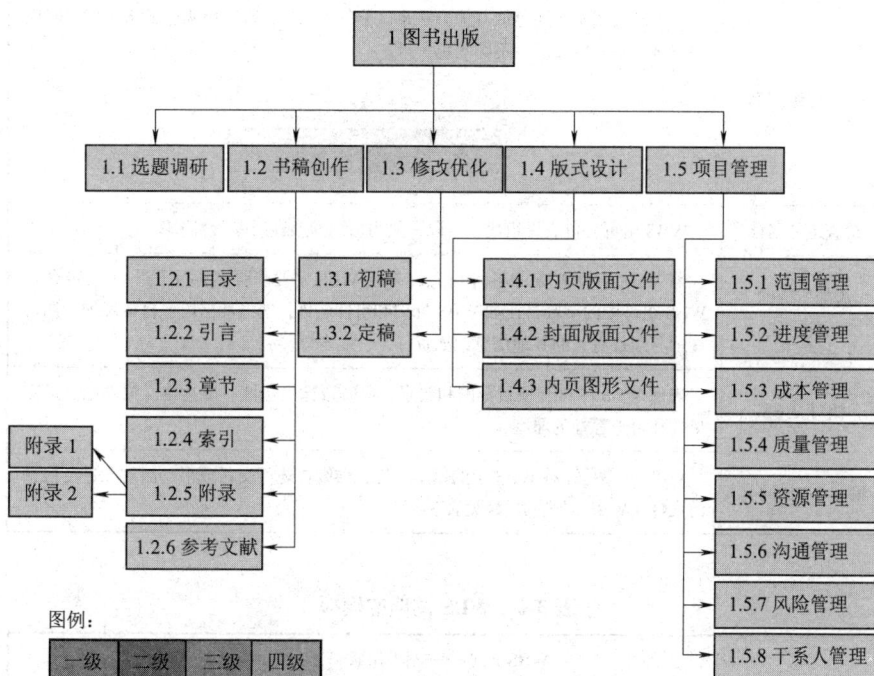

图 3-7 "图书出版"项目 WBS 构建

（3）画出 WBS 层次图

将所有工作任务做成树状图形式的层次结构，画出 WBS 层次图，确保每个层次都有明确的子任务，并且子任务都支持项目可交付成果。

画 WBS 层次图需要掌握一定的技巧，这些技巧见表 3-5。

表 3-5 画 WBS 层次图的技巧

内　　容	具体阐述
进行层级分解	层级一般是自上而下分解，一般来说，用"1"来对第一层的组件进行编码，随着逐层向下分解，根据上层组件编码确定下层组件的编码。同时还要注意什么时候应该停止分解。停止分解的前提是对分解的组件进行时间、资源、成本的估算和分析
分配 WBS 标识	每个组件都有一个依据所在层级所确定的标识编码，也称为"WBS 标识"。这些标识在 WBS 中不能重复

续上表

内　容	具体阐述
插入层级图例	如果需要用不同颜色或其他方法来区分每个层级，那么就需要插入各层级对应的图例（不同层级使用不同颜色） 图例： 一级　二级　三级　四级
检查组件名称	WBS 由可交付成果组成，所以一般用名词和形容词来命名组件
添加所需的组件字段	与 WBS 组件有关的各种信息，都是 WBS 字段。强制性字段：必须包含在 WBS 组件中的字段，比如 WBS 标识和组件名称；选择性字段：自行添加，用于显示与组件有关的其他信息，如责任人、成本等
核对 WBS	确保 WBS 图符合项目范围和要求，同时遵循完备性、可达性、独立性、可衡量性和可追踪性的原则
编制 WBS 词典	WBS 词典是针对 WBS 中的每个组件，详细描述可交付成果、活动和进度信息的文件（WBS 词典的模板见表 3-6）

表 3-6　WBS 词典的模板

WBS 词典——图书出版				
编制人： 状态：已批准		更新日期： 批准人：张导		上层 WBS：无
WBS 标识	组件名称	工作描述		责任人
1.2	书稿创作	图书正文部分，包括如下部分描述文档		赵凌燕
1.2.1	目录	一个包括本书稿目录的文档		王云琪
1.2.2	引言	对本书的介绍		王云琪
1.2.3	章节	由十个文档组成的著作正文，每个文档都是著作中的一章，包括文字、图片、表格、图形和注脚		王云琪
1.2.4	索引	将文中具有检索意义的事项（可以是人名、地名、词语、概念或其他事项）按照一定方式有序编排起来，以供检索的文档		王云琪
1.2.5	附录	一系列文档，每个文档都是一个附录		王云琪

（4）分配项目资源

分配项目资源即为每项任务分配所需资源、成本和时间等。在为每项任务分配资源时，需要按照一定的步骤进行，如图 3-8 所示。

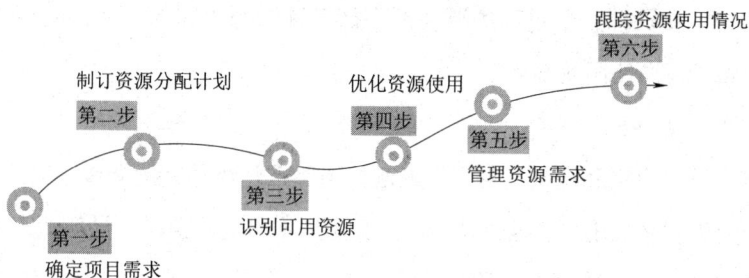

图 3-8　项目资源分配步骤

第一步：确定项目需求

了解项目范围、目标和交付成果，以及项目进度计划，从而确定每项任务所需的人力、物力、资金和技术等各种资源。

第二步：制订资源分配计划

根据项目需求，制订资源分配计划，明确每项任务所需的人员、设备资源，并根据需求进行优先级排序。

第三步：识别可用资源

对想要资源和计划中的资源进行勘验、评估和分析，以识别资源的可用性和对项目的支撑程度。

第四步：优化资源使用

利用资源规划软件或其他工具，进行资源优化，以确保资源分配的合理性，同时减少资源浪费。

第五步：管理资源需求

随着项目的进展，可能会出现新的需求，如加强培训、调整岗位、加大投入等。在这种情况下，需要根据实际情况更新、调整并优化资源分配计划，以便及时处理资源相关问题。

第六步：跟踪资源使用情况

监测和跟踪资源的使用情况，以及资源的变更需求，如需要新增或替换资源等。

以上是分配项目资源的一般步骤，在实际运用中，还需结合项目实际情况。同时，在资源分配过程中要注意平衡各种资源之间的关系，减少资源冲突，以便于提高使用效率。

（5）更新 WBS

根据项目变更和调整，与干系人进行沟通，并及时更新 WBS。更新 WBS对于项目管理至关重要，这将使团队成员了解项目进展情况、最新状态。

WBS 更新步骤如图 3-9 所示。

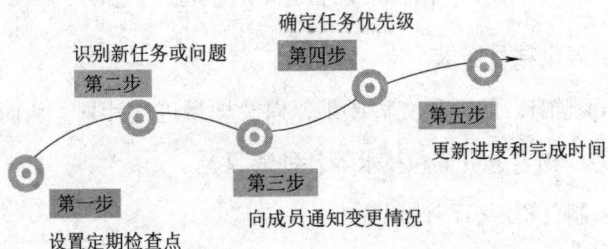

图 3-9　WBS 更新步骤

第一步：设置定期检查点

设置定期检查点，目的是对项目进展情况进行定期的检查。这项工作非常重要，能够及时更新 WBS，确保项目计划始终准确。

第二步：识别新任务或问题

作为项目经理，当识别到新任务或问题时，应该将任务添加到 WBS 中，并及时通知高层负责人。

第三步：向成员通知变更情况

项目经理要及时通知团队成员关于 WBS 的变更，并确保所有人了解最新的进展情况。

第四步：确定任务优先级

将任务按重要性和紧急程度进行排序，确保优先完成重点或对项目更重要的任务。

第五步：更新进度和完成时间

根据实际项目进展情况，适时更新任务的进展情况和完成时间。同时，为保证 WBS 合理性和有效性，还要与项目干系人进行充分沟通。

通过及时更新 WBS，项目经理可以更好地控制项目进展情况，及时发现并解决问题，并在关键节点做出调整，确保项目按时交付。

3.3　对项目范围进行变更

在整个项目管理的过程中，项目范围受多个因素的影响，并非一成不变。一方面，随着项目方对需求、风险等方面的不断了解，需要对项目范围进行调整和变更；另一方面，项目相关利益方会提出新要求，也必须对项目范围进行变更。

3.3.1　项目范围并非一成不变

已启动的项目因项目自身或相关干系人等的影响，项目范围会出现变化。这时，为确保项目成功实施，作为项目经理必须注意并及时对项目最终产品或服务范围进行增加或删减。影响项目范围变更的常见因素有以下五个，如图 3-10 所示。

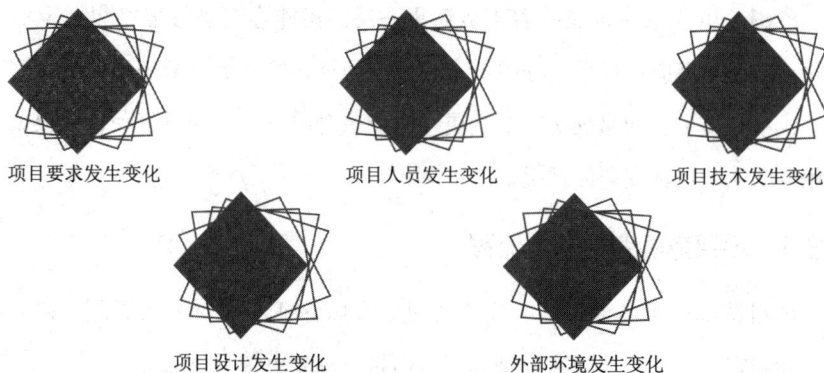

项目要求发生变化　　　项目人员发生变化　　　项目技术发生变化

项目设计发生变化　　　外部环境发生变化

图 3-10　项目范围变更的影响因素

（1）项目要求发生变化

项目要求发生变化是导致项目范围变更最常见的原因之一，主要是项目客户（业主）对项目需求和期望发生了变化，或增加，或减少。比如，商务电子化项目，客户要求增加商务电子化系统某一方面的性能或特征。

（2）项目人员发生变化

项目在实施过程中，发生人事变动是常有的事，项目经理、项目技术人员被调离，项目发起人发生了变化。项目相关人员的变动也会导致项目范围的变更，尤其是对项目有着重大影响的人员。

（3）项目技术发生变化

在项目实施阶段，如果出现新技术、技术改革有重大变化的，一般都会对项目会产生重大影响，导致项目范围发生一定程度的改变。

（4）项目设计发生变化

项目在实施过程中，出现了种种困难，往往会导致设计人员产生改进设计方案的想法。这类变化一般是在项目实施及设计思维逐渐成熟的过程中产生的。

（5）外部环境发生变化

项目外部环境的动态开放性，会引发项目环境的变化。例如，当客户发现其竞争对手或其供应链上游企业发生变化后，要求其项目团队调整项目构思和方案设计，以应对竞争对手的变化。这样原来约定的项目范围就会发生变化。

范围变更并不一定意味着不良后果，反而可能会有更好的结果。但尽管如此，项目经理应尽量控制项目的变更，因为过多的变更会影响项目的工期进度、成本和质量。如果确实需要变更，也应该对项目变更加以管理，并根据企业相关政策来检视变更的情况。

3.3.2 项目范围变更基本流程

项目范围变更需要按照一定流程进行，以保证变更行为的规范，符合项目实际和客户利益。接下来详细介绍下项目范围变更的具体流程。

1. 识别变更需求

识别变更需求就是要搞清楚哪个环节发生了变化，是项目进度、成本本身方面的，还是客户重新提出了新要求。在识别清楚变更需求的基础上，对原有范围进行有针对性的调整。那么，哪些需求变更会给项目范围带来变化呢？给项目范围带来变化的需求变更见表3-7。

表 3-7　给项目范围带来变化的需求变更

需求类型	具体内容
客户需求	客户对产品或服务的需求有了新要求，需要对原有计划进行调整
市场竞争	市场需求或竞争环境发生变化，公司需要调整产品或服务以保持市场竞争力
人员变动	项目团队成员离开或加入，需要对原有计划进行调整以适应新的团队组成
技术变革	新的技术突破可以提高生产效率或产品质量，需要重新考虑原有计划
法规变更	法规或政策发生变化，需要对原有计划进行调整以符合法规要求

2. 评估变更影响

识别变更需求关键在于及时发现变化，发现变化后还需要对其进一步评估。通过评估，分析这些变化对项目造成的影响。如果影响较大，项目经理还要及时向领导或者相关利益方汇报。

图 3-11 为评估变更影响的步骤。

图 3-11　评估变更影响的步骤

（1）确认变更影响

确认变更带来的影响是仅影响项目某环节，还是影响项目整体。

（2）分析变更影响

分析变更对项目进度、范围、成本、质量等方面的影响，以及对相关利益相关者的影响。

（3）量化变更影响

对变更进行量化，比如，对项目进度的影响，导致延误多少天，对成本的影响增加了多少人力、财力等。

（4）评估变更风险

评估变更可能带来的风险，并制定相应的风险应对措施。

（5）与干系人沟通

与干系人沟通变更的影响和后果，以争取他们的支持和参与。

（6）制订变更计划

根据分析结果，包括变更审批流程、变更实施方式、变更后的项目计划等。

评估变更影响对项目进展和结果具有至关重要的影响，需要综合多方面因素考虑。一个好的变更可以帮助项目经理及时响应变化，确保项目成果符合预期要求，同时也有利于提高项目质量。

3. 制订变更计划

制订变更计划是变更管理中非常重要的一步。根据变更需求评估结果，项目经理需要根据实际制订相应的变更计划。图 3-12 为制订变更计划的六个步骤。

图 3-12　制订变更计划的六个步骤

（1）确定参与计划人员

包括变更提出人、变更评估人、变更批准人、变更实施人等相关角色，并明确他们的职责和权限。

（2）制订变更需求计划表

制定此表，目的是用于收集关于变更需求的详细信息，包括变更描述、原因、影响、优先级、紧急程度等。

（3）更新变更事项

根据需求计划表中的信息，评估变更对项目成本、进度的综合影响，更新项目计划事项，在计划中反映变更情况。

（4）向干系人通报

正式通知干系人变更计划，以便他们能够理解变更的必要性及其重要节点。

（5）审批变更计划

项目管理委员会或者相关利益方需要对项目变更计划做出审批，确定新计划能否实施。只有被批准，新计划才能纳入项目实施计划中。

（6）实施变更计划

根据变更计划，项目经理及团队需要按照规定时间实施变更，并及时对变更过程进行监督和控制。

4. 评估变更效果

评估变更效果是一个非常重要的工作，便于项目经理更好地了解变更对项目的影响，确定变更是否满足各干系人的需求，是否达到项目预期。如果变更效果不理想，项目经理还可以及时采取措施进行调整和改进，确保项目顺利进行。

评估变更效果的步骤如图 3-13 所示。

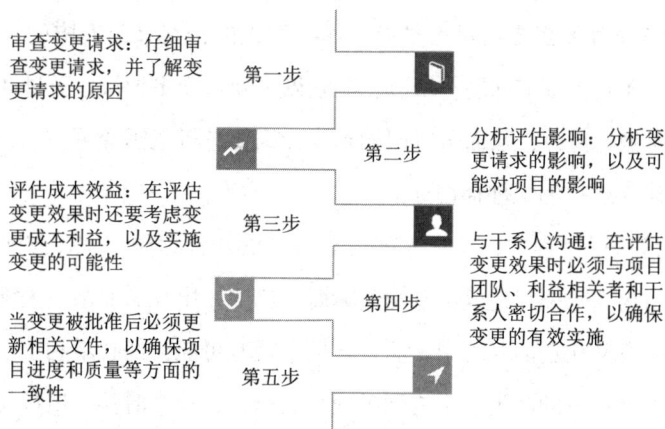

审查变更请求：仔细审查变更请求，并了解变更请求的原因　　第一步

第二步　　分析评估影响：分析变更请求的影响，以及可能对项目的影响

评估成本效益：在评估变更效果时还要考虑变更成本利益，以及实施变更的可能性　　第三步

第四步　　与干系人沟通：在评估变更效果时必须与项目团队、利益相关者和干系人密切合作，以确保变更的有效实施

当变更被批准后必须更新相关文件，以确保项目进度和质量等方面的一致性　　第五步

图 3-13　评估变更效果的步骤

以上五步就是评估变更效果的具体流程，只有严格按照这些流程进行，才能保证变更的最佳效果。

3.3.3　减少项目范围随意变更

项目范围变更虽然不可避免，但很多时候却存在随意变更的情况，这个时候就需要尽量避免。那么，如何减少不必要的变更呢？可以按照以下四个措施进行。

规范变更流程

建立统一的文件存档标准

避免任何人对客户随意承诺

学会对客户说"不"

图 3-14　减少出现随意变更的措施

（1）规范变更流程

项目范围随意变更的主要原因是缺乏规范的变更流程，如果没有一个流程来对项目变更进行控制和约束，变更可能就会朝令夕改。

项目经理每天都要面对大量的工作，而人的记忆又是有限的，没办法记住那么多，尤其是细节问题。所以，必须做好项目变更记录，通过详细的记录帮助记住所做的更改，从而可以回溯到为什么要进行范围变更。

（2）建立统一的文件存档标准

在项目执行过程中，每个人都会有自己的文件存档方式，方式的差异极大地降低了沟通效率，造成信息沟通障碍。比如，甲在需要某一关键信息，但这个关键信息又在乙的存档中，而且该信息很有可能已经找不到了。沟通效率的降低，关键信息的缺失，影响到了项目的执行，这个时候，项目就很容易出现额外的变更，而这种由于信息孤岛引起的额外变更是没有必要的。

因此，为避免不必要的变更，项目经理要将初始的文档放在一起，建立统一的存档标准，并设专人专岗，定期进行文档更新，可以避免出现信息遗漏的情况。

（3）避免任何人对客户随意承诺

尽管项目是在后端交付，但实际上客户常常会绕过项目经理来提出项目范围变更要求。假设推动签单项目的销售人员和客户一直保持着良好的关系，当客户表明希望项目更改时，如果前端销售人员毫不犹豫地承诺"我们可以做到这一点"。那么，作为项目经理，往往非常被动，无法拒绝，最终我们都会知道项目的结果是什么。

在面对无法拒绝的项目范围变更时，项目经理要坚守底线，不随意做出承诺。

（4）学会对客户说"不"

"客户永远是对的"这句话在零售行业也许是真理，但在项目管理中则不可取。因为在一个项目中，利益关系错综复杂，客户只是其中一方，项目经理要做好利益兼顾。

因此，对于"客户永远是对的"这句话，项目经理要区别对待，认真分析和评估范围变更真正的原因是什么，辨别客户提出的要求是否合理，知道什么时候说"是"，什么时候说"不"。

第 4 章

项目执行四步法：系统、组织、团队、协调

项目执行分为搭系统、建组织、组团队、善协调四个步骤。搭系统是建立一个完整的项目管理系统；建组织是确定项目组织结构；组团队是招募合适的成员参与项目；善协调是在整个项目执行过程中，项目经理要进行有效协调。这四步是一个系统、有序的过程，它可以帮助项目经理有效地规划、执行和控制项目，以确保项目的顺利完成。

4.1　搭系统：项目的执行有赖于完善的系统

搭系统是项目执行过程中的重要一步，也是第一步。搭建一个完善的项目管理系统来管理项目，包括确定项目目标、范围、预算、进度、风险等，同时建立衡量项目绩效的指标体系。

4.1.1　系统的力量

每个人都处于特定的系统中。小到家庭系统、人际关系系统、企业系统，大到国家系统、社会系统、地球系统。有时，我们能明确感知到自己处于某个系统中，有时则毫无察觉。但无论是否有所觉察，我们每个人时时刻刻，确确实实受到系统的影响。

系统的力量是非常大的，而且这种力量具有整体性，远远大于个体或各个组成部分的力量。

系统力量具体体现在以下四个方面，如图 4-1 所示。

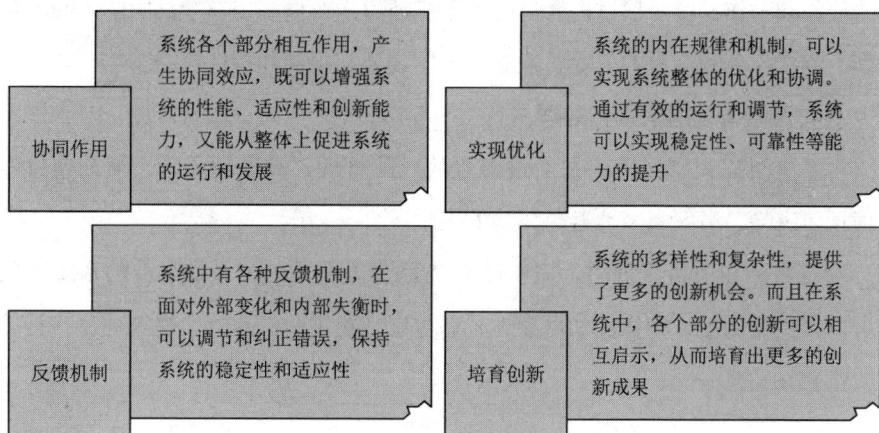

协同作用	系统各个部分相互作用，产生协同效应，既可以增强系统的性能、适应性和创新能力，又能从整体上促进系统的运行和发展	实现优化	系统的内在规律和机制，可以实现系统整体的优化和协调。通过有效的运行和调节，系统可以实现稳定性、可靠性等能力的提升
反馈机制	系统中有各种反馈机制，在面对外部变化和内部失衡时，可以调节和纠正错误，保持系统的稳定性和适应性	培育创新	系统的多样性和复杂性，提供了更多的创新机会。而且在系统中，各个部分的创新可以相互启示，从而培育出更多的创新成果

图 4-1　系统力量的具体体现

系统的应用非常广，无论产品生产、城市规划、数据分析，还是应对复杂的难题、巨大挑战，系统无处不在。通过系统模型算法的科学运用，我们可以进行深入分析，不断优化效果，从而确保各项工作的顺利进行。

项目的执行同样离不开完善的系统，有着完善系统的项目在执行时能做到井然有序，而缺少系统的项目则容易陷入无秩序状态。

所以，良好的系统对于项目执行非常重要。系统对项目执行的重要性主要体现在四个方面，具体如下。

1. 项目计划的制订和跟踪

一个完善的系统可以支持项目计划的制订和跟踪。系统可以提供项目的进度、时间表和里程碑的信息，使项目经理更好地分配工作、跟踪进度、评估风险等。

2. 资源分配的管理

系统也支持资源分配的管理，可以确保资源的合理分配，优化成本控制，提高生产率。通过系统来管理、协调和监督项目所需的人力、设施、物资等资源，从而确保项目在预算和时间范围内成功交付。

3. 团队协作的促进

系统可以促进项目团队的协作和沟通，确保团队成员知道自己需要完成的任务和工作，以及项目进展情况。系统还可以协调和协作项目团队之间的合作，监督任务和资源的分配，建立有效的沟通、报告和反馈机制。

4. 风险管理的识别和处理

系统可以识别风险，并通过内置的风险管理工具处理风险，帮助项目经理预防风险，最大限度地避免风险的发生。

总之，在项目管理中，完善的系统是至关重要的。一个完善的系统不仅可以提供透明度、操作性和可靠性，还可以加速项目的执行，提高项目执行的质量和成功概率。

4.1.2 组织结构决定组织行为

组织行为直接影响企业的战略执行，而组织行为又是由组织结构决定的。所以，企业在制定发展战略时，需要依据企业的实际情况，匹配相应的组织结构，以便顺畅地指导组织行为。

组织结构对组织行为的影响主要体现在以下四个方面，如图 4-2 所示。

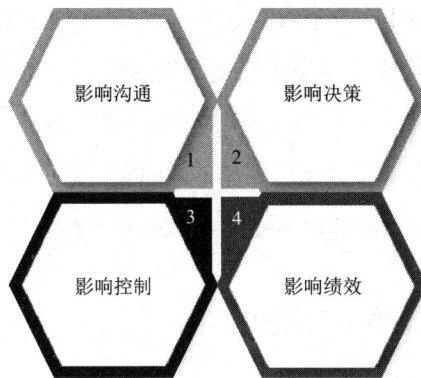

图 4-2　组织结构对组织行为的影响

1. 影响沟通

组织结构影响着不同部门和层次之间的沟通，组织结构越复杂，沟通的效率和效果可能就越低。

2. 影响决策

组织结构决定了各部门的权力和职责，进而影响了决策的制定和执行。如果组织结构过于僵化，可能导致决策缓慢、缺乏灵活性。

3. 影响控制

组织结构影响着组织对员工和工作的控制方式。不同的组织结构可能需要不同的管理方式，以确保对员工、工作有效管理。

4. 影响绩效

组织结构对组织绩效有着重要的影响。一个有效的组织结构能够提高员工的工作效率、创造力和创新能力。

因此，组织结构的设计是非常重要的，它可以决定组织内部的行为和绩效，从而对组织成功或失败产生深远的影响。

组织结构为什么能够决定组织行为呢？这是因为组织结构决定了组织内部的沟通、决策和控制方式，进而影响组织行为。

例如，企业某一决策的实施，表面上看是老板或者董事会决定的，其实是这个公司所有人的决定，包含内部的管理人员、员工，也包括外部客户，这些关系就像网一样创造出一个强大的整体，而这个整体就是一个系统。

大多数人为什么会认为某决策只是老板或董事会一少部分人的决策？就是因为忽略了一个关键——组织。组织是按照一定宗旨、目标、任务和形式而形成的集体，组织这个集体之所以能精诚团结在一起，就是因为系统的存在，组织中每一个人都是受系统的控制和约束，彼此相牵绊、相联结。

4.2 建组织：常见的项目组织结构

项目组织结构是项目执行团队的基本框架，决定着团队成员的分工、职责和权限。不同的组织结构适用于不同类型的项目执行团队。因此，在构建项目执行团队之前，需要先确定匹配的组织结构。

4.2.1 直线型组织结构

直线型是最早，也是最简单的一种组织结构。这种结构的特点是实行自上而下的垂直领导，组织中一切工作均由项目经理管理。团队中不设任何辅助性机构，下属部门只接受项目经理的领导，项目经理对所属部门负一切责任。

直线型组织结构如图 4-3 所示。

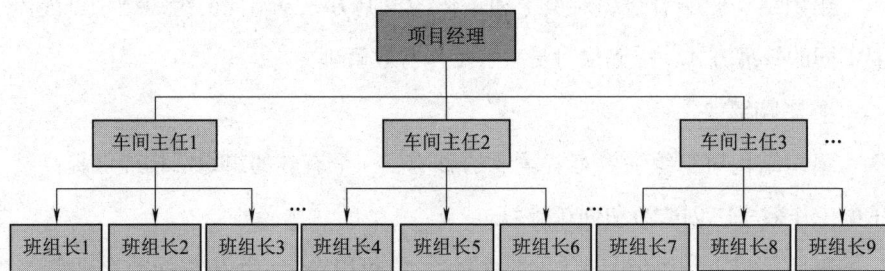

图 4-3 直线型组织结构示意图

直线型结构优势是层次简单，责任分明，特别适合业务简单的项目，或规模较小的项目。劣势是对负责人要求较高，要求通晓多种知识，拥有综合能力，并有足够时间和精力亲自处理业务。也正因如此，工作效率往往得不到保证。

4.2.2　职能型组织结构

职能型组织是一种传统的组织结构，根据策划、管理、执行项目的职能部门进行组织职能划分。比如，市场部、销售部、产品部等，项目经理只负责协调各个部门的工作，不直接决策和指挥。这种结构的优势是能适应大型项目业务多元化、管理精细化的要求。

比如，某项目是当前市场上的热门项目，孵化出来的产品很畅销，因此市场部人员压力非常大。为了更好地开展工作，上级决定设立一个专职机构，在该机构的辅助下，市场部可以将非核心业务下放至各职能部门，各职能部门有好的意见、建议也可以反馈至该部门。

不过，这种结构劣势也非常明显，由于下级部门除了受直属上级领导外，还必须接受有业务往来的间接上级的领导。这就容易形成多头领导，领导权被大大分散，尤其是相互之间产生冲突和矛盾时，会严重影响到执行人员的统一执行。

为了弥补这种结构的缺陷，可以构建一种介于直线型和职能型的结构：直线－职能型组织结构，也叫生产区域制、直线参谋制。

直线—职能型结构如图 4-4 所示。

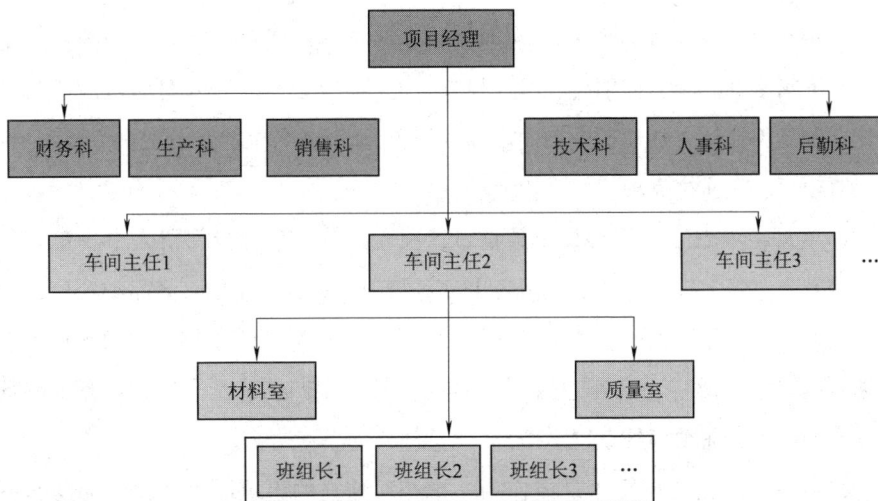

图 4-4　直线—能职型结构示意图

直线—职能型结构建立在职权分离的基础上，既保证了管理权的集中统一，又可在各级负责人的多头领导下，充分发挥各专业职能机构的作用。

这种结构将负责管理项目的机构分为两类：一类是直线领导机构，负责对各级部门行使指挥权；另一类是职能机构，结合分工和专业所长，从事各自范围内的管理工作。这两类机构虽然同属管理部门，但工作侧重点不同。直线领导机构在自己职责范围内，有一定决定权和对下属的指挥权，并对所属工作负全部责任。而职能机构相当于直线领导机构的"参谋"，只对下属进行业务指导，不发号施令。

4.2.3 项目型组织结构

直线–职能型组织结构由于事事需要请示报告，因此容易造成领导工作的积压，办事效率低下。项目部型组织结构相对独立，可以弥补直线–职能型组织结构的这一劣势，起到沟通各方的作用，协助企业高层的决策。

项目型组织结构是专门为完成特定项目而组建的，是高度（层）集权下，分权管理的产物，具有分级管理、分级核算、自负盈亏的特点。在此类组织中，项目经理拥有更大的权力，可以制订项目计划、分配资源，并对所有活动进行管理和监督。

项目型组织结构最早运用在通用汽车，是第八任总裁斯隆发明的。通用汽车下辖多个品牌，如别克、凯迪拉克、雪佛兰等，涵盖高中低端品牌。为了让这些品牌能够更好地适应不同市场的需求，斯隆将各个品牌分成独立的项目：别克项目、凯迪拉克项目、雪佛兰项目。

项目型组织结构优势是单独核算，独立经营，总部只保留人事决策、预算控制和监督大权，具体工作由各个项目组独立完成。比如，产品类项目，只要按地区或产品类别分成若干个项目，每个项目团队（组）在公司内部相当于独立的"小公司"，具有自主采购、成本核算、生产制造及推广销售等全链条操作的能力，无须额外获得上级部门的授权。

运用此结构的组织正是能作为一个相对独立的组织而存在，内部沟通更加便捷，外部也能充分以市场、用户为导向。不过，也容易形成各组织之间"各自为政"的情况。有些企业下设多个项目，甚至项目中还有更小的项目，部门林立，造成的结果就是相互协作更加困难，为客户提供产品或服务很难做到统一。另外，由于每个项目岗位设置可能会重复，如每个项目都会设置设计、研发、销售等岗位，还会造成人员冗余和资源浪费。

针对该结构组织的劣势，又延伸出一个类似于项目型的组织结构：模拟分权型。该结构既保留了项目组织结构独立经营、单独核算的特点，而又不形成真正意义上的项目，只是一个个"生产单位"。这些"生产单位"自负盈亏，有自己的职能机构，还享有极大的自主权。但由于各环节之间存在必然的连续性，又很难完全隔绝开来，因此无法形成独立的项目。

4.2.4　矩阵型组织结构

矩阵型组织结构是功能型组织和项目型组织的结合体，在此基础上，又增加了一种横向领导关系。即将按职能划分的部门和按产品（项目、服务等）划分的部门结合起来，组成一个矩阵，使同一员工既与原职能部门保持组织与业务的联系，又参加产品或项目小组的工作。项目团队成员既要向项目经理负责，也要向其职能主管汇报。因此，这种组织结构又可以分为两种：一种是弱矩阵型组织结构，另一种是强矩阵型组织结构。

弱矩阵型组织结构，类似于功能型组织结构，只是添加了一个项目协调员的角色，它可以帮助协调项目资源分配和协作，但没有实际决策权。

强矩阵型组织结构类似于矩阵型组织，但项目经理在此结构中拥有更多的权力和职责，并具有更大的决策权和资源管理权。

矩阵型组织结构如图 4-5 所示。

该组织结构既有按职能划分的垂直领导特性，又有按产品（项目、服务等）划分的横向领导关系特性，常适用企业中一些涉及面广、复杂的、重大的工程项目或改革任务。最大优势是极大地节省了人力资源成本，在人员使用上高度机动和灵活，可随项目开发与结束进行组织或解散。在项目实施过程中，不会造成人员积压或重复使用，需要谁，谁才来，任务完成即离开。

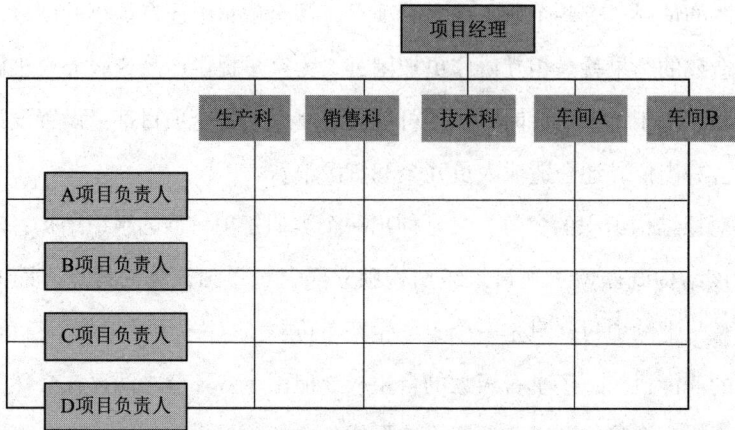

图 4-5　矩阵型组织结构示意图

比如，某公司针对产品研发项目，成立了跨部门的专门机构，组成产品（项目）研发小组，包括研究、设计、试验、制造等多个环节。而参与此项目的有关部门不会同时选派人员参与，而是根据项目进展，做到哪个环节，响应部门才派相应的人员参加。

矩阵型组织结构的缺点是双头领导会带来管理难度。参与项目的人员来自不同部门，他们只为"攻坚"而来，在一定程度上增加了项目负责人的管理困难。所以，在运用这种结构类型时有一个前提，就是对临时负责人要求特别高，尤其是管理能力和组织、协调能力，要能把来自不同部门的人"捏合"在一起，形成强大的凝聚力。

4.3　组团队：团队是项目成功的保证

项目的执行依赖于一个执行力强的团队。因此，要想做好项目执行，必须在确定项目组织结构的前提下，招募合适的团队成员参与项目，组建一个拥有不同人才的执行团队。

4.3.1　以"需求"为核心

组项目团队必须以"需求"为核心，包括企业、客户及干系人等多方需求。一个项目团队是否是一个好团队，主要看其对需求的把握，无论组织结构设计多么合理、管理多么先进，一旦需求出现偏差，就无法很好地开展工作。

那么，如何组建以"需求"为核心的团队呢？至少要做到以下三个方面，如图 4-6 所示。

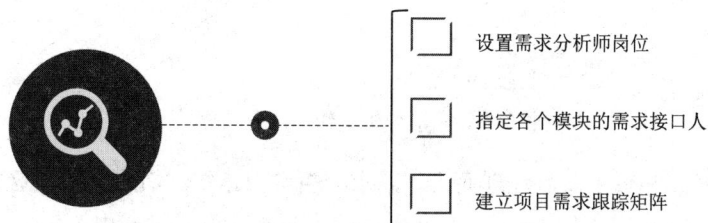

图 4-6　组建以"需求"为核心团队的三个方面做法

设置需求分析师岗位

指定各个模块的需求接口人

建立项目需求跟踪矩阵

1. 设置需求分析师岗位

很多需求是需要深层挖掘，并加以分析，才能真正获得的。项目需求分析是一项重要的技术，非专业人员往往很难完成，需求挖掘不够或分析不到位，会给项目带来巨大的隐患。有些团队制订的需求说明书，客户不认可，即使几经修改，客户也迟迟不签字，原因正是没有抓住真正核心的需求，归根结底还是没有专门的、具有丰富经验的需求分析师。

> 需求分析师职责是利用一定的分析技术，挖掘客户需求，完成需求业务转化。比如，转化成有明确规则、范围、流程业务，输出成决策人员、执行人员看得懂的"语言"。比如，App 开发项目，就要输出成工程师看得懂的统一建模语言（UML）和需求规格说明书等。

需要注意的是，需求分析师与产品经理要分工明确。需求分析师承担了产品经理的一部分职责，但并不意味着就不需要产品经理。需求分析工作全流程及分工如图 4-7 所示。

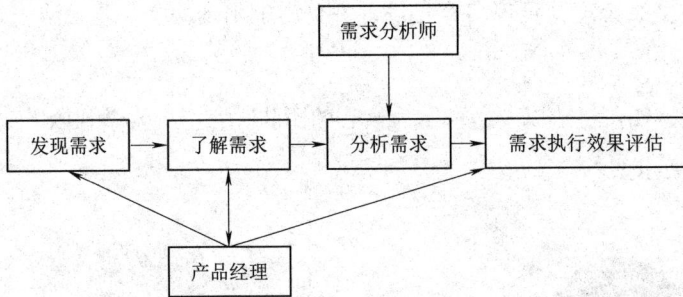

图 4-7　需求分析工作全流程及分工

可见，相较于产品经理而言，需求分析师只承担"需求分析"这一环节，目的是将需求分析工作做精、做细。而产品经理仍需承担发现需求、了解需求及评估需求计划实施后收到的效果等。

具体区别表现在以下三个方面。

1. 需求分析师

需求分析师不必主动发现需求，只是被动接受、分析需求。而且需求分析师不必对结果负责，也就是说对自己所做的这个东西，只保证它能够流畅地运行起来，并不负责一定要达到业务指标，比如，增加用户活跃度，提升用户口碑等。

产品经理除了承担需求分析师做的需求分析报告工作外，还得负责两头的工作：一是发现需求，了解用户、了解行业进一步了解需求；二是对需求计划落地之后收到的效果负责，比如，用户日活是否提升了，并做好复盘工作，提升后有什么经验可借鉴，没有提升的原因是什么，哪些地方需要改进。

2. 指定各个模块的需求接口人

项目在开发早期，要及时地指定各个模块的需求接口人，只有这样，才能有效规避需求变更给项目带来的风险，保证项目组与客户的及时沟通，快速响应客户的请求与反馈。尤其是在大体量和复杂业务场景的项目中，没有接口人是不现实的。

　　需求接口人是项目中的一个重要角色，通常是负责不同团队之间沟通与协作工作。例如，在软件开发过程中会涉及多个团队、多个模块或者多个系统之间的交互和集成，这时就需要接口人从中进行协调、沟通。

　　需求接口人主要负责需求的调研及与各个干系人的沟通，因此，需求接口人必须是专业的，接受过系统培训的。需求接口人需要具备的能力见表 4-1。

表 4-1　需求接口人需要具备的能力

应具备的能力	具体内容
沟通协商能力	需求接口人需要与不同团队、各个干系人进行沟通和协调，这就需要有极强的口语表达和沟通能力
综合管理能力	需求接口人需要对整个项目的进度、质量、成本等进行综合管理和控制，这就需要有一定的综合管理能力
专业技能和经验	需求接口人需要了解工作领域知识和技术，同时要关注市场趋势和行业动态，既有助于提高专业素养，也有利于对项目整体的把握

3. 建立项目需求跟踪矩阵

　　需求跟踪矩阵可以跟踪项目全过程每个需求的状态，是验证需求是否得到了实现的工具，从而保证每项工作满足每个需求。需求跟踪矩阵的主要内容具体见表 4-2。

表 4-2　需求跟踪矩阵的主要内容

跟踪的内容	详细解释	作用
项目情况	项目合同（技术协议）业务需求、用户需求、产品需求、产品设计、产品开发、测试场景等	—
每个需求的相关属性	包括唯一编号、需求的文字描述、类型（功能性需求、接口需求、派生需求、非功能性需求）、来源（如用户、客户代表、项目成员等）、优先级别、状态（如已分析、已评审、已设计、已编码、已测试、已投运、已验收）等	这些属性有助于明确每个需求的关键信息

续上表

跟踪的内容	详细解释	作用
每次需求变更的相关属性	包括变更阶段、变更类型（如增加、修改、删除）、变更状态（如提出、接受、拒绝、取消、完成）、变更申请人、变更日期等	这些属性有助于跟踪每一次需求变更的关键信息

另外，在进行需求跟踪矩阵时要注意两点。

第一，项目组将相应需求、概要设计、详细设计、实现、测试用例等内容填写到对应项中时，如果多个设计对应同一个需求，可以填写在同一栏中。每次需求更新后，小组负责人要将日期、工作量填写在相应的栏目中，以便进行需求的跟踪度量。

第二，关于优先级的说明：优先级表示的是某项内容相对于同类其他内容的优先级顺序，其取值范围为高、中、低，如果某几项内容的优先级相同则将其优先级设为相同值。

4.3.2　去中心化的管理模式

技术革新使得企业管理变革速度进一步加快，无论在企业管理整个大环境中，还是单一的某个项目管理中，都讲究快速反应能力和环境适应能力。这就要求管理人员采用新的管理模式和协作模式去进一步适应，而这个新的管理模式、协作模式即去中心化。

去中心化是最近几年出现的一种新型的管理模式，很多项目团队都采用这种模式。传统的项目团队都有一个明确的中心，所有人员、资源等都必须围绕这个中心去运作。在去中心化团队中恰恰相反，团队没有明确的中心，领导与成员之间是平等的关系，部门与部门边界模糊化，资源、权利、利益分配等倾向于向基层下移，团队成员话语权大增、工作自主性和创造性更强。

综上所述，可以总结出去中心化项目团队的两大特点：一是实行扁平化管理，二是部门边界没有明确界限。

1. 实行扁平化管理

扁平化管理在管理上能做到高效极简，因为扁平化管理迎合的正是互联网时代所提倡的简约、速度、极致。

　　小米的迅速崛起，并取得如此大的成就，原因有很多，其中一个不可否认的，就是小米团队实行的扁平化的管理模式。例如，小米团队没有核心管理层，管理层设置非常简单，七八个合伙人下面管理七八个小组，每个小组除了具体负责人，就是普通员工。在别的企业，你也许是总监，也许是经理，但在小米都是工程师，级别都是一样的。

　　扁平化管理模式极大地保证了信息的高效传递和顺畅沟通，充分调动了基层员工参与管理的自主性、积极性。值得注意的是，扁平化管理并不仅仅指组织结构扁平化，还包括信息扁平化、业务流程扁平化，如图 4-8 所示。

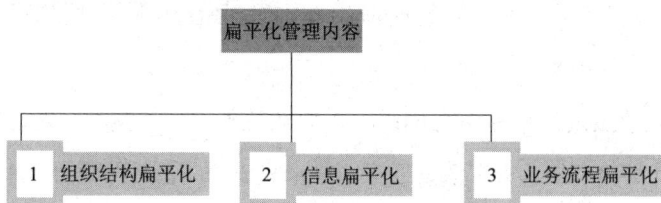

图 4-8　扁平化管理的内容

（1）组织结构扁平化

　　组织结构扁平化是扁平化管理的基础，为扁平化管理提供了一个平台。项目经理可以在这个平台上进行持续的信息传递和业务流程优化，从而为信息扁平化、业务流程扁平化提供物质载体。

　　从管理层次和管理幅度的关系看，组织结构扁平化是一种管理层次少，管理幅度大的结构。传统的组织结构是直式结构，特点是管理层次多，管理幅度小。所以，在传统的管理中，很多决策者从董事长到总经理，再到部门负责人和基层员工，指令是从上而下传递的，从塔顶层层传至底部。同样，信息的反馈也是按照原路径传递，自下而上层层返至决策者。

　　管理层次多，管理幅度小，往往就意味着管理人员要增多，投入的精力、时间和费用也要增加。而扩大管理幅度，减少管理层次，所需的管理人员、时间和费用会相应减少，上下级之间信息传递路径也会缩短，工作效率大大提高。

层级越多，链条越长，管理越低效。上级不能越级指挥，下级不能越级请示汇报。与传统等级结构模式相对，扁平化管理模式的宗旨是精简管理层级，扩大管理宽度，让管理更简单。

（2）信息扁平化

信息扁平化包括两个部分：一个构建团队内部的信息网络，另一个是构建团队外部的信息网络。

构建团队内部信息网络是为了保证内部信息沟通的畅通，只有内部信息畅通了，项目才能高效运转。项目团队的组建大多数都是基于职能而设立的，不可避免地会出现部门各自为政，不懂得协同"作战"的情况。所以，项目经理在进行团队组织结构扁平化管理时，必须构建团队内部信息网络，目的就是保证信息网络的畅通。

除了在团队内部构建信息网络，也要构建外部信息网络。随着互联网络的发展，外部信息的获得多数是通过网络来完成的，信息的获得越来越具有同质性特点，关键在于谁能及时获得信息，谁就能领先进入市场。

（3）业务流程扁平化

业务流程扁平化即将项目的业务流程进行简化、优化，使业务更加简单、高效，去除复杂的层级关系，精简流程、提升效率，提高项目对市场变化的适应能力，使团队更加灵活、敏捷，并能够更好地适应市场变化和客户需求。

业务流程扁平化需要做好三件事情。第一，业务流程设计要做到职能设置科学，管理流程短，信息畅。第二，对管理业务整合和职能调整，进行认真调查和论证。第三，按照工艺相近、区域相邻、集散有度、有利管理的原则，对作业层进行整合。

2. 部门边界没有明确界线

部门边界没有明确界线又叫无边界管理，无边界管理是一种基于网络，开放式和自组织的管理模式，旨在打破传统管理中部门之间的边界和层级限制。它强调员工互动与协作、信息共享与流通、快速反应和适应市场变化等特点，以促进知识、信息共享。

在无边界管理下，团队不再是一个封闭的系统，而是类似于一个开放的网络，员工不再按传统的固定职责和职位来工作，而是可以自由流动、交叉学习及自愿参与项目团队合作等。它强调组织的自我调节能力和创新能力，以适应不断变化的市场和技术环境。

无边界管理需要进行全面转型变革，包括组织结构、管理体系、激励机制、培训体系等多方面协同推进。它对组织成员的素质、文化和价值观等方面提出了更高的要求。然而，对于一个项目团队，可以在此基础上，结合现有的资源进行优化，对无边界组织结构进行重新定义。具体需要做好两个方面的工作。

（1）垂直边界

旧的垂直边界主要表现为，由传统垂直式组织结构引起的内部等级制度，组织设置层层机构，各层都界定了不同的地位、权威及权力上下限，各个职位都有明确定义，位高则权重，位低则权轻，是理所当然的事。

无边界组织突破了这种僵化的定义，撇开所拥有的权威与地位，职位让于能力，以谁提出的建议更有价值为标准，只要利于团队发展都会受到重视和采纳。显然，新的垂直边界（实际上任何时候都不可以完全抛弃边界）提高了团队各层级间的可渗透性，使团队能聚集所有人的智慧。

（2）水平边界

旧的水平边界正如房间的隔墙，存在于团队内不同职能部门，不同产品系列或不同经营小组之间。由于各职能部门都依据自身进度表行事，往往容易与其他部门发生矛盾和冲突，各个部门都不顾团队的整体目标，而片面夸大自己的目标，导致政策的制订或实施，通常都是各利害关系妥协的结果，而不是为了根据项目团队战略发展和目标而做出的反应。

因此，水平边界的突破就需要设计能够穿越部门边界的工作流程，使信息和资源在部门之间顺畅流动和快速交接，把被分割的职能重新融为一体。

4.3.3　项目团队的成员招募

项目团队的成员招募就是按照项目的需要，招募合适的人员，组建一个高效、协作的团队。以下是一个项目团队成员招募的流程和途径。

1. 招募合适的人员

招募项目团队合适的成员主要有两种渠道：一种是内部渠道，另一种是外部渠道。其中，内部渠道包括内转和内推，外部渠道包括特聘和普通招聘。

（1）内转

内转是内部招聘的一种形式，是指在内部现有人员中进行选拔，一般是通过竞争上岗。这种方式有助于内部人才的充分利用，降低用人成本，再加上被选拔人员本就对团队、对项目有足够了解，针对性、可靠性都非常高，同时也可以快速适应新角色，融入新工作。

但这种形式也有明显的劣势，即过多使用内部人才，可能造成团队缺乏新鲜"血液"的注入，导致项目创新力不足，思维固化。

（2）内推

内推是项目团队内部招聘的另一种形式，在项目团队中运用越来越多，已成为团队获得高质量人才的重要途径。通过内部员工的推荐，让人才和项目团队零距离对接，让人才与项目组人才需求高度对称，这也是其备受重视的主要原因。

内推的优势与内转有类似之处，即被介绍的人，在进入团队之前势必会对团队及职位有深入地认可和了解，这对于其忠诚度的提升十分重要。同时，对团队还有一大优势，即所获人才性价比高，极大地节省了招聘时间、金钱成本和其他资源成本。

内推的劣势是，大部分团队将内推搞成了"自己的狂欢"，表面上做得有声有色，热火朝天，结果却无法真正获得优秀人才。这就需要建立完善而有效的内推机制，建立强有力的内推文化，并将这些机制、文化传递至每个部门、每位员工，鼓励全员参与，实现全员互动，使人人意识到内推的意义和价值，愿意为团队推荐优秀人才。

（3）特聘

特聘指针对团队所需的特殊岗位，有针对性地向外部招聘特殊人才。这些特聘人才通常具有非常专业的技能和丰富的经验，能够为项目团队提供非常有价值的帮助和指引，是确保项目成功实施的关键。

通过特聘渠道获得人才的优势有三个，见表 4-3。

表 4-3　通过特聘渠道获得人才的优势

优　　势	详细内容
可针对特殊岗位需求进行有针对性地招募	特殊人才在市场上通常难以招到，通过特聘的方式可以在短时间获得
提升团队的整体竞争力	特聘人才通具备丰富的经验、深厚的知识，能够极大地提高整个团队的整体竞争力
为团队提升更专业服务	对于特别领域或职位需求，特聘人才有深入的了解，能够为项目提供更高程度的专业化服务

需要注意的是，对于通过特聘渠道获得的人才，需要全面考察其能力、经验、性格、人际交往等方面，同时还看其与项目其他成员的合作程度，能否共同协作完成团队任务。

（4）普通招聘

普通招聘主要是针对项目团队中一些非重点、非关键性岗位所需人才，一般规模较大的，通过招聘会、人才市场、网络招聘、校园招聘等渠道进行。

①招聘会

招聘会是由政府部门或人才专业性机构定期发起、组织的，较为正式的招聘形式。一般具有特定主题，比如，"应届毕业生专场招聘""研究生人才专场招聘""金融/IT 人才专场招聘"等。通过对应聘者毕业时间、学历、知识结构等的区分，让项目团队有针对性地进行招聘。

②人才市场

人才市场与招聘会相似，不同的是，往往没有特定的主题，举办时间不固定，发起、组织形式也不是十分正式。这种方式多适用于有长期招聘需求，对人才专业性要求不高的项目团队。

③网络招聘

网络招聘指项目团队通过线上发布招聘信息，完成简历筛选、笔试、面试全过程的一种招聘形式。网络招聘通常有两种方式：一种是将招聘信息发布到自己的官网上，另一种是与第三方招聘网站合作，如中华英才网、前程无忧、智联招聘等，在网站上发布招聘信息，利用网站已有的系统进行招聘。

网络招聘优势是不受时空限制、覆盖面大、受众广，可以在较短时间内获取大量求职者信息。但随之而来的是大量虚假、无用信息，因此，网络招聘对简历筛选的要求比较高。

④校园招聘

校园招聘是许多项目团队采用的一种招聘形式，可以线上进行，也可以线下进行。不过，线下效果更好，通常是到各大高校进行宣讲，吸引即将毕业的学生前来应聘。对一些特殊的岗位，还可以通过委托培养，而后直接录用。

通过校园招聘的学生人才，优势是可塑性较强，干劲充足。但也有不少缺点，如缺乏工作经验，对自己定位不清楚，稳定性较差等。这都需要项目团队对这些学生花大力气进行培训和引导，以更好地适应工作。

2. 面试

招聘到有意向的人才之后并不意味着就万事大吉，接下来还有一个非常重要的环节——面试。面试是在应聘人员中筛选出符合项目要求人员的过程。那么，如何对应聘人员进行精准面试呢？这就需要掌握高超的技巧。

（1）明确面试的内容

要想做好面试工作，首先要明确面试的内容。面试内容通常包括两大部分：一部分是素质，即显性的、易改变的、易培养的内容；另一部分是潜能，即隐性的、难以改变、难以培养的内容。

面试的具体内容见表4-4。

表4-4　面试的具体内容

面试项目	具体内容	
素质（显性）	经验	经历过什么
	知识、技能	懂什么，会什么

续上表

面试项目	具体内容	
潜能（隐性）	能力、潜力	能做什么，能走多远
	价值观、态度、社会角色	会怎么做
	个性、品质	是个什么样的人
	内驱力、动机	想做什么

（2）仔细研读简历

在正式面试之前，一定要仔细研读求职者的简历，最好提前 1~2 个小时去看，这是做好面试工作一个重要前提。

在看简历时要遵循 STAR 法则，该法则由四个英文单词，situation（背景）、task（任务）、action（动作）、rusult（结果）首字母组成。STAR 法则的含义如图 4-9 所示。

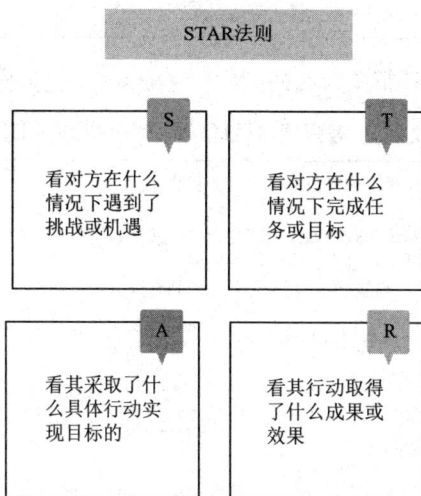

STAR法则

S　看对方在什么情况下遇到了挑战或机遇

T　看对方在什么情况下完成任务或目标

A　看其采取了什么具体行动实现目标的

R　看其行动取得了什么成果或效果

图 4-9　STAR 法则的含义

看简历要重点看以上四个部分，目的是在面谈时能够针对重点内容进行深入沟通与交流。按照这一套流程问下来，就可以了解求职者的基本情况。

（3）学会提问

提问是面试中一项非常重要的沟通技巧，高质量的提问能把面谈推向更高层次，在了解求职者基本情况的基础上，继续深挖，进一步关注细节。

比如，对方说"我曾带领团队做出 1 000 万元的业绩"，这时就要区分这 1 000 万元是在什么情况下完成的，难度如何？对方是作为核心成员，还是辅助人员参与的？这些细节都要谈清楚。

在具体提问时要有针对性，针对被考察项目逐个提问。比如，考察一个项目经理，可以从整体和细节两个层面入手，包括进度、对风险的把握、交付等。

考察项目经理整体情况时提的问题，见表 4-5（包括但不限于）。

表 4-5　考察项目经理整体情况时提的问题

整体情况	你怎么理解项目经理这个岗位的
	你觉得一个优秀的项目经理应该具备的特质是什么
	你对项目管理的认识以及怎样做好项目管理？一个项目的项目机制是什么
	项目管理的整体过程是什么？核心的是什么？做成一个项目需要一些什么因素
	项目成功最关键的个人要素是什么

考察项目经理整体情况时提的问题，见表 4-6（包括但不限于）。

表 4-6　考察项目经理整体情况时提的问题

细节情况	管理中最大或最具挑战性的项目是什么
	在项目中遇到的最大挑战是什么？又是如何解决的
	如何在项目整个周期中更多识别到有价值的风险
	项目的需求相对明确，排的进度是 4 个月，客户要求 3 个月完成，这种情况怎么解决
	项目验收阶段，客户提出功能优化（新功能），不给予优化，项目不验收，应该如何处理
	项目管理过程中，遇到过哪些类型的风险，如何应对
	当项目进度落后时，采取什么方法确保在规定时间前完成
	喜欢用哪种工具跟进项目进度？平常用什么项目管理工具
	根据要求交付了项目工作，但客户不满意、不接受，该如何处理

3. 明确岗位职责

确定最合适的人选后，就是明确他们的岗位职责。在这里有个重要前提：

岗位设置。设置什么样的岗位，与团队结构及项目本身有关，除了一些必备岗位，大部分岗位都需要基于项目本身进行。比如，新增一个岗位，要充分考虑是否增加了新工作任务，这些新任务是不是必须完成的？

因此，在确定岗位时，要遵循岗位设置原则。

（1）因事设岗原则

岗位是基于具体任务而存在的，岗位设置要坚持因事而设的原则，既要看到当前的实际情况，又要兼顾未来可能的变化，平衡好当下和未来。然而，很多项目团队会陷入因人设岗的"怪圈"，这与因事而设的原则恰恰相反。

因人设岗是先确定合适的人，然后根据其情况，再确定未来的工作岗位，而不是先规划好岗位，再去寻找合适的人。这样会造成人岗严重不匹配，工作质量低下，工作效率下降。

（2）最少岗位原则

岗位设置应当坚持最少岗位原则，考虑到团队功能有效运转所必需的最少岗位和职务。高于所需会造成结构臃肿，工作低效，低于所需可能会影响岗位业绩目标的达成。

最少岗位原则即通常所说的"岗位称重"，是指基于岗位所履行的工作任务、承担的责任进行综合评估。

例如，某制造企业技术和设备在业内具有领先优势，可以生产同行难以做出的优质产品，则销售部门只需要设置最基本的一个负责人和若干销售岗位就足够了；反之，如果一个贸易公司，其产品缺乏影响力，也无特殊的卖点，需要更强的推广，那么，销售部门就需要设置最低必需岗位，如销售主管、销售经理及销售片区主管必不可少。

最少岗位原则，具体多少才算合适呢？这主要取决于该岗位在团队中的地位、作用，以及所承担工作量的多少、重要程度。一般来讲，一个岗位能承担和完成的，不能设两个。地位重要、作用大的岗位，"设高不设低"，即一项工作高岗位能承担和完成，就不再设置低岗位；工作量越大的岗位，则从低岗位设起，低岗位能承担和完成的，就不再设置高岗位。

（3）权责一致原则

权责一致原则就是所拥有的权力与所承担的责任应当对等。这种权责一致原则的含义，如图 4-10 所示。

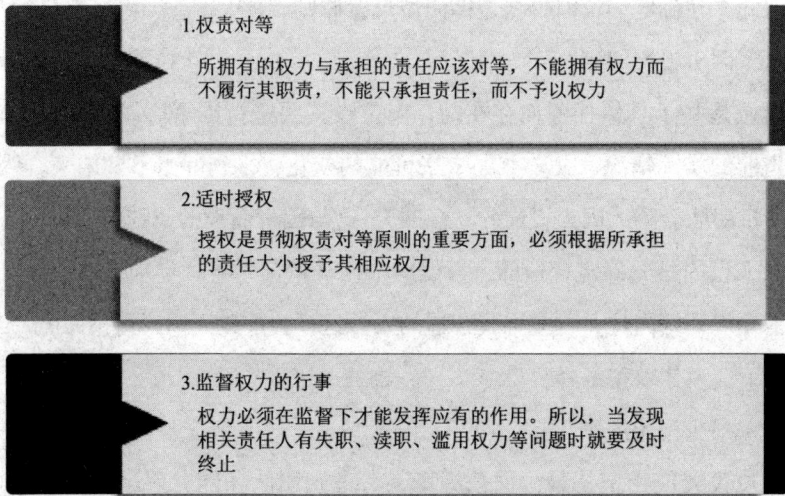

1.权责对等

所拥有的权力与承担的责任应该对等，不能拥有权力而不履行其职责，不能只承担责任，而不予以权力

2.适时授权

授权是贯彻权责对等原则的重要方面，必须根据所承担的责任大小授予其相应权力

3.监督权力的行事

权力必须在监督下才能发挥应有的作用。所以，当发现相关责任人有失职、渎职、滥用权力等问题时就要及时终止

图 4-10　权责一致原则的含义

4. 业务培训

团队组建后，需要对团队成员进行培训，以确保团队的成员充分了解项目需求，实现团队预期结果。对项目团队成员进行充分的培训和介绍，让他们熟悉项目目标、项目管理流程、工具和资源，以及在团队中的职责和角色。

项目团队新人需要培训的内容见表 4-7。

表 4-7　项目团队新人需要培训的内容

培训类型	具体内容
技能培训	如沟通、协作、时间管理和决策能力等，通过这些技能培训，帮助新人提升各项工作技能
项目管理培训	为新人提供项目管理方面的培训，包括风险管理、需求管理、进度管理等方面，以确保他们可以有效地参与项目管理
领导力培训	提供领导力方面的培训，包括团队建设、沟通技巧、决策能力等方面
业务培训	提升业务或行业所涉知识，通过提供业务或行业方面的培训，使新人更好地了解项目的背景和目标

续上表

培训类型	具体内容
软件工具培训	软件工具是协助任务完成的重要手段，如项目管理工具、数据分析工具等。为新人提供项目管理相关的软件工具培训，有助于提高团队成员使用软件工具的效率和质量

培训可以在课堂内或在线上完成，也可以通过外部培训供应商进行。无论如何，为团队新人提供适当的培训是确保项目成功的重要因素之一。

5. 监督和评估

对项目团队成员进行监督和评估是项目经理的一项重要工作，这可以确保整个团队按时、按质量完成任务，并帮助团队成员不断进步和提高能力。

图 4-11 为监督和评估团队成员的方法。

设定目标　　提供反馈　　跟踪进展　　评估表现

图 4-11　监督和评估团队成员的方法

（1）设定目标

为每个团队成员设定具体的，可衡量的目标，有助于他们把握自己的工作进度，深刻了解未来的预期目标。

（2）提供反馈

定期与团队成员交流，并为其提供反馈渠道，这不仅可以加强沟通团队管理，也可以为成员们提供一个了解、改进自己的机会。

（3）跟踪进展

及时跟踪团队成员在项目工作中的完成情况，这有助于及早发现潜在问题，并采取适当的措施。

（4）评估表现

使用具体考核方法评估团队成员在项目工作中的表现。比如，使用 360 度反馈、考核表等，确保评估结果公平、公正，符合团队和每个成员的实际情况。

通过对团队成员的监督和评估，项目经理可以帮助整个团队不断提高，确保项目成功完成。同时，这也可以使团队成员更了解自己的表现，并帮助他们更好地应对未来的挑战。

4.4　善协调：项目冲突协调是极具挑战的工作

一个项目的完成靠的是团队集体的努力，但集体协作又很容易产生冲突，无论是项目组与成员之间，还是成员与成员之间。所以，项目经理的协调工作就显得非常重要。

4.4.1　协调项目团队的冲突

在一个项目团队中，由于团队队员对项目目标的理解不一致，专业技能的差异，或职责不明等，冲突是不可避免的。而且处理起来更棘手，难度更大，项目经理必须使各方面协调一致、齐心协力，这就显示出项目经理协调能力的重要性。

项目冲突处理得好，有利于提高项目质量，节约项目成本，加快项目目标的达成；如果处理不好，则会导致项目在进度、费用和质量上大打折扣，甚至迫使项目中止，最终无法完成项目任务。

从整体上看，项目冲突可以分为两类：一类是任务型冲突，比如，项目优先权冲突、技术冲突、管理程序冲突、项目进度冲突等；另一类是人际关系型冲突，比如，人力资源冲突、项目成员个性冲突等。任务型冲突和人际关系常常混杂在一起，处理却需要方法。任务型冲突的处理原则是着重"事"，依靠完善制度和机制去解决存在的问题；而人际关系型冲突的处理原则是着重"人"，通过沟通缓和冲突双方的不同观点，协助双方相互谅解。

当冲突发生之后，项目经理要及时应对，并根据冲突类型提出切实有效的解决办法。

1. 任务型冲突

任务型冲突是观念上的冲突或争论，理论上这种冲突是被鼓励的，一个高效、开放的项目团队，就是要容得下各种声音、观念。只有经过观念的论战，成熟的想法才能脱颖而出。比如，两位技术专家都说自己对某一问题有更好的解决办法，而且都在极力寻求更多的证据来证明自己的假设。在这种情况下，项目经理的正确做法是鼓励冲突，同时确保不演变为个人冲突。

解决任务型冲突的措施如图 4-12 所示。

（1）构建合理的权力结构

合理的权力结构往往能使权力得到科学分配，既不过于独断，又不过于均衡。那么，如何构建合理的权力结构呢，可以从以下两个方面做起。

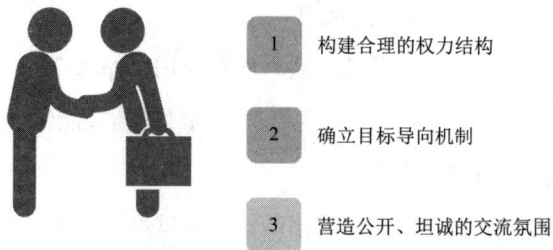

```
1    构建合理的权力结构

2    确立目标导向机制

3    营造公开、坦诚的交流氛围
```

图 4-12　解决任务型冲突的措施

①变革组织结构

即将金字塔式的组织结构，变为扁平化，减少管理层次，扩大管理幅度，广泛引入工作团队。这一点我们在前面讲过，传统组织结构，尤其是直线职能结构，最大特点是同级之间的互逆协调性。换句话说，就是同一层次的人员彼此相互独立，无法协调，很多事情都靠上级跨部门协调，不但不能相互指挥，而且容易出现多头领导，因而非常容易诱发破坏性冲突。

②改变管理模式

即从传统管理模式向知识管理转变。传统管理要么过度集权，要么过度分权都会引起决策总成本的上升，从而降低效率。而知识管理则可使团队信息实现低成本传播，这样对过去的集权也是一种制约。知识管理是知识经济时代涌现出来的一种最新管理思想与方法，它融合了现代信息技术、知识经济理论和现代管理理念，如 EMBA 及 MBA 等均将知识管理作为一项管理者必备技能包含在内。

知识管理目的是在团队中构建一个量化与质化的知识系统，让团队中的资讯与知识，通过获得、创造、分享、整合、记录、存取、更新、创新等过程，不断回馈到知识系统内，形成团队的软实力，成为未来管理的智慧资本。

（2）确立目标导向机制

调查显示，确立目标导向机制的项目团队总能把重点投入，放在核心问题上，会用更广阔的视野，讨论项目目标和怎样取得更高的绩效。而如果缺乏目标导向，就很容易把彼此放在竞争的位置上，促使高层做出负面决定。

（3）营造公开、坦诚的交流氛围

如果在决策过程中，仅仅是少数人发挥作用，那么企业团队的价值也就不复存在了。所以，一定要培养一种既能提高绩效，又能促进成员积极参与、公开交流、团结协作的氛围。

公开、坦诚的交流可以使项目团队成员真诚参与决策，加强团队成员的共识，尽管可能导致一些争论，甚至冲突，但团队成员能够认识到冲突是以决策目标为导向的，是为了提高绩效，就能积极地面对冲突，从而提高团队成员的决策满意度。

2. 人际关系型冲突

人际关系型冲突是指围绕人与人之间的复杂关系而形成的冲突，项目中人际冲突原因主要有两种。一种是利益冲突，大多数人际关系型冲突都是这种，无论经理，还是项目成员都不同程度地受利益驱动，当个人利益与项目利益或他人利益相悖时就会产生冲突。另一种是负面情绪冲突，比如，不信任、恐惧、拒绝和愤怒等而导致的冲突。这类冲突比较简单，仅仅是因为一方对另一方行动、态度、语气、外表和言语不满，大多在可控范围之内。

解决人际关系型冲突的措施如图 4-13 所示。

（1）缓和

当团队中出现人际关系型冲突时，项目经理要第一时间去缓和。无论什么冲突，要尽可能地在冲突中找出双方一致的地方，淡化或避开有分歧的地方，求同存异，从而使冲突先缓和下来。

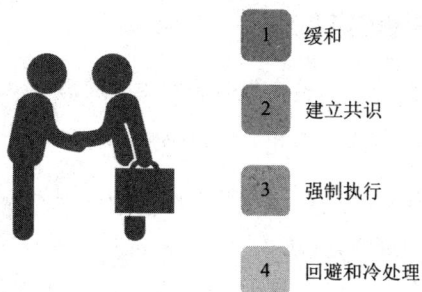

图 4-13　解决人际关系型冲突的措施

需要注意的是，这种方法在双方都认为相互关系比解决问题本身更重要的情绪性冲突中，比较有效。对于一些实质性问题引发的冲突，只能起到缓解的作用，并无法彻底解决问题。

（2）建立共识

在缓和的基础上，通过沟通协商、交换看法、观点，达成共识。建立共识是为了避免更大的冲突，使冲突各方都能得到某种程度的满意。在使用这种方法时应注意时机问题，不要一开始就采用这一方式，否则会无法触及问题的核心，只是迫于压力去妥协，这种情况下即使达成共识，也不能真正解决问题。

（3）强制执行

对于重大冲突，或涉及项目重大利益时，需要采取不同寻常的行动，以强制手段平息冲突双方的冲突。最常用的做法是项目经理使用权力来肯定一方的做法、观点，否定另一方的做法和观点。

这种方法的优势是团队成员会接到一个明确的命令和态度，知道必须怎么做，不能怎么做。缺点是可能会令成员产生不满及抵触的情绪，甚至导致成员产生怨恨，使工作气氛紧张。

（4）回避和冷处理

当冲突微不足道，不值得花费大量时间、精力去解决时，可以采用回避和冷处理的方式。这是一种非常巧妙而有效的策略，尤其是当冲突各方情绪过于激动，需要时间恢复平静时，或者立即采取行动会导致冲突升级时。

4.4.2　不同阶段冲突的协调技巧

项目冲突会分散在项目的整个生命周期中，阶段
不同，发生的冲突也不一样。因此，项目经理必须辨
别清楚冲突发生的阶段，对不同阶段冲突产生的原因
有所了解，抓住解决问题的要点。

项目冲突主要发生的四个阶段，如图 4-14 所示。

1. 项目启动阶段

在项目启动阶段，最重要的事情之一就是确认项
目对于团队和企业的重要程度，决定项目优先权。项
目经理所要做的是，充分了解当前项目的价值，做好
项目计划，并明确向上传达，以提高项目在企业中的地位，获取高层、管理层
的全力支持。

图 4-14　项目冲突主要
发生的四个阶段

在这个阶段，容易出现的冲突是管理程序上的冲突。比如，组织结构设
计、人员调配权力和范围，以及职能部门对项目团队的支持情况等，都要在项
目启动前做好承诺与规划，避免后期出现资源不足的情况。

2. 项目规划阶段

项目规划阶段最容易产生的冲突是计划与行动的冲突。项目规划阶段是
制订计划的重要阶段，而有些项目经理为了更快地出效果、出成绩，往往忽略
了计划，或者先让项目"走起来"，边行动、边计划，这个时候最容易发生冲
突，结果就是项目执行与计划不符。

在此阶段，"慢慢计划,快速行动"是一切工作的原则。只有做出详细计划，
明确项目所需的资源，需要哪些部门支持、需要多少预算等，才能为项目后期
的活动奠定坚实的基础。

在项目规划过程中，需要对关键里程碑、其他项目活动进行计划。这些
计划需要与项目干系人协商取得一致意见，并获得他们对各自责任的承诺。统
一意见可以有效降低管理过程中的冲突及产生的风险，尤其是技术风险，因为

在计划制订过程中，技术方案的敲定势必会带来一些争论。

3. 项目执行阶段

项目执行阶段各方关心的是项目进度，因此进度冲突会成为项目经理重点解决的冲突。另外，由于对人力资源需求和其他资源调配需求的增加，资源冲突也不可忽视。

解决项目执行阶段的冲突，最高效的方法是使用一套成熟的项目管理方法。目前，使用最多的是可视化项目管理，即通过项目管理软件中的甘特图功能、资源利用分配功能、里程碑功能等对于项目进度和资源进行透明、实时、真实的管理。

项目在运行过程中，由于各种因素的影响，目标和计划的细节发生了偏差，而这些偏差又没有被相关人员及时发现和处理，即项目管理的过程不可视。可视化低往往是导致很多项目最终失败的一个因素，而重视项目的可视化管理，可以极大程度地降低沟通成本、统一团队目标、控制项目风险，提高项目的成功率和客户满意度。

需要注意的是，在选择可视化管理工具时，避免选择自己团队成员不熟悉的，之前没有用过的新工具、新技术。因为新工具、技术需要成员花费更多的时间学习和熟悉，特别是在项目工期比较紧张时，使用新工具反而可能会降低项目效率，延误工期。

4. 项目尾声阶段

在项目尾声阶段，项目执行过程中产生的问题，尤其是无法解决的难题，会进一步显现出来。比如，为了弥补项目进度延误，必须赶工期，这会让团队成员压力倍增，对项目组产生不同的看法。这种冲突对项目最终目标的达成影响很大，同时，也是其他冲突的根源，这也更加要求项目的前期准备和执行要更加合理。

总的来说，项目冲突是无法避免的，但也并不是完全无法解决的。知己知彼方能百战不殆。当了解这些常见的项目冲突后，就要想办法有条不紊地去解决，保证项目顺利进行下去。

4.4.3 "牛人"与团队冲突的协调技巧

"牛人"在项目的整个生命周期发挥的作用尤为重要，这些人多是项目中的领导者或骨干成员。与普通团队成员相比，"牛人"具有骄人的业绩、独到的见解、丰富的经验、深厚的背景。他们在项目中扮演重要角色，并发挥关键作用，能够帮助团队克服各种难题，确保项目的顺利完成。

任何一个项目经理都希望有"牛人"加入团队。然而，这部分人的严重短缺也是事实。正因为"牛人"往往有限，他们经常被迫分到多个项目中充当"救火员"，无形中就会造成项目中人才的争夺。

例如，甲、乙、丙三个项目均在同一天启动，均需要 1 个月的在工期，均需要"牛人丁"的配合，但在启动前，三个项目经理都没有就"牛人"的工作进行协商，导致项目一启动就陷入了"抢人"的尴尬。

缺少"牛人"会导致团队陷入困境，但"牛人"的突然加入也有可能导致冲突。

例如，项目开发到一半，一位"牛人"加入项目组，于是下面的事情发生了：

"牛人"认为一位老员工写代码的效率不高，构架繁冗，不方便后期维护，必须重构代码和数据库。老成员感到自己辛苦写出来代码被一票否决，心里很不是滋味，但鉴于代码质量确实不高就选择了妥协，不得不配合"牛人"返工。但随着工作的深入，发现难度很大，对"牛人"的意见也便爆发了，一开始挺配合，慢慢地便不再配合了。

这样的情况对项目经理而言也很难，如果按照"牛人"的建议进行系统和数据库重构，需要再次调整计划，等于重新开发。这样做不但需要承受来自老员工的压力，而且需要承受来自领导、客户的压力。领导可能会认为进度落后于计划，催促尽快完成剩余部分；客户也已经明确表示计划是不可能再调整的。

"牛人"在业务素养、技术上肯定是没有问题的，但有时候可能缺乏大局观，容易忽视开发进度和客户需求，这是"牛人"与团队冲突的典型表现。

可见，处理"牛人"与团队、其他成员的冲突，对于项目经理而言是一个巨大的挑战，那么，应该具体怎么做呢？处理"牛人"与团队之间冲突的做法见表 4-8。

表 4-8　处理"牛人"与团队之间冲突的做法

冲突	措施	具体做法
"牛人"与个别成员的冲突	了解双方的想法和需求	听取双方的意见，并尽力了解双方的想法和需求，以便更好地解决问题
"牛人"与个别成员的冲突	尊重每个人的意见	尊重每个人的意见，并确保每个人都有机会发表自己的想法，这有助于建立团队合作和共同目标
	以事验人	"牛人"是某方面的专家，为他们提供合理、必要的工作条件与环境，让他们的才华在项目工作中得以体现，拿出真本事，折服所有成员
"牛人"与团队的冲突	制定明确的规则和责任	制定明确的规则和责任，以确保每个团队成员都知道他们在项目中的角色和责任，这有助于减少混乱和错误
	激励并奖励优秀表现	激励和奖励团队成员更好地合作，例如，给予"牛人"更多奖励，以便其能够分享自己的技能和知识给团队
	寻求外部帮助	如果在内部无法解决，还可以考虑寻求外部帮助，例如，可以聘请专业人员（如顾问或中介人）
"牛人"与项目经理的冲突	以理服人	"牛人"有性格、有脾气，但绝对是明事理的。作为项目经理要主动向他们说明项目的意义，其在项目中承担的责任，让他们对项目有更清晰的理解，感受到责任和压力。这有助于激发"牛人"责任感，将精力集中在项目上
	以情感人	"牛人"有着比一般人更强烈的被尊重的心理，项目经理要抓住这个心理，多征求其意见和建议，让他们感到被重视、被尊重，获得心理上的满足感
	以利"诱"人	合理规划分配，满足"牛人"的个人需求，做到按劳取酬，多劳多得。这里所说的收益不仅指物质上的，也包括经验、荣誉、升职机会等

总之，项目经理应该采取积极的措施来帮助团队和"牛人"协作，以确保项目的成功。

第 5 章

项目沟通：沟通对了，就成功了一半

美国通用电气总裁杰克·韦尔奇说："管理就是沟通、沟通、再沟通"。项目管理的各个环节都需要项目经理花大量时间、精力与各方沟通。沟通对了就成功了一半，很多问题都是在沟通中得到解决的。

5.1 用嘴沟通百沟不通，用心沟通一沟就通

沟通贯穿项目管理的整个过程，是连接各部门信息传递的桥梁，是协调各利益方的"润滑剂"。然而，很多项目经理不会有效沟通，沟通并不在于"嘴"有多勤，关键是要用"心"，只有用"心"了，沟通才能真正发挥其作用。

5.1.1 沟通不用心，管理难有效

作为项目经理，"你说的话，领导为什么不信服？""你说的话，下属为什么有防范之心？""夸夸其谈，自己感觉挺好，可为什么往往事与愿违？"其根源在于你说话时没用"心"。

沟通不是动动嘴皮子就行了，而是用心，沟通不用心，管理难有效。人与人之间的沟通，最能到打动对方的就是用"心"去说每一句话。在项目管理中，用"心"沟通要求，说话者既要发自内心地表达自己的观点、意见和感受，又要用心去理解、体谅对方。只有兼顾到自己和对方双方，才能建立良好、亲密的关系，促进对方在自己表达的观点和意见上达成共识。

所以，项目经理沟通要用心，精心设计沟通谈话技巧，细心分析观点，并耐心倾听对方的想法。那么，如何做到用"心"沟通呢？这就需要掌握沟通的五大"心法"，具体见表 5-1。

表 5-1 沟通的五大"心法"

方　　法	具体内容
信任"心法"	解决的是信任问题。人与人之间最难的就是信任关系的建立，良好的信任关系不仅要相信自己，更要令对方深信不疑。所以，沟通之前一定要先解决信任问题，信任对方
状态"心法"	解决的是沟通状态问题。心态决定状态，状态决定事态，项目经理与对方沟通一定要展现出自己的最佳状态，对上不逢迎、不巴结，对下不逞威风、要特权
真诚"心法"	解决的是诚意问题。真诚是通向对方心灵的直通车，是有效沟通的通行证。与对方沟通要本着一颗真诚之心，真诚才会有虚心，有了虚心，才能主动去了解别人
赞美"心法"	解决的是心理感受问题。挑刺全是刺，捧场才有场。用赞美的语言，着眼于对方好的一面，直接说出自己的心理感受

续上表

方　　法	具体内容
情感"心法"	解决的是情感问题。在人际沟通中，必须要带着真情实感去沟通，当对方感受到你真挚的情感时，也就感受到你的心了

5.1.2　营造沟通环境，走进对方心里

任何沟通行为都受组织环境的影响，同样，项目的沟通离不开对项目环境的依赖，良好的沟通环境有助于项目经理与沟通一方建立紧密的关系。

因此，项目经理在与各方进行沟通前，要营造良好的沟通环境：一方面，让自己走进对方心里，进一步了解对方的心理和真实意愿；另一方面，让对方在沟通中能够放松下来，将状态调整到最佳。

影响项目沟通的环境因素有很多，大体可以分为两部分：一部分是硬环境；另一部分是软环境。硬环境一般是指沟通的场所，软环境一般是指沟通的技巧、机制、渠道及表达所用的语气、语调等。

1. 硬环境

沟通场所对沟通效果有很大影响。项目沟通多在会议室、办公室，特殊情况还可以选择咖啡屋、高尔夫球场等。不同的沟通情景对沟通的场所要求不同,在具体选择上可以视实际情况而定。项目沟通常用的沟通场所及使用情景，见表 5-2。

表 5-2　项目沟通常用的沟通场所及使用情景

沟通场所	使用情景
办公室	使用频率最高的沟通场所，适用于任何场景，包括团队会议、个人谈话或项目汇报等
专用会议室	较为隐私、专业的沟通环境，适用于私密性较高的会议或研讨会议，以避免沟通内容外泄
视频会议室	非常方便快捷且成本较低的一种用于远程沟通的虚拟场所，适用于团队成员分散在不同地点的情况
咖啡厅或休息室	个性化较强的场所，适用于非正式、级别较高的一对一沟通，有利于营造轻松的氛围，更轻松地表达

续上表

沟通场所	使用情景
带有娱乐性的户外场所	包括主题公园、度假酒店、综合性旅游区等，这些沟通场所兼有商业和娱乐的双重功能。多适用于休闲拓展、大型团建等活动

需要注意的是，在选择沟通场所时，既要考虑沟通主题、目的，以及参与者的需求和喜好，同时，又应考虑场所自身的影响，如供沟通的必要设备、提供的服务等。只有综合考虑，沟通才可以更加轻松愉快，顺利完成沟通目标。

2. 软环境

软环境较之硬环境，对项目沟通效果的影响更大。沟通软环境一般是指文化、机制及人际关系等。比如，沟通软环境的四个内容包括沟通机制、管理风格、人际关系和绩效反馈，如图 5-1 所示。

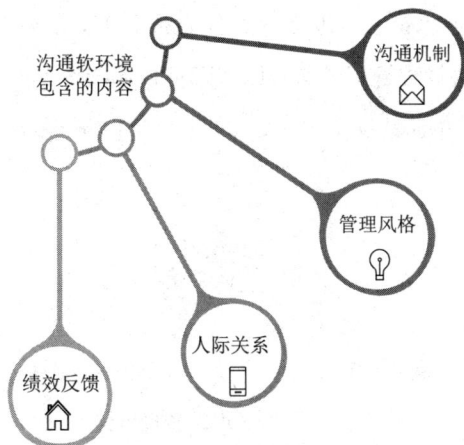

图 5-1 沟通软环境包含的四个内容

1. 沟通机制

沟通机制就是沟通的制度，用于规范和约束人与人之间的沟通过程。在项目管理工作中，要想收到好的沟通效果，首先必须建立好的沟通机制。

（1）坚持公开透明

除有特殊要求外，项目沟通必须保持公开透明，沟通的原因、过程及相关结果，需要向被沟通者公布，以便被沟通者能充分了解沟通的具体情况。

（2）明确沟通渠道

确定明确的沟通渠道，是周例会、内部沟通会，还是线上沟通，要明确确定下来。在沟通方式的选择上以有利于简单、高效的信息传递为基准，确保每个被沟通者都能接受，并理解信息。

（3）及时回复并反馈

对于被沟通者的提问，项目经理要及时做出反馈，包括谈话记录、存在的问题、解决方案等，这有助于在规定的时间内解决问题，促进项目进展。

（4）识别沟通障碍，建立信任关系

项目经理要充分识别谈话过程中的障碍，如语言障碍、文化障碍等，并为团队成员提供支持和帮助，以便他们更容易地表达自己的看法和想法。

2. 管理风格

项目经理的管理风格对沟通效果产生直接影响，不同的管理风格产生不同的沟通效果，项目经理管理风格有以下四种，如图 5-2 所示。

命令型管理风格　　亲和力型管理风格

项目经理的管理风格

民主型管理风格　　教练型管理风格

图 5-2　项目经理的管理风格

（1）命令型管理风格

命令型管理风格下的沟通，通常表现为上级直接对下级下达命令，同时，下级必须服从上级做出的任何决定。这种风格可能会导致团队成员在项目执行中失去自主发挥的空间，在沟通上也不会太主动，反馈极少。

（2）亲和力型管理风格

亲和力型管理风格下的沟通，项目经理通常表现得和蔼可亲，并能够营造非正式的沟通氛围，能极大地促进信任关系的建立。但它可能导致项目经理权威的弱化，同时，被沟通者也会觉得自己的意见不被重视，从而失去沟通的积极性。

（3）民主型管理风格

民主型管理风格下的沟通，能鼓励被沟通者参与决策，并提供反馈。这种风格有利于建立开放式的沟通氛围，支持团队内部信息流动，同时也可以增强被沟通者的自信心和自尊心。

（4）教练型管理风格

教练型管理风格下的沟通，能促进被沟通者主动自觉地学习，这种风格可以使沟通变得更加专业化，从而提高团队的表现和协作能力。

3. 人际关系

项目经理的人际关系在沟通方面产生着直接的影响。这是因为项目管理涉及多个干系人，包括各种组织、团队成员、客户及其他。项目经理必须建立良好的人际关系来协调，以确保满足不同利益相关方的需求。

图 5-3 为项目经理人际关系影响沟通效果的三个方面。

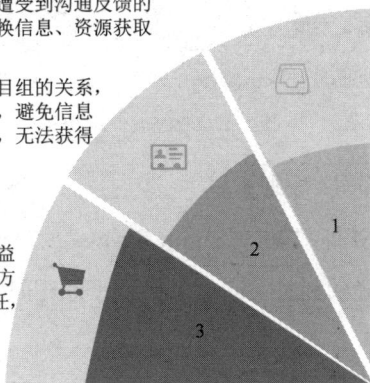

○维护与领导的关系，避免可能遭受到沟通反馈的拒绝和不理解，从而有效地交换信息、资源获取等资源

○维护与项目团队队员及其他项目组的关系，将使信息的上传下达更为畅通，避免信息流动不畅，信息被屏蔽或忽略，无法获得相应的支持

○维护与投资者、客户和其他利益相关者的关系，可以促进与各方更好的沟通，增强相互间的信任，避免因不信任产生误解和疏漏

图 5-3　项目经理人际关系影响沟通的三个方面

因此，项目经理应该尽可能地与各方建立密切而健康的人际关系，确保与团队成员、利益相关方的信息传递更为通畅和有效，辅助项目目标的更快实现。

4. 绩效反馈

绩效反馈与项目沟通有着密切的关系。在项目执行过程中，项目经理要及时对项目的执行情况进行绩效评估和反馈，以更好地理解项目绩效数据背后的含义，并采取相应的措施来提高项目绩效。同时，这也便于高层和项目执行团队成员了解项目当前的状态和执行过程中取得的成果，发现问题，提出改进措施，以便高层及时作出决策并调整项目计划，执行计划并让团队成员识别项目的情况，进而更好地加以改进。

因此，项目绩效反馈也是一种间接的沟通，是进行项目有效沟通的主要方式之一。

5.1.3   坚持沟通原则，才能有效沟通

很多项目经理与项目干系人的沟通效果甚微，很大原因就是把正式的沟通当成了日常聊天。日常聊天往往是毫无规则的，正式沟通则不同，它是受规则严格约束的。因此，项目的正式沟通必须遵守一定的原则。项目沟通的五个原则如图 5-4 所示。

WIIFM原则   明确性原则   主动性原则   简洁高效原则   有章可循原则

图 5-4   项目沟通的五个原则

1. WIIFM 原则

WIIFM 即 "What's in it for me"（对我的价值），即被沟通者与沟通信息必须有明确的利益关联。运用这个原则时，可以先建一张表。WIIFM 表格模板见表 5-3。

表 5-3   WIIFM 表格模板

姓名	遇到的问题或障碍	用什么激发对方的动力
1		
2		

续上表

姓名	遇到的问题或障碍	用什么激发对方的动力
3		
4		

在正式沟通之前，项目经理通过这张表可以充分理清思路，清楚地勾画出被沟通者执行项目中存在的问题和遇到的障碍，从而有针对性地调整谈话计划和策略。

2. 明确性原则

明确性原则即沟通的目的是否明确，沟通是否高效，关键就在于沟通是否有目的。在沟通时，假如双方讨论的是一个含糊不清的目标，双方就很难达成共识。因此，为了减少沟通障碍，首先要保证有沟通目的，且清晰有效，这是沟通的基础。

3. 主动性原则

项目干系人对项目运行情况的第一手资料全部来自项目经理。因此，项目经理需要主动与项目干系人沟通，让他们清楚项目的进展情况及遇到的问题。

比如，有一个安全阀制造项目，但生产出来的产品没有通过安全测试。项目经理就应该告知客户，可以说："项目产品没有通过安全测试，我们正在解决问题。如果有进一步的信息，我马上向您汇报。"对于项目进展情况，项目经理必须主动第一时间与客户沟通，千万不可等到问题解决不了再汇报。

4. 简洁高效原则

信息过少得不到有效传播，同样，信息过多，过犹不及也影响信息的有效传播。每个项目的实施都需要大量的沟通工作，但沟通效果却不一样。有的人几句简单的话就可以轻松达到目的，但是有些人交流半天，对方也不知道在说什么。沟通就要遵循简单高效原则，将沟通路径缩短至最短，直接切中主题，不要拖泥带水。

5. 有章可循原则

与干系人沟通必须有始有终，始于项目启动，止于项目结尾。这个过程要有一个全面流畅的流程、有效的沟通计划、工作报告等，使沟通有章可循。

比如，一个两个月（相当于八周，假定每星期五天上班时间）的项目，每四天项目经理就应该提交一份工作报告，详细程度以 15~20 分钟的讨论内容为准，这样既可确保报告内容充足，又避免过于冗长。

5.1.4 跨部门沟通的"烦恼"

项目中的沟通很多时候是需要跨部门进行的，这有利于项目资源的互通有无，统筹规划。但对项目经理来说，跨部门沟通则是一大"难题"，造成了对项目的诸多负面影响。比如，A 部门认为十万火急的事儿，到了 B 部门那儿，竟被当成芝麻绿豆大的普通事儿；原本应该合作共同解决的问题，到了跨部门会议上则各弹各的调，久久无法达成共识。

每个部门都有各自的立场，沟通时难免陷入"以自我为中心"的怪圈。那么，项目经理如何做到突破这个怪圈，实现有效沟通呢？跨部门沟通的技巧如图 5-5 所示。

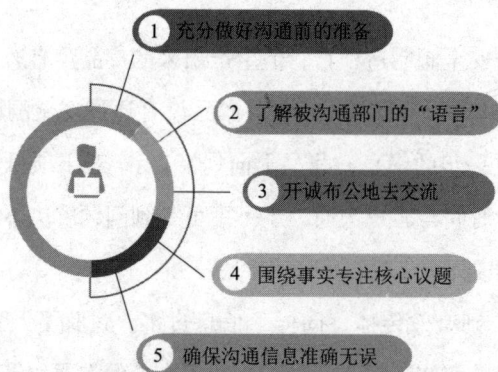

图 5-5　跨部门沟通的技巧

1. 充分做好沟通前的准备

在跨部门沟通之前，要做足准备工作，搞清楚关键问题，否则很可能得不到想要的效果。下面几个问题应该事先想清楚，见表 5-4。

表 5-4　跨部门沟通事先搞清楚的几个问题

序　号	问　题
1	希望对方做什么事
2	认为对方会要求自己做什么
3	如果对方不同意，自己有没有其他预备方案
4	如果双方没有共识，自己会有什么后果？对方又会有什么后果

2. 了解被沟通部门的"语言"

跨部门沟通的失败，很多时候都是"语言"障碍引起的。归根结底，是不了解对方部门的"语言"。各部门都有自己的"语言"，技术部门有技术部门的"语言"，财务、人力资源等部门也都有自己的"语言"。而这种"语言"往往只有内部队员才能读懂。作为部门外部的人员，要想与对方沟通，前提要先听懂对方的"语言"。

想要了解被沟通部门的"语言"一个重要方法是换位思考，站在对方的立场思考，将误解或沟通频率不搭的概率降到最低。另外，频繁互动也有助于了解对方的语言，因此，平时就要多跟其他部门的领导、同事加强互动、交流。

3. 开诚布公地去交流

平级部门之间，大家都是长期共事的同事，开诚布公是最好的沟通策略。凡事以诚为上策，最忌欺骗、隐瞒事实。部门间一旦缺乏信任，会加重彼此的防御心，沟通时就会有所保留，甚至隐藏一些重要信息。

马经理是一位久经战场的"老战士"，有多年带项目团队的经验，早已经是一名"老油条"，也有着"老油条"的一些基本心理。比如，爱夸大事实、说话真假难辨、喜欢占便宜等。

有一次，他与销售部经理进行交流，销售部经理是从一线新提拔上来的新人。马经理与销售部沟通的目的是想拓展一下该项目研究的一款产品的业务，然而，他在交流过程中，对对方的一些"利益"问题表达得不清不楚，而当谈到自己利益的时候，却突然提高嗓门，大谈特谈。最后双方谈崩了，不欢而散。

这位马经理之所以没沟通成功，关键原因在于自己心不诚，没有开诚布公去谈。一个心诚的人总会把对方当成利益攸关的一方，不但有坦诚合作的愿望，而且还有承担责任、履行义务的具体语言表达。

4. 围绕事实专注核心议题

让沟通聚焦的最好方式，就是呈现具体事实，并围绕事实专注核心议题，引导对方迅速将注意力放在谈话议题上。事实可以将沟通过程中"人"的影响因素降到最低，在缺乏事实的情况下，个人动机可能会遭到猜疑。但"事实就是事实"，摆事实可以创造一种强调议题，而非人身攻击的氛围。

5. 确保沟通信息准确无误

进行跨部门沟通时，一定要准确表达所传达的信息，确保所有信息准确无误地传达给对方。为了确保沟通信息的无误，项目经理可以利用这些谈话技巧，如重复沟通的主要内容，澄清对方提出有疑问的问题，谈论重点议题时尽量不要打断对方讲话等。

5.2　三条路径，"跑通"项目沟通全过程

项目经理是所有沟通的"中枢"。

一个项目涉及的干系人很多，向上有领导、中间有项目合作的其他项目经理、客户等，向下有团队所属成员。作为项目经理，要打通全流程通道，与所有干系人进行高效沟通，并最大限度地达成一致程。

5.2.1　向上：打通领导通道

项目经理与领导的沟通是项目管理中至关重要的层面，沟通内容通常涉及多个层面的工作，比如汇报项目进展、反馈项目风险、申请项目资源等。

1. 汇报项目进展

项目经理需要及时向领导汇报项目的进展情况，包括目标的实现情况、进度的把控、资源的调配情况等，以便领导了解项目的实际情况并及时作出决策。

2. 反馈项目风险

项目经理也需要向领导反馈风险信息，包括潜在的风险、已出现的风险

及应对措施等，以便领导能够适时制定应对策略并及时解决问题，保证项目的正常进行。

3. 申请资源援助

项目经理还需要与领导进行沟通，协商切实可行的预算和资源配备方案。尤其是当出现需求的变更或者计划发生了重大变化时，项目经理应该及时向领导报告并寻求解决方案。

4. 请示项目要求

项目经理定期与领导沟通，也是领导的需求，领导需要向项目经理明示项目的新要求，以便项目经理和团队能够时刻明确项目新动向，调整合理的计划，按时完成项目。

总之，项目经理必须与领导及时沟通，以确保在整个项目生命周期中都能够保持密切的合作。

另外，项目经理与领导沟通时还需要掌握一些技巧，见表 5-5。

表 5-5 项目经理与领导沟通的技巧

沟通内容	技　巧
准备好议题	确定需要讨论的议题，并准备好相关材料，以佐证自己的主张、观点，争取得到领导的支持
确定沟通方式	确定沟通方式，例如会面、电话、电子邮件等，确保双方都能按时配合
关注项目进展	准备项目进展的概览，向领导汇报项目的进展情况，让领导了解项目的进展及可能出现的问题和挑战
明确问题	确保已收集足够的信息，以明确可能出现的问题，并提出相关的解决方案。这是重点内容，一定要带着问题去沟通
诚实和坦率	保持诚实和坦率，不要报喜不报忧，即使需要向领导提供坏消息，也要符合事实，便于领导作出更好的决策

5.2.2 平行：激发团队士气

项目经理与下属及其他项目组负责人的沟通是项目沟通的主要层面之一。这个层面的沟通通常发生在项目启动、实施阶段，主要目的是确保项目执行的协调和协作。

1. 协调项目之间的资源分配和风险管理

项目经理需要与平级的项目经理进行沟通，以便协调项目之间的资源分配和风险管理。如果项目之间存在相同的资源需求或者冲突的风险，项目经理和平级的项目经理需要共同协调，以确保资源和风险的有效管理和控制。

2. 确保项目任务的顺利完成

项目经理需要与下属进行有效的沟通和指导，以确保项目任务的顺利完成。在与下属的沟通中，项目经理需要了解平级、下属的需求和想法，明确任务的目标和要求，并提供培训和必要的技能指导来帮助下属更好地完成任务。同时，项目经理也应该听取下属的反馈和意见，并依据情况及时调整计划。

3. 建立有效的信息反馈机制

项目经理需要建立有效的信息反馈机制，在沟通中及时告知下属和平级项目经理该项目的进展情况、风险和变化情况等。这可以使整个项目团队在一个信息共享和协作的环境中工作，从而提高工作效率和项目绩效。

同时，避免误解和冲突，通过用心沟通，项目经理可以避免这种情况的发生，并可以及时解决任何沟通问题。

因此，项目经理应该投入时间和精力与下属进行沟通，并确保自己始终保持良好的沟通态度，尊重下属，倾听他们的意见并积极回应。在与下属沟通时，项目经理应该使用清晰、明确的语言，并避免产生混乱或误解。项目经理应该建立一个沟通渠道，使下属能够随时向自己提出问题和反馈。

5.2.3　向下：与客户保持一致

项目经理与客户的沟通在整个项目周期中是最多的，因为这有助于确保项目满足客户需求，维护与客户的关系。以下是项目经理与客户的沟通建议。

1. 建立沟通计划

在项目启动之前，与客户一起制订沟通计划，包括定期会议、沟通频率、沟通方式和相关的工具等。

2. 确定客户的期望

了解客户的需求和期望，确保项目交付符合他们的期望。在沟通中要注意客户的反馈，了解他们的需求和问题。

3. 提供实时反馈

及时回复客户的邮件和电话，并在必要的时候进一步请求客户的反馈和意见。

4. 管理风险和问题

当项目出现问题或者风险时，向客户提供足够的信息，以便他们作出相应的决策。在项目管理的过程中，也要积极地寻找并解决潜在问题。

5. 保持透明

保持沟通透明，确保客户了解项目的实际情况，并帮助他们了解每个时期所作出的决策。

6. 建立一个良好的关系

与客户建立一个良好的关系，向客户展示您的专业知识和经验，并在精神上共同面对挑战和风险。

总之，项目经理应该积极与客户沟通，以确保项目满足客户的需求，并维持良好和长期的客户关系。

5.3　两种方式，打造项目沟通"闭环"

沟通方式主要分为线上或线下，线上以电子邮件为主，线下以进行演讲为主，作为项目经理，只要掌握了这两种沟通方式的技巧，基本上就抓住了沟通的精髓，足以应对绝大部分场景中的沟通问题。

5.3.1　线上：写份高效的电子邮件

写电子邮件对于项目经理来说非常重要，因为它是项目管理中一个最基本的线上沟通工具。接下来简单阐述一下电子邮件在项目管理中的使用场景，如图 5-6 所示。

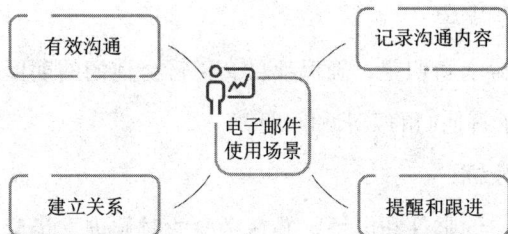

图 5-6　电子邮件在项目管理中的使用场景

1. 有效沟通

电子邮件是在项目管理中快速而可靠的沟通方式之一。通过电子邮件沟通，可以向团队成员、客户和其他利益相关者传达信息，分享文档，识别问题，并确保所有成员都知道项目的最新状况。

2. 记录沟通内容

电子邮件记录了您与相关人员之间的沟通记录。这些记录是非常有价值的，因为它们可以帮助跟踪项目中的问题和进展，并协调各方的意见和想法。如果需要，这些记录也可以作为法律证据。

3. 提醒和跟进

通过电子邮件，项目经理可以及时发送提醒和跟进消息。例如，当任务暂停时，可以通过电子邮件及时通知团队成员，并明确制订下一步行动计划。此外，还可以使用电子邮件来安排会议和小组讨论等。

4. 建立关系

通过电子邮件与团队成员沟通，可以建立密切的工作关系。这有助于提高生产力和减少误解，导致更好的工作结果。

总之，在项目管理中，写电子邮件对于沟通、记录、提醒和建立关系都是非常重要的。项目经理可以通过电子邮件与团队成员和其他利益相关者有效地共享信息，并确保每个人都明确了他们的角色和责任，以达到项目目标。

那么，对项目经理而言，如何写好一封电子邮件呢？项目经理撰写电子邮件的要点见表 5-6。

表 5-6　撰写电子邮件的要点

要　　点	具体内容
主题行	要简短明了，包含项目相关信息，让对方知道这是一封重要的项目通知邮件
称呼	使用适当的称呼，如尊敬的客户、尊敬的团队成员等
重点内容	将重点内容放在邮件的开头，重要事项还要加粗，重点强调，这有助于方便快捷地了解项目情况，及本次电子沟通邮件的预期结果
语言简洁	尽量使用简单的语言，用短句和段落来表达观点，避免使用过多的术语
格式规范	邮件应该使用标准的格式和排版，并检查拼写和语法错误
询问反馈	在邮件的结尾，鼓励读者提出任何问题或反馈，并明确下一步行动计划
附件	如果邮件包含附件，请在邮件中提到并告知读者应该在哪里找到附件
经常更新	根据需要，项目经理需要及时更新邮件的内容，以反映最新的情况

总之，在写电子沟通邮件时，要保持简洁明了，同时体现专业性，使用适当的称呼和术语，突出重点内容，鼓励提出问题和反馈，并保持格式规范。

5.3.2　线下：做一场即兴演讲

作为项目经理，即兴演讲是必不可少的技能，尤其是需要与客户或者团队成员进行沟通时，来一场即兴演讲比任何沟通方式都更有效。

即兴演讲有时会让人感到有点儿紧张，但如果能掌握一些技巧，可以帮助项目经理更好地临场发挥。

项目经理在工作中需要时常面对即兴演讲的情况，这可能是在会议上为您的团队讲解进展情况，向客户介绍项目计划，或者满足不同场合的反应。以下八点，可以帮助项目经理在即兴演讲中更好地表现，如图 5-7 所示。

| 提前准备 | 关注听众 | 善用论证 | 重复并概括 |
| 使用故事 | 注意身体语言 | 练习演讲 | 保持自信 |

图 5-7　项目经理做即兴演讲应关注八点

1. 提前准备

即兴演讲并不代表没有准备，相反，提前准备有助于项目经理更好地应对未知的情况和问题。提前准备包括解释正在讨论的主要议题，可以准备相关的数据、图表、报告等，以及可能出现的问题和答案，在脑海中构建和演练演讲内容，以便需要时能够快速应对。

2. 关注听众

了解受众并关注他们的利益，有利于在演讲中切中要害，明确主题。在演讲开始前，明确讲话的主题和要点，否则，演讲不但无法持续下去，甚至可能会产生负面影响。

3. 善用论证

提供例子和实际数据可以帮助听众更轻松地理解演讲内容，并促使他们对内容的关注。如果可以使用恰当的数据，那么这对于项目经理提供有说服力的表述将至关重要。

4. 重复并概括

重复关键点并在结束时概括是一个有力的交流技巧。这有助于项目经理确保演讲的易懂和易记性。

5. 使用故事

使用故事和例子可以帮助项目经理在讲话过程中更生动地解释主题和概念。

6. 注意身体语言

身体语言和语音是演讲的重要组成部分。姿势应该自然且自信，目光应该与听众直接交流。

7. 练习演讲

平时可以将一些演讲纪要、扮演角色并在团队面前练习，这可以帮助提高演讲技巧并自我检查。经常进行即兴演讲的习惯，可以改善技巧，增强自信心。找到机会在小组讨论和分析会议上练习演讲技巧，建立信心和能力。

8. 保持自信

即兴演讲可以是一项挑战，但总的来说最好是保持自信和自然的状态。自信是成功演讲的关键。当放松并自然地交流时，声音更清晰、语言更流畅，并且观众会倾向于更积极地参与。

以上是项目经理在做一场即兴演讲时可以采取的一些方法和技巧，最重要的是不要害怕在团队前说话，并且不要忘记保持深呼吸。总之，尽可能准备，关注听众，使用例子和数据，重复并概括，保持自信和自然是进行即兴演讲的关键点。以上建议可帮助项目经理更好地掌握即兴演讲的技巧，并在各种情况下表现出色。

5.4　制订沟通计划：让计划为沟通保驾护航

项目沟通计划，即项目全过程的沟通工作的计划与安排，通常在项目初期就需要制订，并确定下来。沟通计划可以很简单，也可以很复杂，适用于单个团队开发项目，也可适用于多团队合作项目，但无论哪种情况，项目沟通计划都是必须要有的。

5.4.1　好的沟通，源于好的计划

项目沟通计划是对项目整个生命周期内，各个环节工作的计划与安排，包括沟通方法、沟通渠道等，也包括对计划实施效果的监督、修订等。

项目沟通计划对于推动整个项目健康、有序地进行有巨大的促进作用，主要体现在以下三个方面，如图 5-8 所示。

图 5-8　项目沟通计划的意义

1. 增加团队间的交流

一个项目，尤其是大型项目需要团队的紧密协作。而团队之间由于这样或那样的原因，常常会有信息壁垒，造成信息上传下达方面的困难。而有了项目沟通计划，团队和团队之间就会建立起相对标准化的沟通机制。事实证明，

一个标准化的沟通机制可以最大限度地降低多团队沟通中的信息壁垒，增加团队的合作度，保证项目按照计划实施。

2. 增加项目透明度

缺乏充分沟通的项目，执行进度都不会太理想，甚至可能停滞不前。看着计划，所有任务都在延迟，但是看看团队，好像又没有什么可以做的。细细问下去，团队在等其他团队的某个数据或者某种设计方案。然后再问问对方团队，他们也没有着手，原因是他们在等他们团队驱动这件事。

很多情况下，项目停滞不前是双方透明度太差，都自认为对方会来驱动事情，于是谁都不动。有了项目沟通计划，多个团队负责人定期在会议中询问当前进度，让各自负责的项目部分都处在一个公开、透明的状态，各自的团队负责人得知有其他团队开发的自己相关的部分的进度，也可以调整自己的计划，使得计划更为合理，减少资源、等待、浪费等现象。

3. 明确出现问题该找谁

很多项目不单单是一个系统，而会牵涉多个系统。为了保证系统和系统之间顺利交互，保证整个系统的工作流按照设定计划进行，最根本的解决方式就是沟通。良好的沟通可以追溯问题根源，明确问题所在的环节，相关负责人是谁，尤其是在需要多个团队相互合作、相互配合的情况下。

即使在配合顺畅的情况下，有了高效沟通，很多问题也能达到快速解决。比如，两个系统因为时差无法同时上班，一方如何明确地知道另一方做了什么，对方团队打算送什么样的数据格式过来等，只要有畅通的沟通，时差造成的问题就能迎刃而解。

5.4.2　编制沟通计划的 5W 法

接下来是对计划需求进行分析，在具体的分析时可以采用为 5W 法，即 who、what、when、where、way。

1. who（与谁沟通）

与谁沟通即要确定沟通的干系人，一般来讲，项目经理需要与以下五类人进行沟通，如图 5-9 所示。

图 5-9　"who" 包括的五类人

2. what（沟通什么内容）

这个内容包括两个方面：一是需要向 who 发布哪些信息。比如，向上级领导汇报项目进展情况，向下面的员工下达分工任务指令；二是需要从 who 那里获得哪些信息，比如，从客户处获取对产品或服务的质量需求，从供应商处获得报价信息等。

3. when（沟通时效性和沟通的时间跨度）

在项目中的沟通是讲究时效性的，时间跨度也不一样。针对不同的事件，不同的对象干系人，包括领导、客户、供应商、监理、测评、研究所、竞争对手等，或许是某个人，也或许是某个组织。由于紧急重要程度不一样，对应的响应时间、处理时间要求是不一样的。

对于个人要抓住要点，及时沟通，而且时间要短，三言两语说清楚；对于组织和团队，既要兼顾待沟通内容本身的急迫性，又要适应他的节奏，时间跨度也要长些，过于着急反而可能事倍功半。

4. where（沟通的场合）

项目的沟通可以选择的场合很多，情况不同地点也会不一样，可以是在会议室，也可以是在施工现场，当然也可以是在餐馆等。

5. way（以什么方式与干系人沟通）

项目沟通需要掌握沟通方法和技巧，这是需要练习的，熟能生巧。比如，与上级领导沟通，要看对方是喜欢口头汇报还是书面报告，喜欢看电子文件还是打印文件。

5.4.3　沟通计划的撰写要点

在明确了项目沟通计划的编制步骤后，接下来就是具体的撰写。那么，如何撰写一份完美的项目沟通呢？

1. 收集与加工信息

信息是沟通计划最核心的内容，所有的沟通计划都需要以内容为载体，反映项目的进度和实施情况。因此，编制项目沟通计划的第一个步骤就是收集信息，并对信息进行加工。

项目沟通计划信息收集类型见表 5-7。

表 5-7　项目沟通计划信息收集类型

信　息	信息内容
1	项目沟通内容方面的信息
2	项目沟通所需沟通手段的信息
3	项目沟通的时间和频率方面的信息
4	项目信息来源于最终用户方面的信息

信息的收集工作完成之后，就是对信息的加工处理。这是编制项目沟通计划的重要一环，只有经过加工处理过的信息，才能作为编制项目沟通计划的有效信息使用。

2. 确定目标

对信息进行初步分析后，就需要确定计划的目标，即制订这份计划是用来做什么的，这是下一步需求分析的前提。那么，项目沟通计划的目标有哪些呢？

接下来看一个案例，某学校正在进行一个招生项目，为此制订了一份相关的沟通计划书。其中项目沟通管理目标的描述如图 5-10 所示。

3. 项目沟通格式

先来看一看常规情况下的内容。项目沟通计划模板见表 5-8。

项目沟通管理计划书

一、项目情况

项目名称：×××中学招生办招生计划

项目干系人：学校组织方，项目管理方

项目组成成员：招生办小组

二、沟通计划

（一）项目沟通管理目标

建立全面、有效的沟通体系，与学校领导老师沟通交流，采取大力宣传，媒体信息公告展开招生工作。确保招生项目信息合理收集和传输，科学地组织、指挥、控制招生项目的实施过程，获得足够的生源。

（二）项目沟通管理任务

1. 建立招生信息发布

向项目招生办及时提供所需招生信息，保证招生计划中实施沟通管理计划的信息需求应对，并做好信息公布的反馈处理。

2. 招生情况绩效报告

（后面内容略）

图 5-10　项目沟通计划目标实例描述

表 5-8　项目沟通计划模板

填制时间：　　　　　　　制订人：　　　　　　　计划时间段：

沟通时间	沟通内容	沟通目的	沟通方式	沟通对象	沟通结果	负责人

当然，这些内容也不是一成不变的，这里提供的是思路，具体的撰写还需要结合实际，因为不同项目，实际情况有很大差异，在具体撰写时也会有所不同。

沟通管理是一门非常复杂的管理学科，撰写项目沟通计划书也需要在实践中不断加以总结。根据实际需求，在最短的时间内，达到满足项目需求的沟通效果。因此，对于项目经理而言，要想撰写一份适合项目管理的沟通计划书，至少要把握以下六点。

（1）列一份项目干系人的列表，最好以团队为基础建立干系人列表。

（2）确定以团队为基础的项目干系人的信息需求和沟通需求，即何人何时需要何种信息。一般来讲，由于大的项目沟通渠道实在太多，以团队为基础能够极大地减少这种渠道。

（3）信息分发的渠道和方式。对于重要的项目一定要有定期的项目绩效报告和问题状态报告。

（4）项目定期会议，最好是每周例会。这样项目干系人知道了问题所在，并明确何时能够得到解决。

（5）特殊问题的沟通对策。

5.5　确保项目沟通有效的五个措施

项目经理的沟通很多是无效的，在确保沟通有效上，必须依靠完善的措施。具体来讲有五个措施，分别为选择合适的沟通模式，保持畅通的沟通渠道，正确协调各接口关系，重视沟通成本和健全沟通反馈机制。

5.5.1　选择合适的沟通模式

沟通的本质是信息在发出者和接受者之间的一个传递过程。在信息传递过程中，发信者并非直接把信息传给接收者，中间还要经过特定媒介的转送，再加上信息发出和接受的形式不同，就形成了不同的沟通模式。而沟通模式关系着信息的传递效率，从而影响沟通效果。

就项目管理而言，不同的沟通模式对项目沟通工作有着很大影响。有学者经过长期研究发现，信息传递网络结构是沟通模式的基本框架，由此也形成了相应的五种沟通模式。沟通中存在的五种信息传递网络结构，如图5-11所示。

接下来，具体解释不同沟通模式在项目沟通中的运用，以及各种模式的优、缺点，对个体、团队有什么影响。

1.链式沟通模式

链式沟通模式又叫直线型沟通模式。是指信息从一个节点，按照高到低的层次，逐级传递至另一个节点的过程，形成自上而下或自下而上的沟通模式。

这个模式中通常有 A、B、C、D、E 五级层次，居于两端的 A、E 只能与中间 B、C、D 其中一个传递者单线联系，而 B、C、D 则可以分别与相邻的上下级互通。

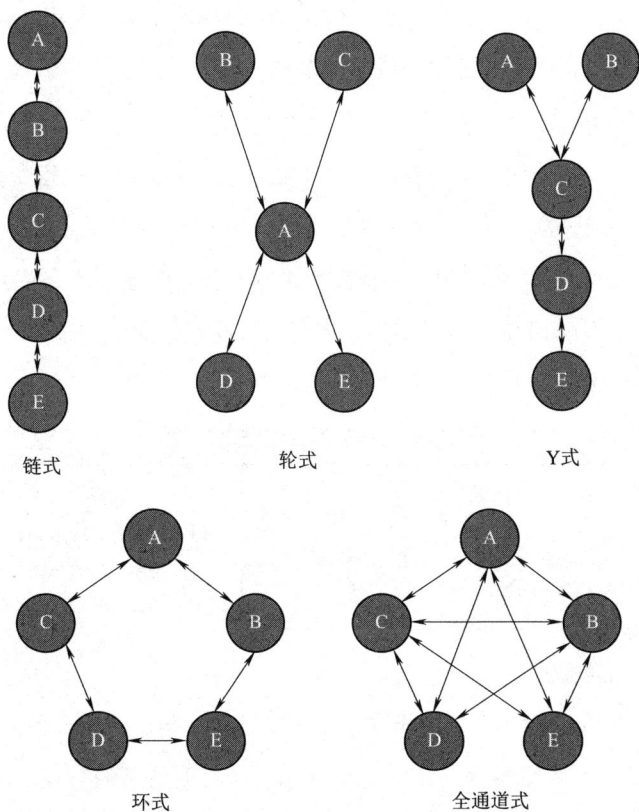

每一种网络结构代表一种信息沟通渠道，圈代表成员或组织的同等物，箭头表示信息传递的方向

图 5-11 五种信息传递网络结构

在项目团队中，该模式相当于一个纵向沟通渠道，其优劣势见表 5-9。

表 5-9 链式沟通模式的优劣势

沟通模式	优 势	劣 势
链式	信息传递速度快，适用于组织结构垂直，班子庞大，实行分层授权控制的项目信息传递及沟通	信息来源单一，个体相对独立，对信息的理解和接受度差异较大，可能存在信息失真、冗余的风险

2.轮式沟通模式

轮式沟通模式又叫星型沟通模式。该模式有一个中心节点，即图中的 A，其他任意两个节点的信息进行传播都必须经过 A。A 是该模式中最大或最重要的信息节点，B、C、D、E 节点都是被 A 影响的用户，同时，B、C、D、E 也可以再去影响以自己个体为中心的其他节点。

这一模式具体到项目团队中，表现为项目经理或主管人员为信息的汇集点、中心节点。可分别与下属各部门发生联系，并向下属发出指令，而下属部门也可以与基层公众之间沟通联系。

轮式是加强控制、争时间、抢速度的一种有效沟通模式，优点是稳固性好，某一个节点的损坏不会影响到整体运行，缺点是对中心节点依赖性过大。这种模式的优劣势见表 5-10。

表 5-10 轮式沟通模式的优劣势

沟通模式	优　　势	劣　　势
轮式	信息传递速度快，某一个节点的损坏不会影响到整体的运行	对中心节点依赖性过大，由于信息经过层层筛选，可能使上级无法了解下级，或下级无法了解上级的真正意图

3.Y 式沟通模式

Y 式沟通模式是链式和轮式沟通模式的结合。与链式沟通模式不同的是，前端部分 A 节点由原来的一个分化成了 A、B 两个平等的节点。节点的增加意味着效率的提升，可为项目经理分担工作，协助项目经理向下传递信息，比如，秘书、助理等可成为前端的一个节点。

与轮式沟通模式不同的是，增加了信息传递的节点，使信息的来源可靠度更高，说服力、威信力更强，人们更愿意去相信并传播发出者发布的消息。

也就是说，Y 式沟通在继承了链式沟通效率高优势的同时，还有可信度、权威性更高的优势，劣势是经理、秘书及下属容易构成倒"Y"式，导致秘书或某下属成了沟通的中心，出现本末倒置的情况。这种模式的优劣势见表 5-11。

表 5-11　Y 式沟通模式的优劣势

沟通模式	优　势	劣　势
Y 式	信息传递效率高，能够让成员面对问题时，在最短时间内解决。信息的可信度、权威性也高	集权的分散，经理、秘书和下属容易构成倒 "Y" 式，让秘书成为沟通的中心

4. 环式沟通模式

环式沟通模式是链式沟通模式两头连接后，而形成的一个闭环沟通模式。在该模式中，A、B、C、D、E 所有节点都是平等的，每个节点都可以同时与两侧的节点互通。在收到上一节点传递的消息后，经编译传递至下一个节点，从而大幅提升团队队员的参与度和满意度。

在这样一个相对不透明的闭环中，由于彼此之间都是平等的，且传播方向一致，因此节点之间会形成紧密的合作与足够的信任。

该沟通模式特别适合大型项目团队，合作部门多，业务囊括整个产业链的各个环节。该模式也适用层级较多的项目团队。比如，第一层级的管理者需要与第二层级管理者建立纵向沟通联系，采用这种沟通模式再好不过了，另外，也适用于第二层级管理者与基层员工之间，基层员工与基层员工之间。

该沟通模式优势是能最大限度地让所有人感到满意，各节点的人在信息的发出和接收上都是平等的；劣势是这些消息都是二手消息，信息速度和准确度难以保证。

综上所述，可以总结出环式沟通模式的优劣势，见表 5-12。

表 5-12　环式沟通模式的优劣势

沟通模式	优　势	劣　势
环式	每个节点的人都可以同时与两侧人沟通信息，地位平等。组织成员满意度高，适于调动高昂的士气	属封闭式控制结构，传播渠道会相对单一或者受限，信息速度和准确度难以保证

5. 全通道式沟通模式

与环式沟通模式不同，全通道式沟通模式是一个开放式的沟通模式。该模式没有中心节点，或者每个节点都是中心，因为各个节点的权重或者机会是相等的。每一个节点彼此都有联系，相互之间有足够的了解，适合民主气氛浓厚、合作精神超强的项目团队。

在这种模式中，信息传播非常透明，交流非常及时，在实际中可以视为一群同事、朋友正在讨论一个主题，参加讨论的每一方都能及时收到信息并做出反馈。比如，微信群、QQ 群等都采用的是类似的机制。这种沟通模式优劣势见表 5-13。

表 5-13　全通道沟通模式的优劣势

沟通模式	优　　势	劣　　势
全通道式	沟通渠道多，合作气氛浓，对于解决复杂问题，增强组织合作精神，提高士气有很大的作用	容易造成混乱，且又费时，影响工作效率

五种沟通模式各具特色，适合不同的项目团队，对项目经理的要求也不一样，在实际应用中需视情况而定。各种沟通模式的比较见表 5-14。

表 5-14　各种沟通模式的比较

指标	沟通模式				
	链式	轮式	Y 式	环式	全通道式
信息的准确性	高	高	高	低	适中
解决问题的效率	适中	快	适中	慢	快
领导者的突出性	特别显著	非常显著	非常显著	不发生	不发生
对士气的激励度	适中	低	适中	高	高
适合的团队类型	适合具有四个或五个层次，需要采取上情下达和下情上报交流形式，实行分层授权控制的项目团队		适用一个上级，四个下级，并时刻保持双向联系的团队	适合合作部门多，业务链长的大型项目团队	适合民主气氛浓，决策需要成员互相交流，协商决定的团队

需要注意的是，实际沟通模式不止以上五种。每个项目团队都有自己的组织结构，有自己的实际情况，应该视情况而定，以适合自己的情况、保证上下左右部门之间的信息得到顺利沟通为基准，确定合适的沟通标准。

5.5.2　保持畅通的沟通渠道

为解决项目中某个问题和协调某一环节的工作，项目经理与团队，项目团队成员之间需要大量的沟通协调。而由于沟通内容、沟通信息、沟通人的个人偏好等原因，采用的沟通渠道。沟通渠道不但影响团队的工作效率，而且影响着团体成员的心理。

因此，建立并保持畅通的沟通渠道是项目沟通成功的关键，以下是维持沟通渠道通畅的方法。

1. 定期召开会议

在项目之初，制定好会议日程，确保每个人都知道何时、何地举行会议。会议应该定期召开，以便成员之间可以密切合作并分享信息。

确保项目成员之间的紧密合作非常重要，特别是在项目的早期阶段。定期召开会议可以帮助确保项目成员之间的沟通，并使他们能够及时分享信息并就项目的方向和目标进行讨论。此外，这也有助于确保项目进展顺利，因为在会议中可以解决问题和纠正错误，避免延迟和误解的发生。

2. 使用在线沟通工具

有许多在线工具可以帮助项目团队成员之间保持紧密的沟通，有很多在线通信工具可以作为项目沟通的选择。一些常用的在线沟通工具见表 5-15。

表 5-15　常用的在线沟通工具

工　具	举　例
即时通信软件	例如，Slack、Microsoft Teams 等适用于快速、即时的文本信息共享。它们还提供了群组聊天、分享文件和视频会议等功能
视频会议软件	例如，Zoom、Webex 等适用于面对面的在线会议，这些软件提供了语音和视频聊天、屏幕共享和白板等功能
项目管理工具	例如，Jira、Trello 等适用于分配任务、跟踪进度、创建待办事项及协作制定日程等
邮件	适于长篇、复杂的信息和文件共享

根据项目的需要和成员之间的位置，应该选择一个或多个最适合项目的工具进行沟通。在选择和使用工具时，重要的是确保所有成员都能够获得必要

的信息和在合适的时间内进行交流。

3. 建立共享平台

为整个项目团队提供一个沟通的共享平台，以便快速分享信息、文件、文档和进程。在共享平台上，任何人都可以随时访问并更新信息。建立项目沟通共享平台，可以优化团队的协作环境，提高项目成员之间的协作信息共享。

图 5-12 为建立共享平台的步骤。

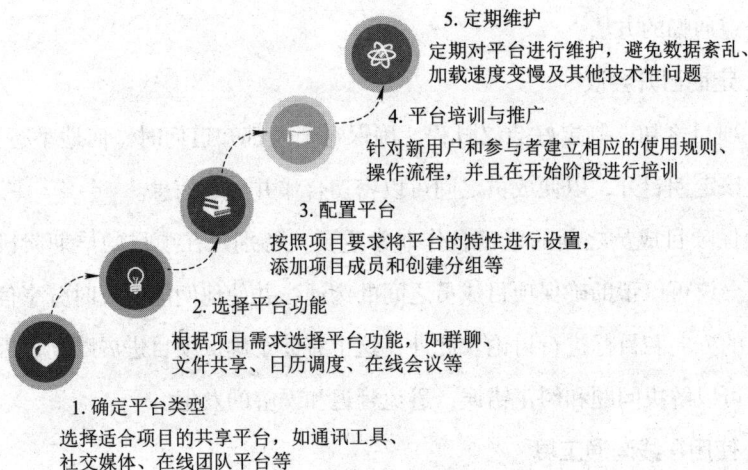

5. 定期维护
定期对平台进行维护，避免数据紊乱、加载速度变慢及其他技术性问题

4. 平台培训与推广
针对新用户和参与者建立相应的使用规则、操作流程，并且在开始阶段进行培训

3. 配置平台
按照项目要求将平台的特性进行设置，添加项目成员和创建分组等

2. 选择平台功能
根据项目需求选择平台功能，如群聊、文件共享、日历调度、在线会议等

1. 确定平台类型
选择适合项目的共享平台，如通讯工具、社交媒体、在线团队平台等

图 5-12　建立共享平台的步骤

总之，为了使项目的沟通效果最佳，需要选择符合项目要求的平台，并设法提高成员的使用率和积极性。

4. 接受团队成员的反馈

接受下属的反馈是一个重要的领导能力、作为一名项目经理、要积极鼓励团队成员定期反馈，并能够接受下属的反馈。项目经理通过定期反馈，项目经理可以了解团队成员的工作情况、进展和遇到的问题，从而及时做出调整和提供必要的支持。同时，也有助于团队成员之间交流和共享经验，改进沟通方式和团队合作，提高团队的协作效率和工作质量。

为了让反馈更有效，项目经理要懂得接受下属反馈的技巧，如图 5-13 所示。

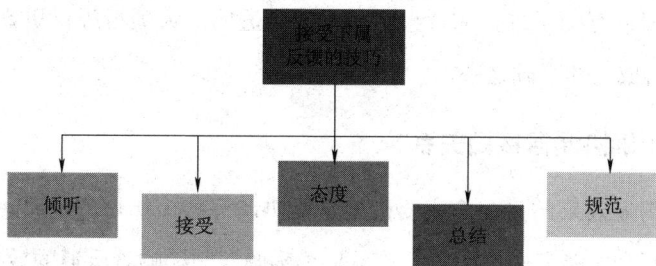

图 5-13　项目经理接受下属反馈的技巧

（1）倾听

当下属反馈时，项目经理要认真听取他们的意见，理解他们想要表达的事情。在听取的过程中，要保持专注，并给予下属足够的时间进行表达。

（2）接受

在听完下属的反馈后，要表达感谢，感谢下属对项目和团队的关注和批评。不要轻视下属的意见，也不要忽略他们的反馈。

（3）态度

在接受反馈的过程中，要保持平静、理性的态度，不要急躁或激动，也不要对下属进行指责或批评。

（4）总结

在接受完下属的反馈后，要对反馈进行总结，并想办法解决问题。在处理问题的过程中，要根据反馈的实际情况快速作出决策，尽量不影响项目的进度。

（5）规范

制订明确的沟通指南和反馈机制，确保团队成员在一个开放、诚实、建设性的环境中进行反馈。

总之，作为一名项目经理，要接受下属的反馈，不仅仅是为了团队的发展，更是为了个人成长。只有倾听鼓励并接受团队成员的反馈，才能不断发现和解决问题，提高团队的协作效率和工作质量。

通过以上定期召开会议、使用在线沟通工具、建立共享平台、接受团队成员的反馈，有助于维持沟通渠道的开放和透明，为项目提供更好的协作环境，是项目成功的基础之一。

5.5.3　正确协调各接口关系

保证沟通效果的另一个主要措施是要协调好各个接口的关系。一个项目需要多方配合才能完成，而各方关系是否协调深刻影响着沟通的效果，因此，作为项目经理正确协调各接口的关系是非常重要的。

1. 项目主要接口关系

首先需要充分了解一个项目的主要接口关系有哪些，通常有三组，如图 5-14 所示。

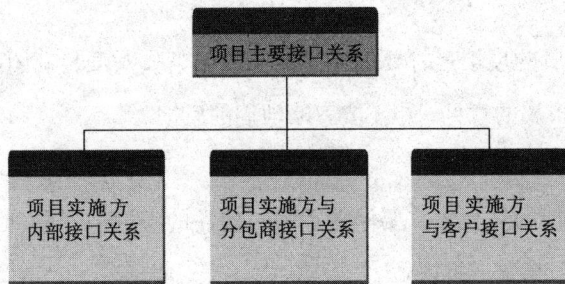

图 5-14　项目主要接口关系

（1）项目实施方内部接口关系

任何一个项目都会包括多项业务，而每项业务并非孤立存在的，而是承接和相互依赖的关系，每项业务之间的衔接就形成了接口。

以工程项目为例，一个工程项目往往包括技术、采购、施工、设备等多项业务。技术组的职责不仅仅做好自身工作，同时要兼顾设备组、施工组的工作，对整个工程所有技术负责，为设备组提供技术支持，解决施工现场出现的各种技术问题等。

与此同时，设备组和施工组也要主动与技术组保持沟通，设备组要根据施工工期的要求，积极组织货源，保证项目按进度顺利进行，施工组要借助与技术组交流，保证工程质量，同时将施工情况及时反馈给设备组，以保证设备能及时组织到位。

这些业务上的接口关系一旦处理不好，会影响到整个项目的沟通管理。因此，作为项目经理要加强各方的协调，保持各方的关系通畅，从而形成全面统筹、信息畅通的内部管理体系。

（2）项目实施方与分包商接口关系

有的项目需要向外分包，因此就有了分包商，而项目实施方与分包商之间也形成了重要的接口关系。

项目实施方有权对分包商进行协调、监督。分包商在施工中如果遇到场地、材料、机具等问题，也要加强沟通，通过及时沟通避免问题的扩大化和严重化。

项目经理作为项目实施方的主要负责人，一方面，要积极主动、详细地向分包商介绍项目的情况、技术要点、项目进度等，正确处理技术关系、经济关系；另一方面，要正确处理项目进度控制、质量控制、安全控制、成本控制、生产要素管理和现场管理中的协调关系。

（3）项目实施方与客户接口关系

客户关系的处理，不仅仅关系着项目的沟通关系，更关系着到项目最终完成的结果。良好的客户关系会让项目经理在项目管理中得到客户更多帮助，从而更快速有效地完成工作。

因此，项目经理要正确理解客户的意图和要求，定期向客户汇报项目进展，交换意见。如果客户有好的建议，在不违反项目标准、规范的前提下，尽量满足客户变更要求，以创造良好的合作氛围。

2. 掌握处理各接口关系的方法

明确了项目中主要的接口关系，接下来就是掌握具体的处理方法，下面是项目经理处理各主要接口关系的方法。

（1）明确项目目标和接口要求

这项工作在项目启动前就要做。在项目启动之前，项目经理应该明确项目目标，确保项目各项要求被明确规定。在此基础上，应该准确定义各个接口的要求和任务，明确各个接口间的关系和关注点。

（2）加强双向沟通

要让各个接口的人员能够良好地合作，就需要加强双向沟通。项目经理应该建立一个双向沟通的平台，让各个接口方便交流彼此的进展情况和遇到的问题。

（3）定期检查

项目经理应该定期检查各个接口的进展情况。如果发现任何问题或延迟，需要及时采取措施解决。同时，项目经理也应该密切关注各个接口之间的合作情况，确保合作是高效的。

（4）制订纠纷解决计划

如果各个接口之间发生纠纷或冲突，项目经理应该主动解决这些问题。在项目启动之前，应该制订纠纷解决计划，确保可以在任何时间和任何情况下处理纠纷和冲突。

总之，正确协调各接口的关系是非常重要的。如果做得好了，可以保证项目的顺利完成；如果做得不好，会造成项目延迟、成本增加等问题。因此，项目经理应该高度重视接口关系的处理，做好项目管理的各项工作。

5.5.4　重视沟通成本

沟通对项目的重要性是毋庸置疑的，但在强化沟通技巧的同时，也不能忽视沟通成本。项目沟通是一个复杂而又耗费人力、物力的工作，沟通最终的效果，很大程度上取决于项目的沟通成本，因而控制项目沟通成本对项目具有十分重要的意义。

在项目管理中，沟通成本指在个项目生命周期中，为了传递收集和处理信息产生的费用。沟通成本包括时间、资源和资金等方面的成本。

沟通成本包括多个层面。比如，在项目开始之前需要制订沟通计划，而计划的制订需要投入一定的人力、物力、资源。再比如，在项目的执行过程中，需要不断跟进项目进展，及时调整沟通方案和计划，这也需要承担较大的时间和人力成本。另外，沟通方式的选择，沟通时机的把握，也都是一种特殊的沟通成本，会影响整个项目沟通的效果。

对于小型项目来说，沟通成本可能相对较低，但对于大型项目来说，沟通成本可能会占到项目总成本的相当一部分。因此，在项目执行过程中，需要对沟通成本进行有效管理，采用高效的沟通方式和工具，以降低沟通成本并提高沟通效率。

所以，要尽量节省沟通成本，具体措施见表 5-16。

表 5-16　节省沟通成本的措施

措　施	举　例
制订沟通计划	沟通计划可以优化沟通内容，缩短沟通时间，提高沟通效率。如果没有清晰的沟通计划，项目团队之间的沟通就容易陷入混乱，要么过于冗长，要么过于细化，而这将增加沟通的成本
合理选择沟通方式	避免过度频繁的沟通、不必要的沟通和无效沟通，能网络会议沟通的，就不必线下沟通；能用网络沟通的就不必面谈；能用一对多沟通的，就没必要一对一个性化沟通
利用技术工具	现代技术可以提供很多高效的沟通工具，如视频会议、在线协作工具等，可以降低沟通成本，加快沟通进程
及时解决问题	若存在沟通障碍或沟通双方出现误解，应及时处理，避免沟通成本的不必要上升
关注反馈和评估	沟通效果的反馈和评估不仅有助于了解沟通的有效性，还可以发现问题，为沟通的改进提供数据支持。避免重蹈覆辙，减少项目沟通成本
养成好的沟通习惯	鼓励团队成员开放和坦诚地沟通，这样可以降低误解和沟通双方的防备心理，减少沟通成本

沟通成本在项目管理中非常重要，因此，项目管理者应该在项目计划中考虑沟通成本，并制订有效的沟通计划，减少不必要的成本。这包括确定适当的沟通方式、频率和工具，并确保团队成员理解沟通协议和责任。

5.5.5　健全沟通反馈机制

在项目沟通中，下属的反馈对项目的整个沟通效果是至关重要的，但在很多时候，反馈却是无效的。原因就在于没有形成好的沟通反馈机制，健全的沟通反馈机制可以极大地提高团队协作的效率，降低成本，帮助项目经理了解项目进展情况、了解干系人的需求，及时调整和优化沟通计划。

那么，什么是沟通反馈机制？什么样的沟通机制才算得上好机制呢？接下来详细阐释。

1.什么是沟通反馈机制

沟通反馈机制是指在项目管理中用于收集、处理交流信息的工具和过程，它旨在确保所有项目干系人都能及时、准确地收到信息，并可以提供反馈和意见，以便在项目执行的过程中进行必要的调整和改进。

2.沟通反馈机制的标准

沟通反馈机制对项目的成功非常重要，因为确保了项目参与者之间的协作和信息共享。这种机制一般在项目启动开始就要建立，随着项目的进程可以调适时地做调整。这可以帮助项目团队及时发现和解决问题，避免延迟和不必要的成本，并有助于确保项目按照计划顺利执行。

那么，什么是好的沟通反馈机制呢？通常有以下四个标准，如图 5-15 所示。

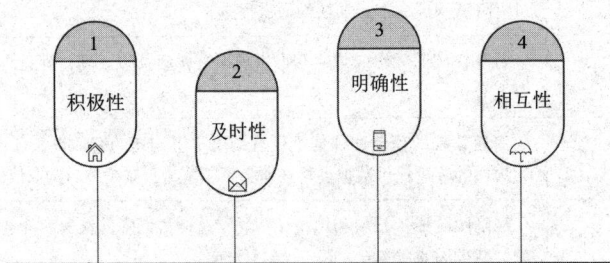

图 5-15　沟通反馈机制的标准

（1）积极性

反馈应该是积极的，反馈者要有积极的态度，积极的反馈能保证沟通最大限度地有效，为项目最终的成功作出贡献。

（2）及时性

反馈应该是及时的，在沟通结束的第一时间内做出反馈，无论反馈的是什么信息，都应本着及时性原则进行，以便项目经理做出及时调整。

（3）明确性

反馈应该具体明确的，未来便于项目经理能够理解反馈的内容，反馈的内容应该详细描述问题，并提供具体的建议，避免模糊不清。

（4）相互性

反馈应该是双向的。项目经理需要针对干系人的反馈做出应答，进行相互沟通，以便了解对方的需求和要求，更好地满足干系人的需求。

3. 沟通反馈机制的构建步骤

要想保证沟通反馈机制实施效果，在构建时必须严格按照一定的步骤进行，具体步骤如图 5-16 所示。

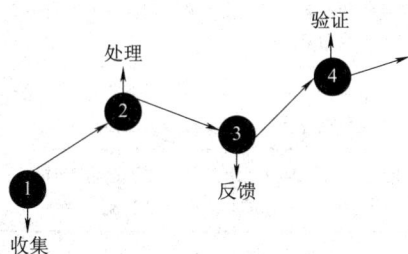

图 5-16 沟通反馈机制的构建步骤

（1）收集

在项目的不同阶段中，将信息从干系人处收集起来。这些信息可以包括进展报告、问题和风险的识别、变更请求、建议和建议等。

（2）处理

对收集的信息进行评估和分析，以确定哪些信息需要更深入沟通和反馈。这样就能够快速而准确地核实项目状态，并引导项目向正确的方向前进。

（3）反馈

根据收集的信息和处理的结果，向项目干系人提供反馈和建议。该反馈和建议应是全面、及时和准确的，以便项目干系人作出正确的决策。

（4）验证

验证反馈和建议是否已被整合到项目的总体沟通计划中，并根据需要对计划进行调整。

4.沟通反馈机制构建办法

步骤侧重的理论，方法才是根植于实践，是保证沟通反馈机制得以落实的重要方面。因此，构建沟通反馈机制除了知道步骤，更要掌握方法。

（1）完善反馈渠道

反馈渠道很多，项目沟通中常用的有在线会议平台、电子邮件和即时通信工具，见表5-17。

表5-17　项目沟通常用的在线反馈渠道

工　具	具体内容
在线会议平台	进行定期的项目会议和进度更新，可让所有参与者都了解项目的最新情况，并有机会提出问题和反馈意见
电子邮件	在项目开始时，创建一个专门的电子邮件地址，用于项目成员之间的沟通。这个邮箱可以定期检查并及时回复参与者的信息
即时通信工具	比如QQ、微信等即时通讯工具，便于进行实时交流，可以为每个参与者创建一个账号，然后设置专门的聊天群组来交流

（2）项目管理工具

最常用的项目管理工具有 Microsoft Office Excel、Edraw Project、Open Project 等，可以帮助项目经理管理任务和进度，并让所有参与者都知道项目目标和进展情况。总之，良好的沟通反馈渠道对于项目的成功至关重要，这些渠道能够确保所有人都知道项目的进展和问题，并提供反馈和解决方案。

（3）做好沟通需求管理

确保每位成员都了解项目沟通需求，如何满足这些需求及如何进行有效的沟通。同时，为团队成员提供讨论和反馈的机会，并鼓励创造性的想法和建议。

（4）做好监督和反馈

监督和反馈是项目沟通反馈机制中的重要组成部分，需要定期检查各种沟通渠道的有效性，收集关于沟通的反馈信息，并随时改进，以确保团队成员按照计划执行任务。

第6章

梳理关系：关系理顺了，办事才高效

项目经理要与项目的多方利益干系人建立良好的关系，包括客户、团队成员、领导及其他合作伙伴等。了解这些人的需求和期望，并通过适当的人际关系管理策略，有效地管理技巧来满足它们，有利于强化团队凝聚力，与各方的信任度，从而确保项目顺利执行。

6.1　项目经理的"交通枢纽"作用

如果将与项目有关的各干系人比作一个四通八达、纵横交错的交通网的话，那么，项目经理就是处于网中心的"枢纽"，各方要想产生联系都必须经过这个枢纽。

以工程项目为主，图 6-1 为工程项目经理在关系网中所处的地位。

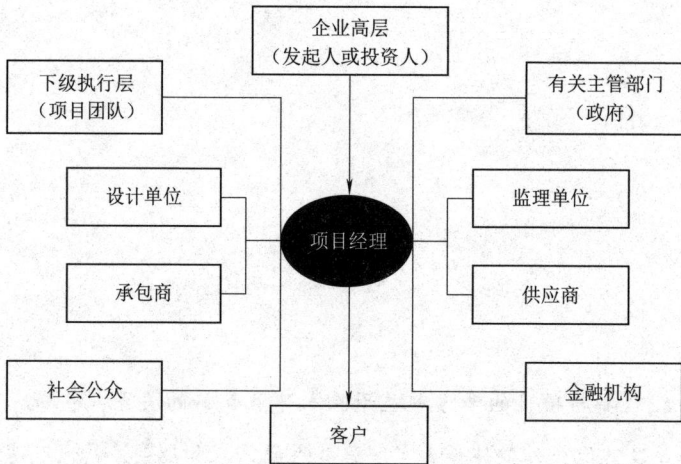

图 6-1　工程项目经理在关系网中所处的地位

图 6-1 显示的虽然是单一的工程类项目关系网，但就项目经理所扮演的角色看，在任何项目于中都大体一样。项目经理是连接企业高层、下级执行层、客户及其他利益方的一座桥梁。总结起来，该关系网可以分为三条关系链，作为项目经理必须同步处理好这三条关系链。

1. 与企业高层的关系

项目经理是企业在某项目上的全权委托代理人，充当着项目管理的核心和灵魂，在项目管理中起着决定作用。项目经理在管理项目的同时，需要对企业高层负责，因为其拥有的一切权力都是企业高层授权的。

所以，项目经理是企业组织中非常重要的一员，直接授权于企业高层，既要对企业的成果目标负责，又要对企业效益目标负责。项目经理扮演的角色也很多，是项目管理活动的最高管理者、组织者、协调者和责任者。但由于每个企业的组织结构不同，项目经理在企业中所处的地位会有所不同，项目经理必须处理好的三条关系链如图 6-2 所示。

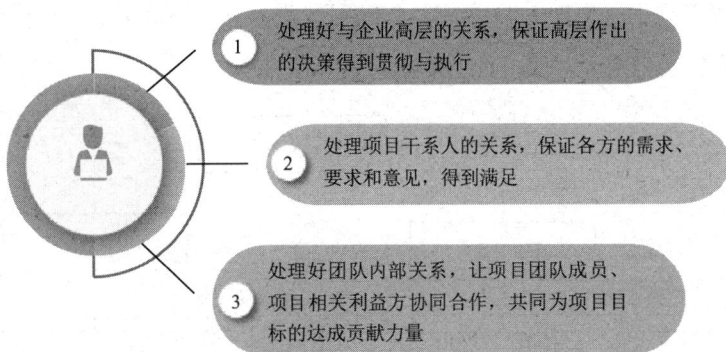

图 6-2　项目经理必须处理好三条关系链

　　比如，国外的很多企业，实行的矩阵型组织结构，而且项目管理比较成熟，项目经理比较专业，素质和水平都很高；但国内项目管理起步较晚，不同企业项目管理水平参差不齐。中、小型企业大部分采用的是职能型组织结构，项目经理是在职能部门垂直领导下工作，没有横向协调和指挥的权力。大型企业一般采用弱矩阵、平衡矩阵和强矩阵组织结构，项目经理的地位得到进一步落实，并且按产品类型的不同有不同分工合作。

　　比如，应急系统集成企业推销的产品是各种应急指挥系统，该系统包括硬件、软件和网络的集成。在公司规模较小时，项目不大，数量也不多，采用职能型组织管理结构，公司总经理就是项目负责人，除了对公司整体规划管理外，还可以管理施工项目的具体工作。随着业务、项目额的不断增大，项目需求越来越复杂，施工难度、风险系数及成本管理越来越大，总经理也越来越无法掌握和控制局面了。据调查公司调查数据显示，很多企业领导都意识到职能型的管理模式已无法适应发展的需求，开始采用矩阵型组织管理结构。这种模式赋予了项目经理更大的权力，包括组织权、协调权、管理控制权，同时也承担了较大的项目管理成败的责任和应尽的相关义务。

2. 与干系人的关系

　　项目经理一个主要责任是确保项目干系人的满意。既要在规定的时间和预算内交付项目成果，又要做好项目实施过程中的沟通工作，以电话、电子邮件的形式，定期与各方沟通，并做进度报告，以便他们全程参与项目，随时知晓项目的进展情况，最终赢得各方的信任。

项目管理是一项庞大的系统性"工程"，涉及众多干系人，一般分为直接干系人和间接干系人，如图 6-3 所示。

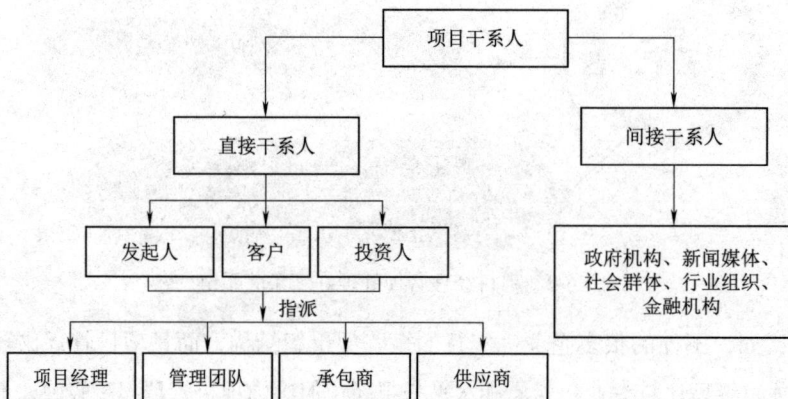

图 6-3　项目干系人的类型

直接干系人直接参与项目利益的一方，既是项目的主要决策方，又是项目总体目标的制定者，有权决定项目是否启动并持续进行。直接干系人包括项目发起人或投资人、投资人指派的项目经理和管理团队、承担项目任务的执行者即承包商或供应商等。

间接干系人不直接参与到项目内部，但项目的执行将使他们获得利益与满足或受到损害，因而会支持或反对项目，这部分人包括政府机构、新闻媒体、社会群体、行业组织、金融机构等。

因此，项目经理需要了解所有干系人的需求和期望，建立良好的沟通和关系，以确保项目成功实施并得到各方认可，确保项目按时、按预算完成，并达到预期目标。

3.执行团队内部关系

项目执行团队即负责执行项目计划中的具体任务，包括设计、开发、测试等。项目经理与执行团队的关系非常重要，整个项目的成功与否也很大程度上取决于这种关系是否良好。良好的项目经理和执行团队之间的关系可以促进项目的成功，而不佳的关系则可能导致项目失败。

项目经理需要对项目执行团队每位成员的工作进行管理，而团队执行成员也需要对项目经理提出的要求予以回应。项目成员之所以需要听从项目经理的安排，就是因为在他们之间存在一种正式的上下级关系。

因此，在项目开始前，项目经理应该投入足够的时间、精力来建立良好的关系，并在项目执行过程中随时沟通和协作。为了提高项目管理的工作效率，并节省项目管理费用，项目经理应明确责任、权力和利益分配关系，进行良好的组织和分工，明确团队内部的项目组各个人员的目标和要求，充分发挥每位成员的作用。

6.2 项目经理与企业高层关系的处理技巧

企业高层在项目活动中发挥着重要作用，其一言一行都可能影响到项目的进展走向和最终结果。为确保项目得到足够的资源、预算和人力支持，并最终实施，项目经理必须妥善处理与企业高层的关系，以获得更多支持。

6.2.1 获得企业高层的支持非常重要

获得高层支持多的项目和获得少的项目，是完全不同的。有的项目甚至会因缺少高层的支持而最终失败。

项目经理 T 所在的 S 企业与 A 企业签订了一个高清会议电视合作项目，范围涉及该企业总部及其在全国的十多个分部。然而，这个项目最终以失败告终。按照企业成熟的设备，通用的组网方式，该项目实施起来并不会有太大的技术难度，但为什么会失败呢？项目经理 T 总结发现，主要原因是双方公司企业高层的支持力度不够。

项目执行期间，正巧碰到企业营销体系大调整，项目经理 T 所在的工程处对各个办事处也缺乏指令性要求；合同甲方是一家代理公司，并不是最终客户，对最终用户包括总部和各地分部没有强有力的约束。这两方面的原因，导致项目前期设备到货严重滞后（3 月的合同，8 月底设备才到齐），再加上客户方各地分部调试时间不一致，用户满意度大幅降低。尽管前期有详细周密的工程安排计划，但实际操作中没有能力抵御各种人为的、突发的变动，最终也就成了一纸空文。

可见，企业高层对项目的推动是多么重要，是项目成功的关键因素之一。企业高层在项目管理中发挥的作用如图6-4所示。

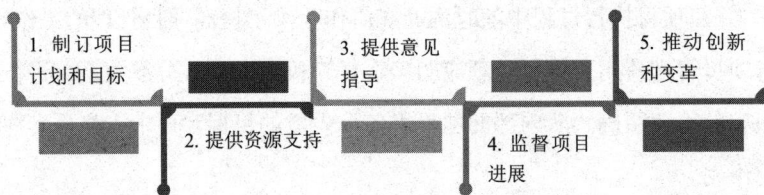

图6-4　企业高层在项目管理中的作用

1. 制订项目计划和目标

企业高层是项目计划、目标、实施策略的主要决策者，在项目管理中，他们可以利用自己的权力、专业知识来制订项目计划和目标，并确保这些计划和目标按照既定策略得以实施。

2. 提供资源支持

企业高层可以为项目提供必要的资源，如人力、资金和技术等资源，以保证项目顺利进行。他们还可以协调各部门实现合作，确保项目所需的资源得到合理分配和充分利用。

3. 提供意见指导

企业高层可以通过为项目提供指导和支持，帮助项目团队解决问题，比如，重要的意见和建议，使项目执行团队能够更好地采取行动。

4. 监督项目进展

企业高层对项目进展进行监督。比如，定期与项目执行团队沟通，以了解项目进展情况，确保项目按照计划进行。如果项目出现问题，也有权采取必要的措施。

5. 推动创新和变革

企业高层促进创新和变革，使企业保持竞争优势。在项目管理中，可以推动项目团队采用先进的技术和方法，以提高项目效率和质量。

总的来说，企业高层在项目管理中发挥的作用是非常重要的。他们可以通过提供资源、指导和支持、监督项目进展和推动创新和变革，为项目执行团队提供帮助。

需要注意的是，企业高层的参与要"适度"，过度未必会有好的结果。因为当有限的资源被高层用权力大量地运用到自己的项目中时，虽然可以保证项目高效运作，也有可能会损害同时在进行的其他项目，最终影响整个企业的利益。

6.2.2　促成高层参与项目管理的步骤

几乎所有项目都需要企业高层的参与，因此，项目经理要处理好与企业高层的关系，促成高层尽快参与到自己的项目中来。具体步骤有以下四个，如图 6-5 所示。

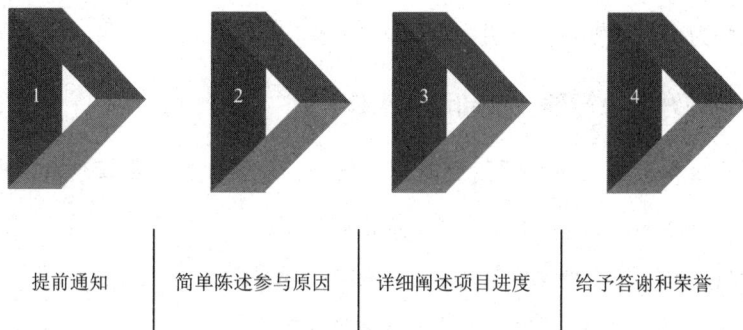

1	2	3	4
提前通知	简单陈述参与原因	详细阐述项目进度	给予答谢和荣誉

图 6-5　促成高层参与项目中的具体步骤

1. 提前通知

如果项目需要高层的配合和支持，作为项目经理要提前通知，尤其是高层在项目中担任着某种职责的。比如，企业高层本身就是项目发起人，项目经理就要在项目开始时，将领导应承担的责任、需要提供的帮助列一份清单，让领导明确知道随着项目的进展，自己应该如何给予配合。

2. 简单陈述参与原因

当项目需要高层配合和支持时，项目经理还要特别说明原因。

首先，向企业高层解释清楚项目的重要性，这样做对企业发展战略的重要作用，将使高层意识到项目价值和在企业中的地位。

其次，需要陈述清楚需要哪些资助，让高层知道自己需要具体做什么工作，承担什么样的责任。即确定企业高层的角色和责任，比如，提供什么援助，解决什么问题等。

3.详细阐述项目进度

企业高层很少能全力以赴地投入到一个项目中，而且有时即使希望全力以赴做好，也往往会因各种原因难以做到这点。因此，项目经理要详细阐述项目情况，提供项目进展报告，以确保领导了解项目当前的状态，了解项目取得的成果和面临的挑战，以及已经或即将采取哪些行动。

4.给予答谢和荣誉

在项目成功完成后，应该给予参与贡献的高层领导以答谢和荣誉，这将激励他们为未来的项目作出更多贡献。

6.2.3 做好向上管理，主动汇报工作

项目经理除了做好项目管理本职工作外，还要做好向上管理，定期向高层汇报项目情况，这既是工作需要，也是加强与企业高层关系的一种有效途径。作为项目经理，一定要学会管理自己的领导，多主动汇报工作情况。

向企业高层汇报工作的好处如图 6-6 所示。

有的项目经理认为，汇报工作是对领导的一种"打扰"，所以很少主动去汇报。其实，这种认识是错误的。对领导而言，从不怕下属汇报工作这种"打扰"，相反，最怕的就是下属没动静，不汇报，因为这样很有可能会造成他们对工作的失控。

所以，项目经理一定要做好项目的汇报工作，而且要掌握必要的汇报技巧。技巧主要包括以下四个方面。

1.做足充分准备，做到心中有数

在向高层汇报项目工作前，一定要做足充分的准备，对汇报的内容要做

到心中有数。比如，开头怎么说、过程怎么呈现、结尾应注意什么等，各个阶段都要充分准备。

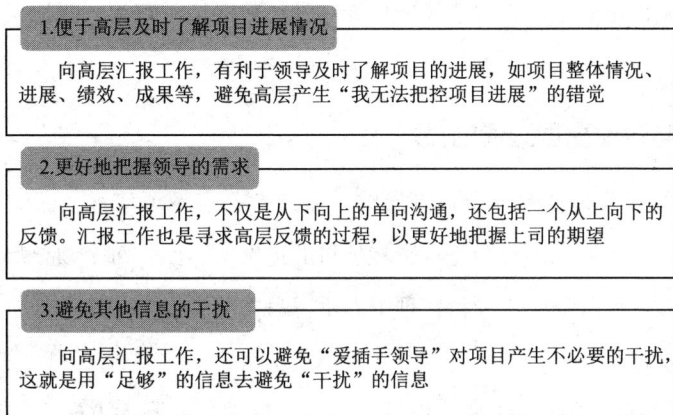

1. 便于高层及时了解项目进展情况

　　向高层汇报工作，有利于领导及时了解项目的进展，如项目整体情况、进展、绩效、成果等，避免高层产生"我无法把控项目进展"的错觉

2. 更好地把握领导的需求

　　向高层汇报工作，不仅是从下向上的单向沟通，还包括一个从上向下的反馈。汇报工作也是寻求高层反馈的过程，以更好地把握上司的期望

3. 避免其他信息的干扰

　　向高层汇报工作，还可以避免"爱插手领导"对项目产生不必要的干扰，这就是用"足够"的信息去避免"干扰"的信息

图 6-6　经常向领导汇报工作的好处

2. 提出解决方案，至少三份

汇报工作一项主要内容是针对项目中存在的问题与企业高层进行协商解决。但问题的解决不光是提出问题就够了，更要带着相应的解决方案。而且至少要三份，三份方案就是三个答案，便于企业高层对比分析，最终做出选择。

3. 有逻辑地呈现过程

向企业高层汇报工作不能只汇报结果，虽然应该坚持"结果导向"，但"过程"也非常关键，循序渐进、有逻辑地呈现过程。但要想达到这种表达效果，可以采用"论点→结论→理由→行动"的结构。

4. 提建议时千万别显得比企业高层更有智慧

在汇报项目工作时，如果需要对企业高层提出改进建议，一定要注意一点，那就是千万别显得比上级更有智慧。因为能"坦然"或在公开场合接受下属建议的领导并不多见。作为下属，要学会巧妙地提建议，在用自己的观点影响企业高层的时候，还要顾及一下企业高层的面子。

具体做法可以引经据典，即引用合适的理论和依据来支持自己的观点，告诉领导自己在其他地方看到了一些可能有价值的、更好的方法，请领导帮忙判断一下是否真的有价值。

总之，不要说是自己想出来的，而是只提供信息，目的是让领导站在更大的格局来作出决策，将提建议转化为一种讨教或请示行为，既让领导了解自己的想法，也间接维护了领导的面子。

6.2.4　与企业高层沟通的技巧

项目经理要想加强与企业高层的关系，有一点不可忽视，那就是做好与他们的沟通。沟通的质量会直接影响项目的进展，然而，每个领导都有自己工作习惯，在具体沟通时，项目经理千万不可只按照自己的想法进行，而是要兼顾领导的喜好。

比如，有些领导关注细节比较多，有些领导只在意大方向。针对这两类领导，沟通技巧就截然不同。当然，与企业高层沟通的技巧有很多，具体还要视情况而定。

图 6-7 为常用的四个沟通技巧。

明确项目发展战略
和业务价值

制订详细的沟通
计划

定期反馈项目异常点
和领导关注点

既反映项目问题，又
要展示项目成果

图 6-7　项目经理与领导的沟通技巧

1. 明确项目发展战略和业务价值

明确项目发展战略和业务价值，是确保项目与企业的发展战略、具体业务相一致，让企业高层看到项目的价值所在。

2. 制订详细的沟通计划

与企业高层沟通，需要制订详细的计划，包括项目进展时间表、预算、资源需求等，以向其展示项目的可行性和实施情况。同时，要全面掌握项目情况再沟通，对沟通的事项做到心中有数，对项目的各个环节要了如指掌，避免一问三不知。

3. 定期反馈项目异常点和领导关注点

与高层的沟通重在反馈信息，信息主要包括两个点，一是项目异常点，另一个是领导关注点。比如，项目在执行过程中出现了异常，尤其是产生较大影响的，一定要第一时间上报给高层，即使直接可以处理好，也要先反馈，不要让领导从他人口中间接知道出了问题，更不要等问题实在解决不了才找。这样领导会害怕见到你，因为你一来肯定是出问题了。

4. 既反映项目问题，又要展示项目成果

与高层沟通既要反映存在的问题，也要展示项目取得的成果。比如，展示项目已经取得的阶段性成果，可以增加高层对你的信任和支持。需要注意的是，要注意控制沟通的时间，沟通时要言简意赅，先讲整体情况，需要深入探讨时再讲细节。

6.3　项目经理与团队成员关系的处理技巧

项目经理和团队成员之间良好的关系可以促进项目更快地走向成功，而不佳的关系则可能导致项目的失败。因此，项目经理要投入足够的时间、精力与团队成员建立良好的关系，做好他们的引领人，在工作上为他们提供帮助和便利，随时沟通，发现问题、解决问题。

6.3.1　协助每位成员确定个人目标

任何一个项目都必须靠团队的协作才能完成，项目经理作为团队的"总舵手"，需要时刻把握住团队的大方向，帮助每位成员成长。

把握住团队的大方向，帮助每位成员成长最集中的表现就是确定目标，不但要确定团队目标，而且要确定个人目标。目标是团队的风向标，也是团队成员工作的动力。然而，在很多项目团队中，团队目标很明确，但具体到个人就变得模糊起来，这也成了项目失败的主要原因之一。因此，项目经理有责任协

助每位成员确定个人目标。

1. 确定个人目标

那么，应该如何确定团队成员的个人目标呢？好的个人目标具体有以下四个特点，如图 6-8 所示。

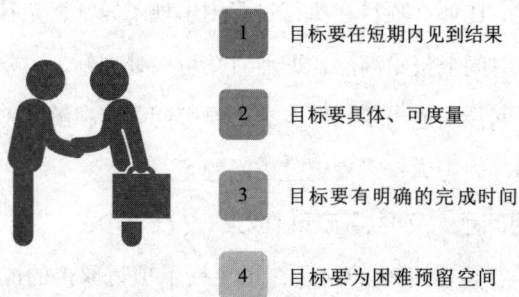

1	目标要在短期内见到结果
2	目标要具体、可度量
3	目标要有明确的完成时间
4	目标要为困难预留空间

图 6-8　团队成员个人目标的特点

（1）目标要在短期内见到结果

为团队成员确定个人的目标必须是清晰可见的，在短期内能看得见结果。因为团队成员大部分都是基层执行人员，所从事的工作也都是整个项目中很小的一部分，他们更关心当下的工作，常常只要做好自己范围之内的工作就够了。

所以，项目经理不能指望每位成员都对项目总目标了如指掌，铭记于心。

（2）目标要具体、可度量

有些项目经理在为团队成员制定目标时，缺乏具体的描述，过于抽象、空泛，而且极容易发生改变。这就是不符合具体、可度量的原则的体现。具体、可度量原则是制定个人目标非常重要的原则之一，也就是说，一定要有明确的衡量标准，甚至要细化到某个特定数据，如成本控制是多少，要达到多少收益等。

（3）目标要有明确的完成时间

目标只有在明确的时间内完成才有意义，这就要求目标是明确，并且是有时限的。相反，一个目标如果没有限定时间，就等于没有目标。这就是目标的时间性，项目经理在为团队成员确定目标时，无论大小都要十分精准限定时间，起点时间、完成时间、完成期限，甚至要精确到每一环节的完成时间。

（4）目标要为困难预留空间

任何目标的达成都不可能一帆风顺，无论制定什么样的目标，在执行过程中受各种因素的影响，都会遇到这样或那样的困难。所以，在制定之前，一定要预料到可能遇到的困难，并一一记录下来，认真地加以分析，按照轻重缓急的次序，制定解决预案，尽可能规避。

2. 将目标细化成执行计划

目标是对某项工作未来的规划，计划是为目标实现而确定的具体思路、做法。所以，项目经理在为团队成员确定个人目标后，还需要转化为具体的执行计划。那么，目标如何转化为具体的执行计划呢？这里有两个关键点，分别为"五 F、六 W"，只要做好这两个方面，就会制订出完美的计划。

（1）"五 F"

"五 F"是五个以"F"开头的英文首字母缩写。分别为寻找（find）、过滤（filter）、拟定（figure）、面对（face）、贯彻（follow）。"五 F"表示的具体内容见表 6-1。

表 6-1　"五 F"的具体内容

五 F	具体内容
find（寻找）	即寻找形成计划的材料和事实,如制订销售计划,就要搜集企业内部、外部市场、客户购买力等数据
filter（过滤）	即将收集来的资料, 加以过滤优化、选择出最符合需求的那部分
figure（拟定）	即针对所过滤的资料, 进行讨论、组合, 拟出初步的计划方案
face（面对）	即将初定的计划草案, 赋予生命力, 使之能够更好地付诸行动, 成为实实在在的行动计划
follow（贯彻）	即依照计划, 付诸行动

（2）"六 W"

"六 W"是六个以"W"开头的英文首字母缩写。分别为：what（达到什么目标）、why "为什么要这样做"、when "什么时间完成"、where "在什么地方完成"、who "由谁来完成"、which "选择什么思路去做"。"六 W"表示的具体内容见表 6-2。

表 6-2 "六 W"的具体内容

六 W	具体内容
what	指要达到怎样的目标，这里的目标一定是具体、可量化的。有了具体、可量化的目标，才能知道完成了多少，还有多少没完成
who	指要明确自己为什么要这样做，并确认这样做的理由是正确的
when	指要什么时候完成，比如，每个月完成项目的增加 20%
where	指在什么地方按完成，以及需要利用哪些场所。如企业、出差等
who	指与促成工作完成的有关人物
which	在执行思路上要有更多的弹性，不能只有一种，可以多设计几份

6.3.2 开放式沟通，鼓励合作

项目经理与团队成员之间应该保持开放式的沟通。开放式沟通有利于上下级之间建立轻松、和谐的沟通环境，有利于提升沟通的透明度，提高下属参与项目的积极性，增强自由表达的意愿。

很多项目经理与团队成员沟通时，习惯使用封闭式沟通，即一问一答，问什么答什么，这在一定程度上的确节省了沟通时间，也很容易达成想要的沟通效果。但这会让下属很不舒服，因为一问一答太过于机械，极大地限制了对方发挥的空间，更无法让对方感受得到被尊重。

开放式沟通方式，背后隐藏的是一种尊重，是"我愿意听你说话"的欣赏性感觉。既给了对方足够的发挥空间与自由，又让对方有自己的思考与选择的权利。

那么，项目经理如何与团队成员进行开放式沟通呢？图 6-9 为常用的四个做法。

1. 每周一次 1 对 1 谈话

每周约定一个时间，召开一次非正式的 1 对 1 谈话。这样非正式的谈话既是日常交心，又是工作汇报。好处是在不中断工作的前提下，及时了解成员的心理状态和想法，发现并解决工作中短期内遇到的问题。

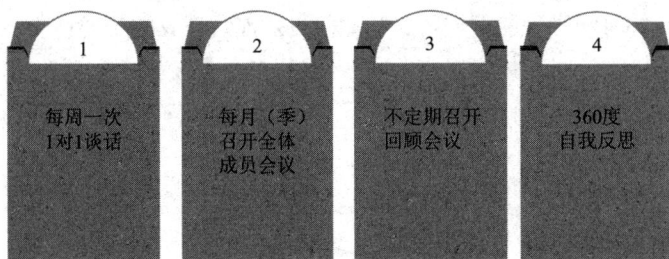

图 6-9　开放式沟通常用的四个做法

2. 每月（季）召开全体成员会议

每月（季）召开全体成员会议是一种比较正式的沟通，针对全体成员分享这段时间内董事会的决策、新战略等关键信息，或者分享与工作相关的故事，或者表扬某些员工工作中取得的成就。需要注意的是，要注意会议的形式，尽管是正式会议，但也不要搞得过于严肃，鼓励参与，多互动，留出问答环节。

3. 不定期召开回顾会议

回顾会议主要集中在内部评估重大项目或交易时，明确什么地方做得比较成功，什么地方做得不够好，但下次可以做得更好。这些回顾可以使项目获取下一个大的转机，或者将挑战转化为改进的机会。

4.360 度自我反思

360 度自我反思是一种有效的个人成长工具，其目的是了解自己在不同方面的表现、行为和习惯，并寻求改进和发展的机会。它通常涉及向周围的人（如领导、同事、下属和个人朋友）发送匿名问卷，以收集他们对自己的看法和意见。

以下是进行 360 度反思的问题：

（1）我的优点是什么？如何利用我的优点来取得更大的成功？

（2）我的缺点是什么？我应该如何改进这些缺点？

（3）我在团队合作中的贡献是什么？我如何改进我的表现？

（4）我如何处理工作上的压力和挑战？

（5）我的沟通技巧如何？我如何更好地与他人交流？

（6）我的时间管理能力如何？我如何更好地管理我的时间？

（7）我的目标是什么？我如何制定并实现我的目标？

通过收集各种角色的反馈和建议，可以更全面地了解自己在工作和生活中的表现，并确定改进和发展的机会。然后制订一份计划来应对这些机会，提高工作绩效和个人成长。

6.3.3　平等对待团队中每位成员

花园里，美丽的红玫瑰引来了众人的驻足欣赏，红玫瑰十分骄傲。红玫瑰旁边有只青蛙、红玫瑰觉得青蛙影响到了自己的美丽，强烈要求他走开。青蛙什么也没说就默默地离开了。

没过多久，红玫瑰开始凋谢，叶子和花瓣也都掉光了。

青蛙路过说："你看起来很不好，这些天发生了什么事？"

红玫瑰答说："自从你走后，虫子每天都在啃食我，我再也无法恢复往日的美丽了。"

青蛙说："当然了，我在时，帮你吃掉虫子，你才成为花园里最漂亮的花。"

红玫瑰很美丽，但同样需要青蛙为其除害虫。这就像一个项目团队，有许多人像红玫瑰一样，凭着出众的业绩，超强的能力，取得点成就就沾沾自喜，看不起其他人，总认为其他人对自己一点作用都没有。

上面的故事告诉我们，一个项目的成功最终还需要靠团队全体成员的努力，每一个人都不可缺失。项目经理作为项目团队的主要管理者，一定要平等看待团队中的每位成员，无论他是什么角色，承担的工作是否重要。

作为项目经理，平等对待团队每一位成员是非常重要的，这样做的重要性主要体现在四个方面，如图 6-10 所示。

1. 提高团队凝聚力

平等对待每一位成员，建立一个更积极、更合作的工作环境。促使所有人将自己的聪明才智和能力发挥出来，为整个项目添砖加瓦，无形中就提高了团队的凝聚力。

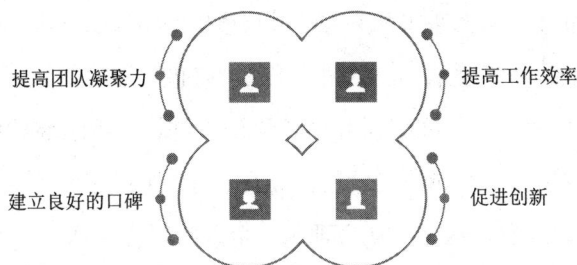

图 6-10　项目经理平等对待团队成员的重要性

2. 提高工作效率

平等对待每一位成员，意味着每个人都被充分重视，有机会发挥自己的最大潜力，这可以极大地提高每个人的工作效率，从而带动整个团队的工作效率。

3. 促进创新

平等对待团队中的每一位成员，能够间接促进团队的创新力。比如，鼓励自由表达，可以激发创造性思维，从而更好地解决项目中的问题并实现更好的结果。

4. 建立良好的口碑

平等对待每一位成员，还可以建立团队良好的口碑，并吸引更多的优秀人才。一个赏识每一个人、充满机遇和包容的团队文化，可以吸引更多的人才加入，并提高整个团队的声誉。

总之，作为一个项目经理，要平等对待每一位成员。这对团队的促进是多方面的，提高工作效率、提高凝聚力、促进创新等。

6.3.4　以身作则，树立典范

上下级关系的和谐，有赖于下属是一名有效的"自我管理者"。因为在一个团队中，依靠强制管理永远是无法长久的，还需要被管理者有自动、自觉"管理自己"的意识，与管理者形成高度的共识。

而想让下属成为"自我管理者"，领导自己首先要起好带动作用，为下属树立榜样，当领导以自己的言行举止来展示"自我管理"时，下属就会模仿。

　　下属下意识地会对管理者的好习惯进行模仿的。例如，领导在下班前，总会将办公桌收拾得干净整洁，没干完的工作"打包"带回家，坚持当天的事必须当天做完。久而久之，他的助手和秘书也会这样做。不用强调他们也会，这就是传承。作为领导，职位越高，就越有带动作用，尤其是对直接下属的带动。

　　从心理学角度看，这是从众心理，一个人的行为一旦被注意到，就会被模仿和跟从。同样，一个团队中，管理者的行为被下属"注意"到之后，也会被下属跟从。

　　管理者对团队的管理，一是靠权力，另一个是靠行为，权力很重要，通过权力才能进行思想引领，才能把人的认识提到相应的高度。但只有权力是不够的，还要靠行为。只要以身作则，就能令行禁止。管理者的职责之一就是为下属练习"自我管理"提供机会，通过自己的行为鼓励下属。要提高商业效益，管理者首先要以身作则，起好带头作用，让部下从刚一开始参加工作，就培养敬业的好习惯。

　　有位美国女企业家曾说："领导的速度就是众人的速度，称职的管理者应以身作则"。她十分强调经理的榜样作用，她认为经理作为一个部门的负责人，其行为受到整个工作部门员工的关注。人们往往模仿经理的工作习惯和修养，而不管其工作习惯和修养是好还是坏。假如一个经理常常迟到，吃完午饭后迟迟不回办公室，打起私人电话来没完没了，不时因喝咖啡而中断工作，一天到晚眼睛直盯着墙上的挂钟，那么，他的部下大概也会如法炮制。一些下属在业务能力、技术水平等方面的确高人一筹，出类拔萃，但是他们却缺乏起码的职业道德，经常违反工作条例，不能够给予其他下属以好感。这样的人有才无德，如果被加以示范，让其产生自动自觉的行为，这类下属是很难真正、彻底有所转变的。

　　严格管理自己，为下属提供榜样，不仅有利于本部门、本单位的发展，还可以利用这些被提升的下属，借以了解其他下属的思想状况，并据此有的放矢地做好下属的工作。

6.4 项目经理与干系人关系的处理技巧

在项目管理中，项目干系人管理被列为最重要的领域之一，足见干系人管理的重要性。每个项目都有许多干系人，而且随着项目管理方法和技术越来越成熟，干系人已经突破传统意义上的承包商、供应商、股东范围，逐步向涵盖各式群体、监管机构、游说团体、媒体等扩展。

6.4.1 评估干系人对项目的影响

每个项目干系人会受到项目积极或消极影响，也会对项目施加积极或消极的影响，有些干系人，甚至直接影响到项目交付的成功与否。所以，项目经理需要能正确识别，并尽可能地合理引导所有干系人参与，减少项目执行过程中的阻碍，获得干系人更多的正面支持。否则，项目一旦出问题，项目经理一定是第一责任人。

评估干系人对项目的影响是项目管理的一项重要工作，它可以帮助项目经理和团队了解哪些干系人对项目有正面或负面的影响。

以下是评价过程中需要考虑的一些因素。

1. 干系人的兴趣和期望

了解干系人的期望和需求，能够帮助项目经理确定项目的优先级和方向。

2. 干系人的权力和影响力

了解干系人在项目中的权力和影响力，能够帮助项目经理确定干系人所需的沟通频率和方式。

3. 对项目成功的影响

评估每个干系人对项目成功的影响，能够帮助项目经理确定哪些干系人应该得到优先考虑。

4. 风险

评估干系人的风险，包括哪些干系人可能会阻碍项目进展或引起冲突。

5. 沟通需求和偏好

了解每个干系人的沟通需求和偏好，能够帮助项目经理根据不同干系人的特点进行沟通，确保信息及时传达。

评估干系人对项目的影响可以帮助项目经理制订适当的沟通计划并建立积极的合作关系，以满足项目的需求和利益干系人的期望。

6.4.2　项目经理与干系人的相处之道

一个成功的项目经理需要具备良好的沟通和人际关系管理能力，以有效地与各种干系人相处。图 6-11 为项目经理与干系人的一些相处之道。

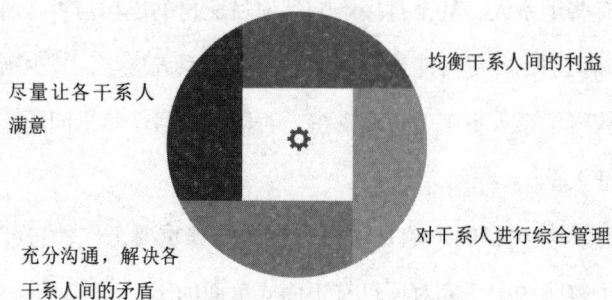

图 6-11　项目经理与干系人一些相处之道

1. 尽量让各干系人满意

项目经理必须具有综合统筹能力，让干系人各方都满意。但让各方满意，而不是妥协，更不是被动地被干系人牵着鼻子走。这就要在切实弄清楚干系人需求的基础上，加以适当的引导。

干系人的需求有的明确而具体，有的含混不清。项目经理必须要把干系人含糊不清、笼统的需求尽量明确，完整地列出，并请干系人确认。这样就可以极大地降低项目出现"失败式成功"的可能性。即项目在规定范围、时间、成本和质量要求下完成了任务，但无法令干系人满意。这就是典型的没深入了解干系人需求的表现。所以，作为项目经理千万不要忽视干系人对项目的需求，而且要尽量让各方都满意。

2. 均衡干系人间的利益

对利益的追求，永远是干系人参与项目的根本。但由于各方或多或少地存在矛盾，会导致利益不均衡。所以，一个项目是无法同时、同等程度满足所有干系人的利益，在这里需要强调的是，尽管不可能同等程度地满足，但也要本着尽量缩小各干系人（至少是主要干系人）差异的原则，达到一个相对平衡。

项目干系人管理的一个核心，就是在众多项目干系人之间寻找利益平衡点。例如，在某城市举办无车日活动，这个项目就必须充分考虑公交公司、出租车业、停车场、洗车厂、商场等不同群体的利益，否则活动就无法取得所有人的支持。比如，考虑无车日会不会受到公交公司、出租车业的支持，以及停车场、洗车厂的支持。

认真考虑各群体之间的利益，通过寻求平衡在主要项目干系人之间形成合作关系，并建立基于这种合作关系的项目大团队，有利于项目的顺利完成。

3. 充分沟通，解决各干系人间的矛盾

干系人因利益差异总会出现各种各样的问题，而这些问题中大多数都不是根本性的，如果干系人之间有相同或相近的价值观，完全可以通过沟通解决。有时候，即使无法解决，但因积极的解决态度也会取得相互理解、相互支持的效果，让矛盾缓和很多。

按照项目管理要求，沟通是需要制订计划，并按计划开展的。不能随意进行，想什么时候沟通就什么方式沟通，想以什么方式沟通就以什么方式沟通。因此，项目经理在沟通前，需要认真分析各方对项目需求、对沟通方式的偏好、对沟通时间的要求，切实编制好沟通计划，并严格加以执行。

同时，对于沟通的问题要用项目问题日志管理表加以记录，落实解决问题的方案，同时，跟踪解决方法的实施情况。

项目问题日志管理表是用于管理干系人的一个有效工具。通过问题日志，能使问题及其解决方法、过程都可视化，有利于问题的解决。其模板见表6-3。

表 6-3　项目问题日志管理表

项目问题日志管理表					
一、项目基本情况					
项目名称			项目编号		
制作人			审核人		
项目经理			制作日期		
二、项目问题					
序号	问题描述	提出人	影响程度		解决方案	负责人

注：影响程度（高：影响项目进度，尚未解决的问题；中：影响项目进度，正在处理中的问题；低：不影响项目进度，但必须解决的问题）

4. 对干系人进行综合管理

项目经理最主要的管理工作之一就是对干系人的管理。在项目管理中，干系人是扮演着重要角色，而且范围非常广，既包括自己的上级领导、下属员工，又包括客户、竞争对手。只有进行有效的管理，才能团结所有干系人，促使其为项目贡献各自的力量和智慧。

比如，对竞争对手的管理。竞争对手某种意义上并非全是项目的敌人，只能是项目负面干系人之一，针对这部分人，正确的态度不是对抗、打击、短兵相接，而是提升自己的管理水平，从而影响对方。这就像做蛋糕，你与竞争对手不是"分蛋糕"，而是共同"做蛋糕"。

再比如，客户也是重要项目干系人。项目经理对客户一定要引导和管理，并满足客户的合理要求。对于不太成熟的客户可以采用"教育"的方式。比如，在推广项目过程中，要引导客户提升对项目的认识，因为对项目所从事的工作或推销的产品，客户了解得往往比项目经理低得多，直接灌输不如侧面教育，培养客户对项目的深刻认识。

领导也是项目干系人。对于领导，前面讲过作为项目经理不能简单服从，而要做好向上管理。向上管理是对领导的一种特殊管理，管理学上常说"有什么样的领导，就有什么样的下属"；反过来讲也一样，"有什么样的下属，就有什么样的领导"。与领导负有教育和引导下属的责任一样，下属也同样负有教育和引导领导的责任。

6.4.3　对干系人的管理流程

对项目干系人要进行综合管理，做好干系人管理是项目经理处理与各干系人关系的重要举措。做好对干系人的管理需要有科学的沟通机制、高效的项目管理工具，同时，还要不断提升自己的软技能，掌握管理流程。

对干系人管理的流程有以下四步，如图 6-12 所示。

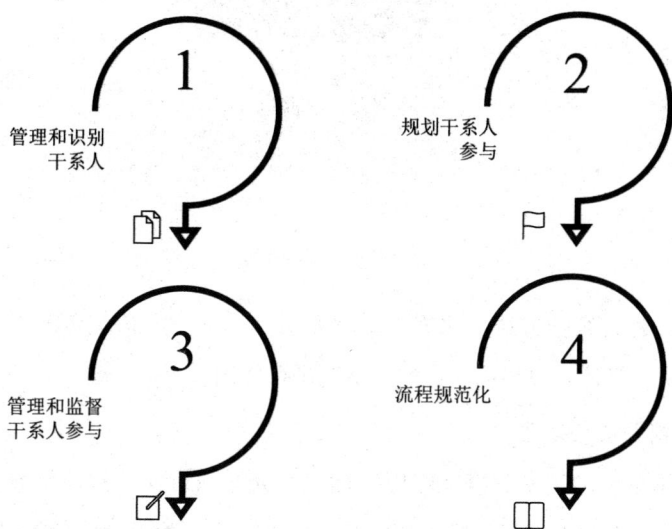

图 6-12　对干系人管理的流程

1. 识别干系人

识别干系人针对可能影响或受项目影响的那一部分人、群体或组织的识别过程。通过这个过程可以分析并记录他们的利益、参与度、相互依赖性、影响力和对项目的潜在影响，将干系人建立分级关注。当然，这个过程不是一次性完成的，在项目发生重大变化或每个新阶段开始时都需要重新梳理，保证重要干系人不被遗漏。

在识别时，首先，要解决干系人的信息来源问题。比如，从收益预算中就能初步看出，项目成果交付获益的干系人，而收益来源又涉及软件采购，鉴于此，干系人识别信息的来源就可以涉及采购部门、IT 部门等。其次，运用识别方法。识别干系人常用的方法是权力利益方格，如图 6-13 所示，基于干系人的职权级别（权力）、对项目成果的关心程度（利益）两个维度，对干系人的管理能力进行划分，每一方格都可用于对干系人进行分类。这种分类方式十分实用，适用于简单的干系人关系分析。

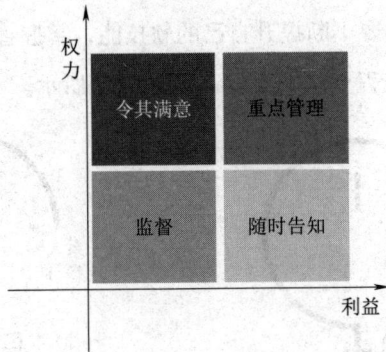

图 6-13　权力利益方格

当然，还有其他方法。比如，影响方向分类法、干系人立方体、优先级排序等方法，具体可以根据项目实际情况进行使用。

2. 规划干系人参与

规划干系人参与是制定策略以增加干系人对项目支持和参与的过程，以在整个项目生命周期中增加项目支持者，减少阻力。规划干系人参与需要根据干系人的需求、期望、利益和对项目的潜在影响进行。

规划的常用方法是建立干系人参与度评估矩阵示意，见表 6-4。

表 6-4　干系人参与度评估矩阵示意

干系人	不了解	支持	中立	不支持
干系人 1	C	D		

续上表

干系人	不了解	支持	中立	不支持
干系人 2		D	C	
干系人 3		D C		

注：C 代表当前参与程度，D 代表所需参与程度。

项目经理应该评估每一个干系人，尤其是对项目有重大影响的干系人，当前与期望参与水平的差距，进而开展有效沟通进行有效引导。

3. 管理和监督干系人参与

管理干系人参与是与干系人沟通并与之合作以满足其期望的过程。监督干系人参与是监督整个项目干系人关系和相应的参与程度并调整策略的过程。这是两个不同的过程，但在实际中，两者往往同步进行。

项目经理要做到的就是全面、及时地沟通，为项目争取到及时准确的支持，降低不必要的风险。

简单的项目对接比较简单，但大型项目或者项目集的干系人涉及的就会十分广泛。内部涉及各业务部门、项目团队内多个成员，再到各级领导和决策层；外部涉及各条业务线上的相关人员，要同步、沟通的信息杂乱繁多，且容易由于多次传达导致信息理解偏差。所以，在项目管理过程中，选择架构全面、流程规范化的项目管理工具极为重要。

4. 流程规范化

干系人管理最重要的一点就是要规范化。流程规范、沟通内容规范，尽可能地避免信息传达产生偏差，影响项目进度。所以，可以借助专业的项目管理软件来实现沟通专业化。

以交付物评审流程为例，利用项目管理软件可以设置全面的评审要素，供工作流中的各项干系人作为依据，还可以进行评论、问题提出，上传任务、日志等附件，评审流程科学全面。

6.4.4 如何与反对干系人相处

一个项目中有支持项目的人，也有反对项目的人，支持项目的人叫正面干系人，反对项目的人叫负面干系人。对正面干系人的管理相对容易，而对负面干系人的管理就要难得多。很多项目经理本能地不愿意面对负面干系人，只有实在无法回避时才"被迫"出面。

其实，这样做往往会使自己更加被动。作为项目经理必须学会面对任何一方，面对负面干系人也要像面对正面干系人那样，积极地寻求解决问题的办法。

负面干系人之所以反对项目，很可能是因为项目可能会损害他们的利益，或者他们误认为项目会损害自己的利益。

这个时候，作为项目经理必须帮助他们认清项目，找出反对项目的原因，再有针对性地加以解决。不同干系人对同一个项目有不同的看法，有不同的要求，是很正常的。对负面干系人要给予充分理解，想方设法降低他们对项目的负面认知和抵制。

那么，如何降低负面干系人对项目的负面认知呢？常用的技巧如图 6-14 所示。

图 6-14　降低负面干系人对反对项目的技巧

1. 分析反对原因

分析负面干系人反对项目的根本原因，通过向负面干系人提问，让他们认识到自己的反对是错误的，缺乏事实依据的。

2. 区分反对类型

干系人反对项目大致有三种情况，分别为理性抵制、感性抵制和其他抵制。反对类型不同，解决方案也不同，绝对不能够用处理理性抵制的方法处理感性抵制。项目经理需要先区分反对类型，然后再有针对性地制定解决方案。

3. 进行良好谈判

在前两步的基础上进行谈判，作为项目经理，与负面干系人的谈判技巧是非常重要的，必要时可做出让步。做好下列工作，非常有助于与负面干系人取得更好的合作关系，见表 6-5。

表 6-5　与项目负面干系人谈判应做好的工作

应做工作	具体内容
了解干系人	在与对方进行谈判之前，了解他们的需求和关注点，包括预算、时间表、风险等，以便能够提供解决方案，并更好地向其展示项目价值
创造共赢	寻找双方都能接受的解决方案，创造共同利益，在谈判中让双方都能获得最大的收益，以提高合作并降低冲突
理解对方	理解对方的立场和需求，理解对方的建议和观点，要让对方感到自己被听到和理解。这对减少冲突、缓解紧张气氛十分有效
坚定立场	在理解对方的同时，也要学会为自己的立场努力争取，保持清晰和坚定的态度，表达自己的意见

4. 把问题交给时间

面对一些分歧较大的干系人，切勿强求，不要急于做出决定，也不要选择一个过于激进的策略。建议先暂时撤退，保持冷静，给自己留出一些解决时间，收集更多信息，制定更稳妥的应对方案。同时也能给干系人留出一定的时间，允许干系人花时间通过其他渠道进一步了解项目、理解项目。

但时间并不能解决所有问题，当时间不能解决时，应该如何处理干系人与项目的冲突呢？这里有一个处理原则非常重要，也是底线，即始终以保护客户利益为主，因为客户是项目产品、服务的使用者（包括直接和间接使用者）。其实，面对干系人的利益分歧，处理起来其实非常简单，只要考虑清楚，该项目的目的是什么，为谁而发起？所以，只要牢记"以客户的需求为准"这条"金科玉律"，就可以解决其他干系人存在的分歧。

第 7 章

项目收尾：慎终如始，提升客户满意度

项目收尾是项目的结束阶段，但不是真正的"结束"，有时反而会令项目经理十分头疼。因为还有一系列的工作要做，特别是项目成果交付，很可能因客户的不满意导致返工。所以，项目经理要必须像对待项目启动阶段的工作那样，认真对待收尾工作。

7.1　好戏杀青，正确关闭项目

项目收尾阶段主要工作是及时关闭项目，包括一系列活动和决策，如评估项目绩效、整理文件、结算费用、交付成果等。在实际操作中，项目经理要按照既定步骤有序完成。

7.1.1　令项目经理"头疼"的项目收尾

谈到项目收尾，很多项目经理不免发一番牢骚，本认为项目即将结束，顺利的话马上万事大吉。但事实上，往往会陷入另一个困境：自以为已经完成了"该干的事情"，客户不但不满意已经交付的结果，而且会新增一些要求，这也就意味着项目将无法顺利收尾。

项目收尾阶段是最容易出现"意外"的时候，用经典的 80-80 理论特别适合：即花 80% 的时间，以为完成了项目 80% 的工作，结果剩余的 20% 工作又需要花 80% 的时间修订才能完成。

那么，是什么原因导致的呢，是否可以避免？原因有很多，其中，最常见的一个原因就是收尾工作做得不彻底。项目收尾工作包括管理收尾和合同收尾两部分，而大多数项目经理只重视管理结尾，忽视了合同收尾。

管理收尾是为了项目干系人对项目产品进行成果验收而进行的一项管理活动，具体内容包括完成项目计划，监督、控制项目执行，以及准备项目交付和收尾文件等。重点是检查已完成的工作是否符合项目目标和客户要求，并在整个项目范围内进行总结和评估。

管理收尾具体工作内容见表 7-1。

表 7-1　管理收尾具体工作内容

工作事项	具体内容
完成项目评估	评估项目完成的程度以及团队在项目执行过程中的表现。这有助于总结经验和教训，并为将来的项目提供建议
确定交付物	整理和准备项目交付物，检查其符合要求。并确保所有必要的文件和文档的归档和保管

续上表

工作事项	具体内容
完成项目的付款	确认所有的付款、发票和合同文件已经处理完毕，并退还所有的材料和工具
收集反馈	收集项目范围内的反馈，并记录反馈的作用。这可以帮助改进流程、项目管理和实施策略
编制项目收尾报告	总结项目管理可行性和文档学习的教训

合同收尾就是在完成了合同规定的任务后，需要采取一系列措施来处理合同，以确保合同有效性和完整性的　项管理活动。目的是既要顺利收到项目资金，又要使客户对产品满意，造就一个"双赢"局面。

合同收尾是项目收尾阶段非常重要的一个管理活动，它涉及整个项目周期，需要仔细认真完成，以确保项目顺利完成并达到预期效果。合同收尾具体工作见表 7-2。

表 7-2　合同收尾具体工作

工作事项	具体内容
履行合同规定	履行合同中规定的所有条款和条件，包括完成工作、付款等
合同归档	归档合同文件和其他相关文件，以备将来的需要
合同验收	完成合同的验收工作，包括客户验收和项目验收等
文件审核	审核所有的合同事项，并检查所有文件和文件夹是否齐全
合同款项清算	确保所有支付的款项、费用和材料等都清算完毕，没有遗漏或超支
合同解除	与合作伙伴、供应商或客户解除合同，并处理相关退款、退损等事宜
撰写报告	撰写和提交最终的报告，以记录整个过程并为以后的工作提供参考

然而，合同收尾往往是项目经理们最"头疼"的事情，难度不在于对整个项目过程进行系统审查，找出有哪些值得借鉴的成功经验和哪些失败之处，更难的是还要应对诸多不确定因素带来的合同条款变动风险。

任何项目先天就存有很多不确定因素。比如，用户需求不明确、采购人员对项目实现细节不清楚、成本计划变更等，从而使合同条款变数很大。而这些变数最终都需要在合同收尾阶段彻底去解决，只要有一点解决不到位，可能就会引起客户的不满，甚至拒绝验收。

7.1.2　及时而正确地关闭项目

及时而正确地关闭项目是整个项目收尾阶段一个重要环节。项目收尾后，项目经理一定要及时而正确地关闭项目，这对整个收尾工作都有着十分重要的意义，其意义具体体现在以下四个方面，如图 7-1 所示。

释放资源
大多项目团队都是随着项目结束即解散，成员重新分配。这样做使人得到了充分的利用，人力资源最大化

制定预案
收集相关信息，书写项目复盘报告，明确哪些地方做得好，做得不好，今后遇到类似情况该怎么做

项目总结
对整个项目进行总结和评估，以确定是否达到预期目标

记录存档
这将有助于日后的审计、法律诉讼、商业合作等

图 7-1　及时而正确地关闭项目的意义

及时而正确地关闭项目不仅可以优化本期项目管理，确保顺利完成项目目标，还可以为未来类似的项目提供宝贵的经验和指导。既然项目成功收尾工作如此重要，那么，具体应该如何做呢？正确而及时地关闭项目的主要步骤如图 7-2 所示。

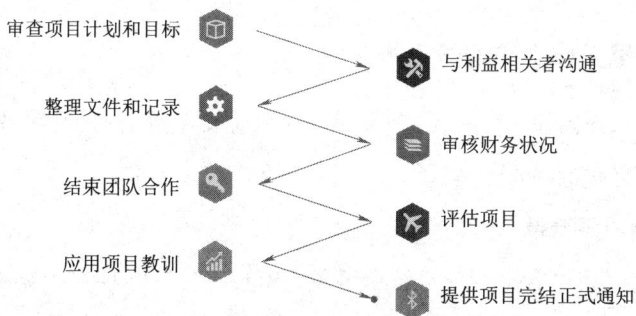

审查项目计划和目标　　　　　　　　　　与利益相关者沟通

整理文件和记录　　　　　　　　　　审核财务状况

结束团队合作　　　　　　　　　　评估项目

应用项目教训　　　　　　　　　　提供项目完结正式通知

图 7-2　正确而及时地关闭项目的主要步骤

（1）审查项目计划和目标

确保项目的所有关键目标已经实现并且未来没有任何遗漏；对项目计划进行最终审查并确保任务都已完成。

（2）与利益相关者沟通

与客户、团队成员和其他利益相关者沟通，确保他们理解项目的预期结果和任何进展。

（3）整理文件和记录

整理成果文件、报告及所有项目文档，保存档案以备将来需要。

（4）审核财务状况

审核项目的财务报告确认预算支出是否符合预期，并将未使用的资金归还。

（5）结束团队合作

感谢参与项目的团队成员并准备解散项目团队。

（6）评估项目

评估项目成功和失败的因素，并记录在未来项目中可以应用的经验教训。

（7）应用项目教训

将项目管理最佳实践和经验教训应用于未来项目计划和执行中。

（8）提供项目完结的正式通知

项目收尾阶段将一个正式的结束时间和报告提交给利益相关者，这将释放他们的关注和资源，同时也向他们证明项目目标已经成功完成。

7.1.3　收尾工作中的两份重要文档

在项目收尾阶段，项目经理需要编写两份重要文档，一份是项目收尾清单，另一份是项目收尾报告。

1.项目收尾清单

项目收尾清单就是在项目结束阶段，整理、分析与项目各类相关信息和文件，包括项目整体完成情况总结、需求文档、客户验收报告、系统文档、质量报告、用户培训材料、项目收尾报告、保修协议等。主要目的是保证项目的完整性、知识迁移和高效运用。

项目收尾清单是一个清单系列，它包括多份清单，常见的有以下八种。

（1）项目完成情况总结

对项目整体的完成情况进行总结，包括项目成本、进度、质量评估等，确保项目达成最初设定的目标。

（2）需求文档

将项目的需求文档进行归档，以便未来再次使用。

（3）客户验收报告

客户验收报告是项目成功的重要证明文件，将其归档。

（4）系统文档

将包括代码、技术文档等系统文档进行归档，以便未来的维护工作。

（5）知识库

将项目中获取的经验教训，以及技术架构、系统设计、开发问题与解决方案等知识进行整合，建立一个知识库。

（6）质量报告

项目完结后需要进行一次质量检查，并将检查结果进行记录和归档，以便未来参考和提升。

（7）项目收尾报告

最终需要进行一个项目收尾报告，详细说明项目的整体情况，记录项目过程中出现的问题及解决方案，并将结果向相关利益相关者进行汇报。

（8）保修协议

提供保修服务的项目需要制定保修协议，并将其进行归档，以便未来做服务和维护工作。

2. 项目收尾报告

项目验收报告是项目收尾清单中其中一份文档，也是收尾阶段必须编写的一个文档。它是对项目成功经验的总结和评估。项目收尾清单含有的文档虽然很多，但很多在项目执行过程中已经陆续完成，只有收尾报告是在项目完成后才要着手去做。

从实践角度看，项目收尾报告至少包含八大部分，具体如下。

（1）引言

简单介绍项目，包括项目目标、背景、时间范围、资源和人员。

（2）项目总结

列出项目的里程碑和关键事件，以及已取得的成果，回顾项目目标是否已达成，并对项目成功达成的原因进行说明。

（3）项目成本

提供项目的预算和实际成本，解释任何差异并对这些差异原因进行说明。

（4）风险评价

列出项目流程中的风险，评估风险的影响程度和实施的措施。

（5）团队绩效

评估团队的整体绩效，包括任务完成率、质量和客户满意度，并指出团队贡献和认可，同时提出感谢。

（6）经验教训

回顾项目期间获取的经验教训，讨论工作流程和协作方面的问题并提出改进建议。

（7）结论

在结论中，简洁明了地概括了整个项目的过程和结果，强调最成功的项目特点，为下一个项目提供经验教训，并感谢参与项目的所有人员。

（8）附录

在附录中，提供项目执行，如计划、预算、时间表，以及收集的其他成果文件和报告。

需要注意的是，项目收尾报告应该以客观、透明的方式跟踪项目的历史记录。所以，具体内容不必按照理论上的生搬硬套，主要还是根据项目具体情况而定，重点呈现关键、核心的问题。

对于项目经理而言，在编写之前，最好事先进行详细的计划，在项目周期结束时按照该计划进行总结和优化。

下面看一个类似的模板，见表 7-3。

表 7-3　项目收尾报告模板

项目名称：	项目经理：		
引言：			
项目总体描述			
项目评价			
成功或失败的原因：			
项目管理的手段、技术及对其的评价：			
最终项目甘特图：			
所有可交付的附件：			
附录：			
		项目经理签字：	
		日　　　期：	

3.项目收尾清单和项目收尾报告的区别

项目收尾清单和项目收尾报告都是项目结束后需要提交的文件，但是两者的内容和作用有很大不同。

项目收尾清单记录了整个项目全程涉及的各种文件、文档、需求报告、质量报告和客户验收报告等。目的是整理和归档与项目相关的所有文件和信息，以便于未来的维护和管理。而项目收尾报告是收尾阶段形成的正式报告，它记录了整个项目的细节，包括项目成本、进度、里程碑、质量和风险等。目的是向利益相关者报告项目整体情况，并总结项目过程中的经验和教训，以便未来项目更好地借鉴。

鉴于此，可以看出，项目收尾清单主要作用是为了管理项目的文档和信息，而项目收尾报告则是为了向利益相关者展示项目的整体情况。

7.2　做好项目交付，不留"后遗症"

在项目管理的世界中，交付不仅仅是完成任务的那一刻，更是确保整个项目过程无懈可击，不留任何"后遗症"的关键时刻。当在谈论做好项目交付时，我们实际上是在谈论如何将项目的每一个细节都做到完美，确保客户满意，同时为未来可能的挑战做好准备。

7.2.1　项目交付

项目交付是在项目在周期结束时，按事先约定，经过一系列程序（环节），将成果交给客户或干系人的过程。项目交付内容见表7-4。

表7-4　项目交付成果

交付物	具体内容
项目可交付成果	即交付可用的产品、服务或成果，例如，软件开发项目可能交付一个可用的软件系统，建筑项目可能交付一栋建筑物
文件和报告	即项目管理文档，例如项目计划、风险管理计划、变更管理记录等。此外，还应该提供最终的项目复盘报告和成果展示文档

续上表

交 付 物	具 体 内 容
培训材料	如果项目涉及新技术或新流程的实施，那么培训材料和培训计划也应被括在交付内容中
保修和支持	即与客户或利益相关者达成一致的支持和维护方案，以确保项目成果在使用中能够持续稳定运行。一般来说，项目完成后的保修期限为一个月至一年不等

当然，具体的交付内容还需要根据项目目标、范围和客户需求而定。这就需要项目经理在项目计划制订阶段就要明确相应的交付内容，并在项目周期内执行、监控、控制和验证项目成果的交付过程，以确保顺利完成项目。

项目交付有一个完整的流程。为了更好地理解，接下来以某工程项目为例，详细阐释交付工作的流程。一般来讲，工程项目交付工作流程包括以下六项，如图 7-3 所示。

试运行　竣工　初验　资料送审　终验　资料归档

图 7-3　工程项目交付工作流程

工程项目交付为工程交工后，进行的试运行、竣工、初验、资料送审、终验及资料归档等工作的过程。

1. 试运行

项目开通后，应至少试运行一个月，由建设单位记录试运行情况，并最终出具试运行报告。

2. 竣工

经试运行达到设计要求并为建设单位认可，视为竣工。少数非主要项目未按合同规定全部建成，经建设单位与设计单位协商，对遗留问题有明确的处理办法，经试运行并为建设单位认可后，也可竣工，并由设计、施工单位出具竣工报告。

3. 初验

由建设单位组织设计，施工单位根据设计任务书的要求进行初检并出具初验报告。

4.资料送审

项目在验收总结会纪要发布以后，按合同要求将初验项目提交审计。

5.终验

项目在验收总结会议纪要发布以后，根据合同要求维保时间进行维保，维保结束后进行终验，并出具终验报告和竣工文件。

6.资料归档

项目终验后，将终验前的资料（开工报告、正式设计文件、竣工图纸，交工文件、竣工文件、产权等）进行归档。

对于项目交付，各项目都有自己的一套标准，但基本流程上是不变的。需要注意的是，项目交付与其他阶段不是割裂的，而是在其他阶段圆满完成的基础上自然形成的一个过程。因此，要想保证交付工作的顺利，还需要先做好前面的计划、执行、监控等各个阶段的工作。

综上所述，项目交付的流程通常包括五个阶段的工作，见表 7-5。

表 7-5　项目交付的流程

阶　　段	具体内容
计划阶段	在交付项目前,需要进行详细的计划。这个阶段需要确定项目的范围,确定可行性,确定时间表,预测潜在的风险和制定预算
执行阶段	在该阶段，项目经理需要按照计划开始交付项目。这个阶段的关键是监督，项目经理需要跟踪进度，以确保项目进度与计划相符，同时需要进行风险管理。
检查和整理阶段	在项目完成之前，需要对其进行检查和整理。为了保证项目的质量，需要进行评估和测试，并根据实际情况调整和优化项目规划
交付阶段	在确认项目的质量满足要求后，即可进入交付阶段。在此阶段，需要将项目的成果交给客户或利益相关者
收尾阶段	一旦项目已经完成，需要进行总结并结束它。这个阶段的关键是记录经验教训，以便更好地进行下一次项目

7.2.2　控制好项目交付范围

一个项目当进度、成本和质量确定后，就意味着该项目的交付范围也确定下来了。而交付范围是需要控制的，否则就会像决堤的洪水，无限漫延。控制项目交付范围就是让该项目的变化上下限变得可控，因为任何一个项目的范围都不是固定不变的，只有变化大小和程度而已。

因此，控制好项目交付范围是项目交付阶段至关重要的一步。项目经理必须密切关注项目进展情况，监测交付范围是否符合原计划，若不符合应及时采取纠正措施，确保最终交付成果符合相关要求和质量标准。

那么，项目经理应该如何做好项目交付范围的控制呢？方法有以下四个方面，如图 7-4 所示。

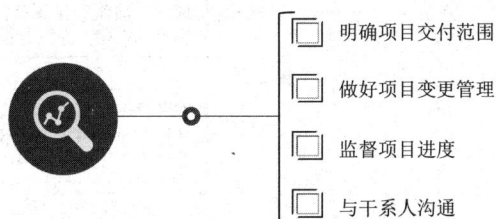

图 7-4 项目交付范围控制的方法

1. 明确项目交付范围

当项目开始短期内，项目经理及其团队要知道自己需要做什么，或者自己的职权范围是什么，并要考虑如何去完成这些工作。在项目开始之前，项目经理要明确定义项目范围和目标，这将有助于在项目执行期间保持交付范围的一致性和稳定性。同时，还应该制订一个详细的项目计划，明确可交付成果和文件的清单。

需要注意的是，作为项目经理不仅自己要清楚项目交付范围，还要不断向项目团队重申，并不断鼓励团队成员去与客户沟通，让客户能够识别和理解范围，知道何时发生变化、如何变化等，这是非常重要的。

2. 做好项目变更管理

项目执行过程中出现变更不可避免，但一定要避免未经批准的变更。如果变更不被记录、评估、批准和管理，可能导致项目逐渐偏离原始交付范围。因此，必须对变更进行管理，并确保在每个阶段或里程碑进行预估。

项目变更管理就是通过控制和管理项目中的变更请求，以确保变更发生时，能够正确认识、评估和批准每个变更请求，并及时有效地完成变更。项目变更请求管理的步骤，如图7-5所示。

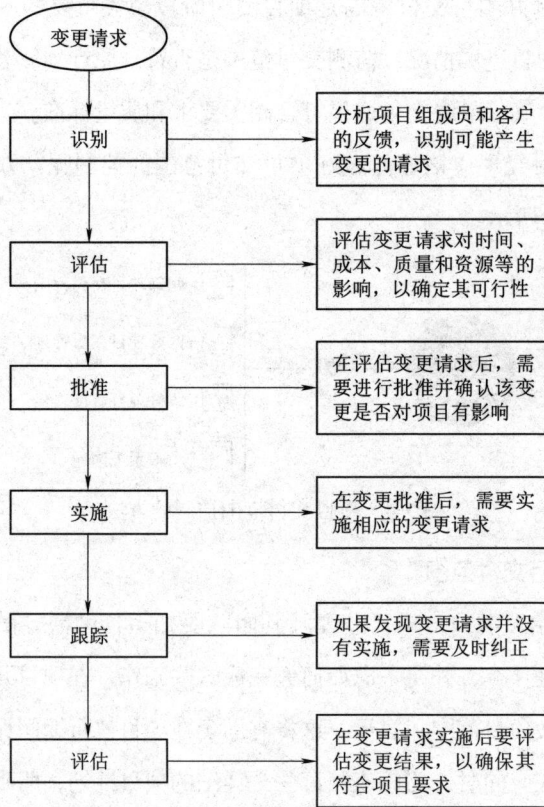

图7-5　项目变更请求管理的步骤

3. 监督项目进度

项目进度深刻影响着项目的最终交付，项目进度是保证按时、保质交付的重要前提。因此，项目经理需要认真监督项目的进度，一方面，可以督促执行者尽快完成预设任务；另一方面，一旦发现偏差，还可以及时纠正、调整。

监督项目进度的步骤如图7-6所示。

4. 与干系人沟通

项目交付范围的变化可能会影响到项目交付的成功率，所以，当项目交付范围如果出现变化，项目经理应该及时与干系人沟通，确保干系人明确当前的情况。最主要的是要认可项目组做出的调整计划。这是降低项目交付成功率的关键。

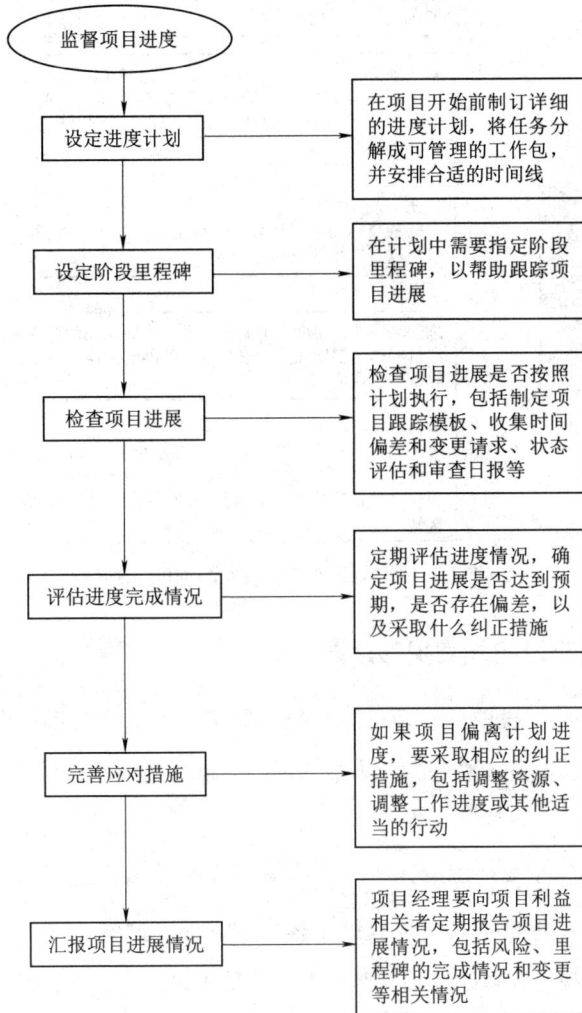

```
                    ┌──────────────┐
                    (  监督项目进度  )
                    └──────┬───────┘
                           ▼
                  ┌──────────────┐        ┌──────────────────┐
                  │  设定进度计划  │───────▶│ 在项目开始前制订详细 │
                  └──────┬───────┘        │ 的进度计划，将任务分 │
                         │                │ 解成可管理的工作包， │
                         ▼                │ 并安排合适的时间线   │
                  ┌──────────────┐        ├──────────────────┤
                  │ 设定阶段里程碑 │───────▶│ 在计划中需要指定阶段 │
                  └──────┬───────┘        │ 里程碑，以帮助跟踪项 │
                         │                │ 目进展            │
                         ▼                ├──────────────────┤
                  ┌──────────────┐        │ 检查项目进展是否按照 │
                  │  检查项目进展  │───────▶│ 计划执行，包括制定项 │
                  └──────┬───────┘        │ 目跟踪模板、收集时间 │
                         │                │ 偏差和变更请求、状态 │
                         │                │ 评估和审查日报等     │
                         ▼                ├──────────────────┤
                  ┌──────────────┐        │ 定期评估进度情况，确 │
                  │ 评估进度完成情况│───────▶│ 定项目进展是否达到预 │
                  └──────┬───────┘        │ 期，是否存在偏差，以 │
                         │                │ 及采取什么纠正措施   │
                         ▼                ├──────────────────┤
                  ┌──────────────┐        │ 如果项目偏离计划进   │
                  │  完善应对措施  │───────▶│ 度，要采取相应的纠正 │
                  └──────┬───────┘        │ 措施，包括调整资源、 │
                         │                │ 调整工作进度或其他适 │
                         │                │ 当的行动          │
                         ▼                ├──────────────────┤
                  ┌──────────────┐        │ 项目经理要向项目利益 │
                  │ 汇报项目进展情况│───────▶│ 相关者定期报告项目进 │
                  └──────────────┘        │ 展情况，包括风险、里 │
                                          │ 程碑的完成情况和变更 │
                                          │ 等相关情况          │
                                          └──────────────────┘
```

图 7-6　项目进度监督的步骤

与干系人沟通，是项目交付前，项目经理必须做的一项工作，图 7-7 为项目经理与干系人沟通的原则。

总之，项目经理必须就项目交付范围的变化情况，与干系人及时沟通，确保让干系人理解、接受这种变化，这将有助于提高项目成功率和减少不必要的冲突。

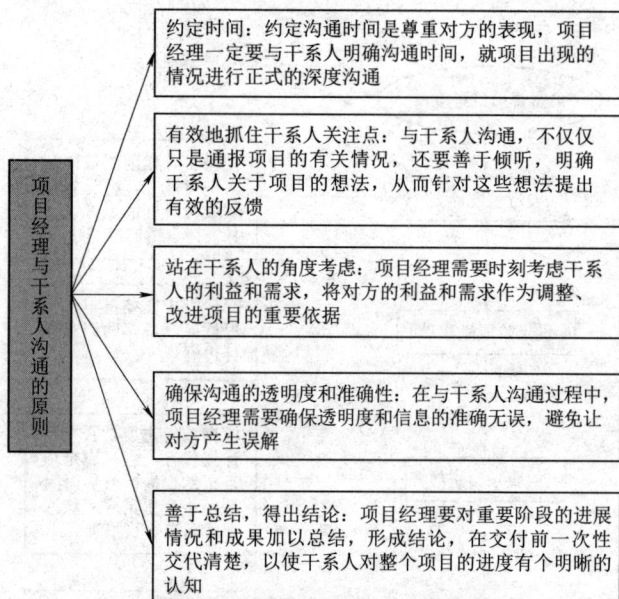

图 7-7　项目经理与干系人沟通的原则

7.2.3　项目交付阶段常犯的错误

在项目交付阶段项目经理可能会犯一些错误，这些错误将会导致项目质量下降、交付延迟及不必要的成本增加。以下是一些项目交付中，项目经理常犯的错误。

1.扩大或缩小客户需求

有些项目经理爱擅自扩大或缩小客户的需求，这就会导致项目交付成果与客户需求不符，导致的后果是客户拒绝接受成果，或不支付费用。因此，项目经理在项目开始之初就要明确客户需求，并在整个项目周期中进行反复沟通和确认，坚定不移地执行。

2.缺乏有效的交付计划

项目的交付是需要有明确计划的，这一点很多项目经理容易忽略。没有明确的交付计划，很多事情就无法明确，比如，项目结束时间，今天可以，明天也可以，这个月可以，下个月也可以；项目交付责任人，甲可以，乙也可以，如此随意，会导致项目在交付过程中出现各种隐患。因此，在交付前，制订交付计划是至关重要的。

3. 变更管理不当

项目执行期间的变更可能会导致交付范围、时间和成本的变化。针对这些变化，项目经理必须规范变更的流程，及时记录，并对变化做出评估，向上汇报，获取批准等。如果没有一个层次分明的流程，很有可能导致变更管理不当。

4. 不与利益相关者沟通

在整个项目期间，需要确保与所有利益相关者进行有效沟通和协调。如果未能考虑他们的需求和期望并及时回馈项目进展情况，将会导致项目的失败。

总之，在项目交付过程中避免这些错误的关键是严格按照项目管理的最佳实践去执行，保持高度的沟通与协作，及时记录、评估、批准和管理变更，并确保交付成果符合客户要求和质量标准。

7.2.4　项目交付之远程交付技巧

项目远程交付是一种灵活性较高的方式，可以让项目不受时空限制实现对客户的交付，同时也可以节省办公空间和设备成本。以下是项目远程交付的六个技巧。

1. 沟通与协作

在项目远程交付中，沟通与协作至关重要，它是团队协同工作的基础。项目过程交付沟通与协作的技巧，见表 7-6。

表 7-6　项目远程交付沟通与协作的技巧

技　巧	具体内容
建立沟通渠道	建立明确、高效的沟通方式，包括邮件、即时消息、电话、视频会议等。可以为每个项目建立专门的沟通平台或群组，以便团队成员可以随时获取项目信息，并及时回复消息

续上表

技　巧	具体内容
确定沟通时间	在项目启动之初，需要钦定每周或每月的固定时间，安排所有团队成员必须参加的会议，让大家能够汇报进展，商讨解决方案和沟通工作
明确沟通目标	在讨论问题时，需要明确沟通目标。这有助于团队更好地理解目标和实现目标的方法。请确保每个团队成员能够清楚地表述他们的意见和建议，而不是只发现问题

2. 时间管理

对项目远程交付来说时间管理至关重要，因为远程交付有时间差，而时间差会成为影响交付的重要因素之一。因此，项目经理进行项目远程交付，根据双方的时间安排，制订明确的交付计划，共同商定一个"共有时间"，并保留足够的时间来处理可能出现的突发情况。

那么，这个"共有时间"应该如何确定呢？其实并没有固定的方法，商定的灵活性还是很高的。关键是有利于问题的解决，而不要按照某一方正常的上班时间而定。

3. 风险管理

由于是隔时空的远程交付，较之传统的交付方式风险更多，因此，项目经理做好风险管理非常重要。

通过识别和管理项目远程交付中的风险，项目经理可以确保项目的成功，并将造成的影响降到最低。项目远程交付中的风险如图 7-8 所示。

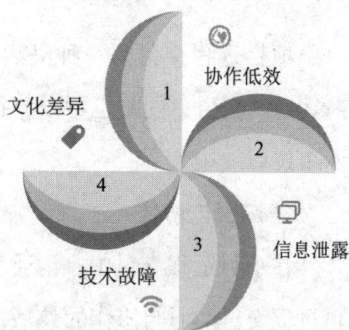

图 7-8　项目远程交付中的风险

①协作低效

远程团队由于分散在多个地点，可能会造成团队之间的沟通成本较高。为了解决这个问题，项目经理应该使用专业的在线协作工具，并建立明确的工作流程，让团队成员清楚职责和工作重心。

②信息泄露

远程交付对项目数据、团队成员的隐私等保护较差，因此，需要保证这些工具的安全性，例如，加密通信和数据备份等。同时团队成员应有足够高的安全意识，严格遵守企业、项目组制定的安全规定。

③技术故障

远程交付是依靠在线协作工具完成的，而协作工具最容易出现的问题是技术方面的，如果该工具没有可靠的、成熟的技术支撑，很有可能会影响到使用效果。因此，在使用前，技术人员需要对工具功能进行充分的测试，确保工具在某段时间内运作的可靠性。

④文化差异

远程团队之间由于空间地域的差异，可能存在文化上的差异。文化差异会影响到沟通和协作，进而造成交付失败。项目经理需要学习和理解这种文化差异，并将其应用于项目交付过程中。

4. 工具支持

项目远程交付必须借助在线协作工具，工具是实现与客户实时交流、顺利交付的必要保证。有许多在线协作工具可以帮助项目团队进行远程交付，常用在线协作工具如图 7-9 所示。

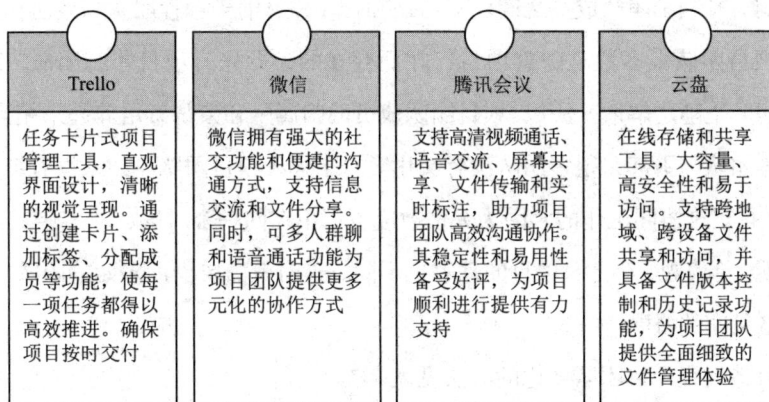

Trello	微信	腾讯会议	云盘
任务卡片式项目管理工具，直观界面设计，清晰的视觉呈现。通过创建卡片、添加标签、分配成员等功能，使每一项任务都得以高效推进。确保项目按时交付	微信拥有强大的社交功能和便捷的沟通方式，支持信息交流和文件分享。同时，可多人群聊和语音通话功能为项目团队提供更多元化的协作方式	支持高清视频通话、语音交流、屏幕共享、文件传输和实时标注，助力项目团队高效沟通协作。其稳定性和易用性备受好评，为项目顺利进行提供有力支持	在线存储和共享工具，大容量、高安全性和易于访问。支持跨地域、跨设备文件共享和访问，并具备文件版本控制和历史记录功能，为项目团队提供全面细致的文件管理体验

图 7-9 项目远程交付常用在线协作工具

5. 可视化展示

为了让客户能够更好地了解项目成功，远程交付可使用透明、可视化的方式展示项目。可视化展示主要是通过点、线、图、表等可视化元素，让提炼的知识、经验、思维有主次之分、详略得当，符合客户的阅读习惯。可视化常用图表类型包括流程图、循环图、层次图、关系图、棱锥图等，如图 7-10 所示。

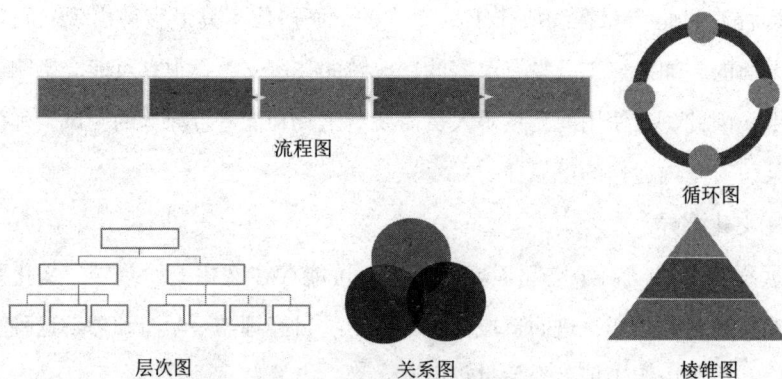

图 7-10   可视化常用图表类型

在具体表达上，也可以将多种元素进行拆分、融合，延伸出更多的形式。

6.团队建设

将传统项目团队转型为高效远程项目团队，离不开团队文化。文化就像黏合剂，有利于团队成员之间建立信任和合作，有助于远程团队高效协作。

项目团队大多数是随着项目存在而存在的，即先有项目才有团队，项目结束团队也随之解散。所以，项目团队成员的归属感和荣誉感培养起来相当难，而远程团队则更甚，很多团队没有文化。对于远程项目团队，如果没有统一的文化，是很难协同工作的。因为大多数成员都不在同一个时区、同一地域工作，人生观、价值观，甚至对项目的理解也不同。这时就需要借助多元的团队文化，加强队员间的协同。

打造远程项目团队文化的方法见表 7-7。

表 7-7   打造远程项目团队文化的方法

技　　巧	具体内容
设定共同目标和价值观	确保所有团队成员都明白项目的目标和愿景，并建立共同的价值观。鼓励团队成员分享他们的想法和利益，以建立更强的团队凝聚力

续上表

技　巧	具体内容
明确 角色和责任	为每个团队成员明确角色和职责，确保每个人都知道他们在项目中的作用和期望
鼓励开放 和透明的沟通	创建一个开放的沟通及反馈环境，确保每个团队成员都有机会表达自己的意见和感受，建立相互信任和尊重的关系
培育创造性 思维和创新	鼓励团队成员分享和实验新的想法、方法，并为他们提供支持和资源，帮助新的点子得以落地
建立团队精神	通过团队建设活动、定期会议和社交活动等方式，增加团队成员之间的互动，建立更加紧密的关系

　　这些方法可以帮助团队建立积极健康的文化，达到更高的产出和成员参与度，同时让成员享受愉快和满意的工作体验。

第 8 章

项目复盘：是结束，也是更好的开始

项目复盘是项目管理一个必要阶段，复盘的速度来决定了项目的优质度。复盘工作做得越好，项目质量越高。项目经理要充分利用该项目积累起来的实践经验，并将其运用到未来项目中，为下一个项目的成功奠定基础。

8.1　复盘：关键在于找出问题

复盘工作无论是对团队还是对个人都是十分有必要的，不但能总结以往工作的经验，而且能快速找出问题。其中找出问题是复盘工作的重中之重，通过问题发现工作的不足和改进的可能性。

8.1.1　项目复盘的 GRAI 思路

复盘也称复局，是围棋中的一个术语，原本是指对局完毕后重演该盘棋的记录，以检查对局中的优劣与得失。换句话说，就是把当时下棋的过程再重演一遍，并主动思考哪些地方走得好，哪些地方走得不好，哪些地方有待改进。

推演到项目中，复盘也是同样的原理，通常是指在项目或关键里程碑结束后，项目经理组织参与该项目的人员进行回顾和检验，以确定项目完成的质量、满意度，有哪些成功经验，存在哪些问题，以及计划改进。

优秀项目团队之所以能够生产出高质量的产品与服务，与项目经理善于做复盘有关。那么，项目经理应该如何做好复盘呢？首先要明确复盘的意义。项目复盘的意义如图 8-1 所示。

总结成功经验，形成组织过程资产

识别有价值的失败教训，避免再犯

项目复盘的意义

促成团队及团队成员开放合作的氛围

在复盘过程中提升团队成员的能力

图 8-1　项目复盘的意义

其次，要知道复盘的底层逻辑。复盘本质上就是针对某个事实进行陈述，并对事实进行诊断、分析的过程。

在这个过程中有四个重要节点：第一，"事实"是基础，明确当初做这件事的目标是什么，如果事实不清楚，将导致复盘后期的工作无法进行；第二，当目标确定下来后，陈述这件事情的过程，即达到预期目标是如何做的；第三，开始诊断、分析这样做的优劣势；第四，进行成功经验的总结，明白为什么会成功、哪些行为起了作用、这些行为有没有适用条件，对于推进后续项目有没有借鉴价值。

基于此，我们可以总结出复盘的基本思路，用 GRAI 复盘法可以完美总结。GRAI 是四个英文单词首字母的缩写，分别是 goal（代表目标回顾）、result（代表结果陈述）、analysis（代表过程分析）、insight（代表归类总结）。

GRAI 法在项目复盘中的体现见表 8-1。

表 8-1　GRAI 法在项目复盘中的体现

步　骤	具体体现
goal（代表目标回顾）	对自己的具体经历进行具体的回顾、梳理
result（代表结果陈述）	对比、分析、反思，找出此处事件中自己的利弊得失并分析其根本原因
analysis（代表过程分析）	举一反三，进行总结、提炼，得到一些经验或教训，这针对的是未来的一般原则或做法
insight（代表归类总结）	将得到的一般原则（经验教训）应用于未来实际行动

1. goal（代表目标回顾）

项目经理要认真回顾项目开始时的目标，将自己置身于当初情景，问问自己"为什么要做这件事？"以更好地明确项目的目标。

在这一步需要注意的是，初期的这个目标一定要符合 SMART 原则（见图 8-2），明确的、合理的、可衡量的，在一定期限内可实现的，否则，复盘得出的结论很难有说服力。

2. result（代表结果陈述）

将目标与结果对比，也就是将项目初期设定的目标，与最终取得的结果进行对比，让自己及每个参与成员清晰地看出目标与结果之间的差距，明确该项目最后是成功还是失败了，完成度有多高。

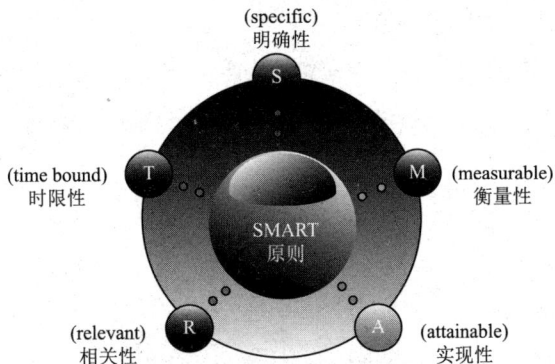

图 8-2 目标的 SMART 原则

这一步核心是预设目标的数据化。比如，某项目预期目标是覆盖全市 99% 的用户，但最终只覆盖了 90%。这样的结果肯定是不太满意的，项目经理在做对比陈述时，就要把结果好坏、满意度等都用数据表达出来。

3. analysis（代表过程分析）

收集到数据，对比出结果后，项目经理要做的就是分析造成这样结果的原因。对于较复杂的还要采用科学的方法，层层剖析。最常用的方法是头脑风暴法。

比如，对导致失败关键因素的分析，现场成员可以分为 A 和 B 两组，每组负责一个讨论项。

（1）讨论项用大号便利贴书写，一个讨论项写在一张大便利贴内。

（2）每个讨论项对应的原因，用中号便利贴书写，一张便利贴写一条失败原因。

（3）小组成员将讨论项和失败原因对应贴在复盘墙上。

同时，两组发表观点并相互设问：

第一，A 组派代表发表己方意见，B 组在倾听时，如果认为不合理可以随时发问，A 组成员可以根据 B 组的提问进行解释和反提问，最终得出一致的结论。

第二，B 组派代表发表己方意见，A 组倾听，同时可对认为不合理的地方发问，B 组其他成员根据 A 组的提问进行讨论。

4. insight（代表归类总结）

把分析得到的原因进行归类总结，分享出来，形成自己和团队未来工作的参考资料。最常用的归类总结法有树状图、鱼骨图等，这两种示意图如图 8-3、图 8-4 所示。

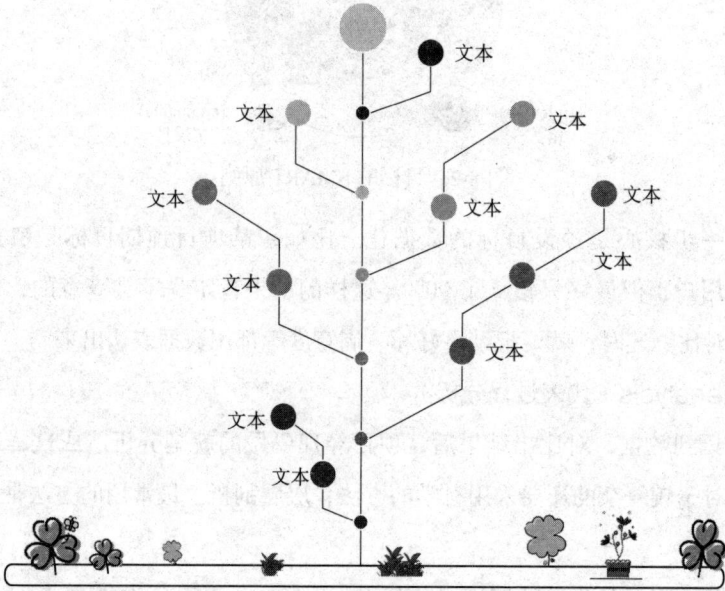

图 8-3　空白树状图示意图

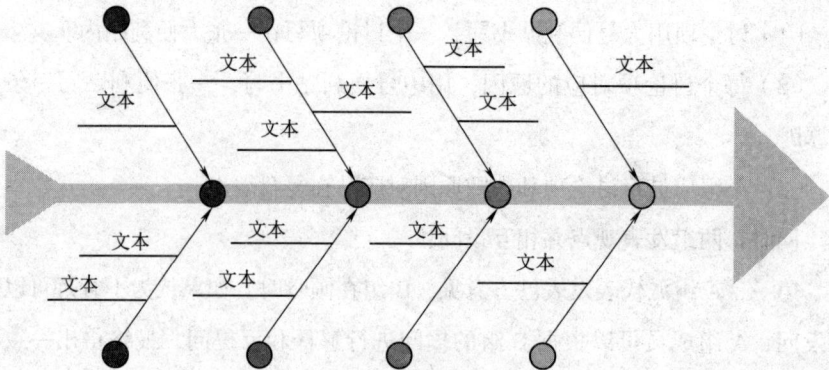

图 8-4　空白鱼骨图示意图

8.1.2 项目复盘的流程

项目复盘是针对已完成项目的一种有组织的回顾过程，需要做的工作非常多，如收集反馈意见，识别成功和失败因素，提出改进建议等。因此，需要严格按照一定的流程进行。项目复盘流程具体如下。

1. 组建项目复盘团队

项目复盘作为一种有组织的会议过程，需要先组建一个团队。项目复盘团队至少需要四类人，分别为组织者、引导员、复盘人员及记录人员，各个参与者的主要职责见表 8-2。

表 8-2　参与项目复盘的人员及其主要职责

步　　骤	具体内容
组织者 （会议主持人）	多为项目经理或者团队主管，对整个复盘的结果负责。主要职责包括明确复盘目标，组织复盘团队，确定复盘内容，确保复盘结果及经验的固化
引导员	多为 QA 或者其他角色。主要职责是支撑项目经理完成复盘。监督复盘过程，为复盘人员提供指导
复盘人员	多为项目团队成员和关键干系人，主要职责是积极参与复盘过程，为复盘提供经验教训
记录人员	详细记录复盘过程，总结纪要。跟踪复盘过程中的经验总结及复盘后的结果固化

2. 总结回顾项目过程

项目复盘重在过程的回顾，并根据过程回顾制作项目复盘表（项目复盘表模板见表 8-3），让参与者通过一张表，明确项目从立项到交付的整个过程，也作为未来方案改进的依据。

表 8-3　项目复盘表模板

主题		时间	
地点		参加人	
事件 / 活动概述			
回顾目标	评估结果	分析原因	总结经验
初期目的	亮点	成功原因	规律经验

续上表

当初的目标是什么（期望的结果）	与原来的目标对比（亮点）	成功的关键因素是什么（主观和客观）	不要轻易下结论，要反复思考，有行动计划
已达成的目标	不足	失败原因	行动计划
已达成的目标或里程碑	与原来的目标对比（不足）	失败的根本原因是什么（主观和客观素）	开始做什么（改进之策）停止做什么（无用之举）继续做什么（保留精华）

3. 明确复盘目标和范围

在回顾过程中，有一个重要环节不可忽视，也是重要前提，即明确复盘的目标、复盘的范围，以便将注意力集中在最重要的事情上。

同样可以用表 8-3 中的提问法，对现场所有参与人员进行提问。比如，"我们做这个项目的初心是什么?""原定要达到的目标是什么?"

同时，鼓励大家两两交流或者小组交流，明确目标后，接着归纳大家的发言，并书写在复盘表上。

4. 收集数据和信息

收集所有与项目有关的数据和信息，包括项目目标、项目计划、项目进程、项目执行结果、团队协作等方面。项目复盘数据和信息搜集途径如图 8-5 所示。

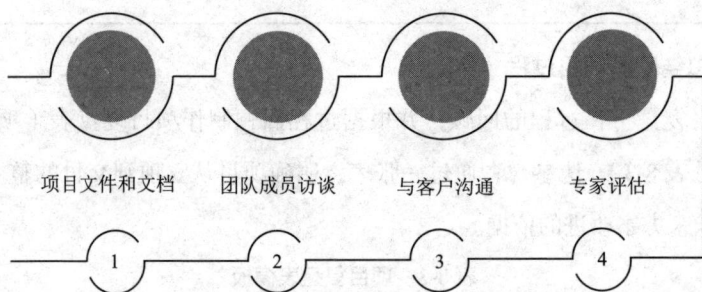

项目文件和文档　　团队成员访谈　　与客户沟通　　专家评估

1　　2　　3　　4

图 8-5　项目复盘数据和信息搜集途径

（1）项目文件和文档

收集项目计划、报告、会议记录、会议纪要、变更请求、决策、问题日志等文档，这些文档记录了项目整个生命周期中的各种事项，是项目复盘的重要资料。

（2）团队成员访谈

与团队成员一对一面谈，向他们询问项目过程中的关键事件、难点、成功因素和困难原因等。通过访谈收集成员对项目的看法和意见，可以更好地了解项目的实际情况。

（3）与客户沟通

与客户沟通收集客户对项目的反馈和意见，包括客户满意度、问题和挑战。客户的看法和需求对项目复盘也有很大的影响。

（4）专家评估

请专家对项目中的特定领域进行评估，例如财务、法律、市场营销、技术等。他们能够提供针对性的反馈和建议，帮助你更好地复盘项目。需要注意的是，以上途径并不全面，还可以通过其他途径获取更全面、准确的数据信息。

（5）识别问题，制订改进计划

在复盘过程中，识别出项目中存在的问题，比如，团队协作问题，包括沟通是否畅通、决策是否明晰等，这些都是保证项目进展的关键因素；再比如，项目风险评估问题，风险处理情况，判断处理措施是否有效，并将这些教训纳入未来的项目中。

同时，在识别问题的基础上，还需要进一步分析得出结论，并识别机会以增强在未来项目中的有效性。

这个环节最重要的一项工作是得出结论。结论是基于发现的问题而得出的，无论是行动计划、任务和责任分配，还是追踪机制的创建，都必须围绕已发现的问题。

完成上述步骤后，项目复盘就结束了。

8.1.3　一次性复盘和阶段性复盘

复盘，无关项目规模大小，小到一次几千元的小活动，大到百亿元千亿元投资的超大项目，都可以通过复盘来总结规律、提升水平。但大型项目与小微型项目的复盘流程是不一样的，大型项目采用的是分阶段复盘，小微型项目大多采用一次性复盘。

1. 大型项目，要分阶段进行

大型项目复盘一般是按阶段进行的，对于分阶段进行的大型项目，每完成一个阶段，就要对该阶段的工作进行及时复盘。当一个阶段的工作结束后，及时复盘可以第一时间发现问题和机会，为下一阶段做好准备。

下面结合一个 App 软件开发项目来分析，如何进行阶段性的复盘。

App 软件开发项目大致可以包括六个阶段，分别是项目目标、项目需求、项目设计、项目开发、项目测试、项目上线，每一阶段的具体工作如图 8-6 所示。

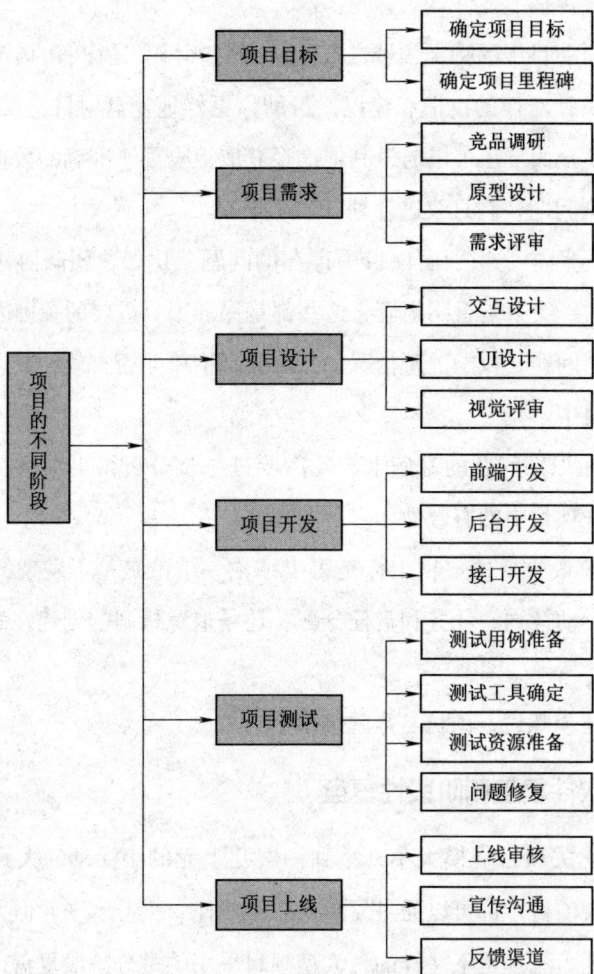

图 8-6　App 开发项目每一阶段的具体工作

（1）项目目标复盘

项目目标复盘主要是对项目初期预设的目标和主要里程碑进行复盘，这与项目进度和结果有密切的联系。所以，做目标复盘可以分两个阶段进行：一个是项目进度复盘；另一个是项目结果复盘。

项目进度复盘，即对项目的进度进行复盘，包括是否按照原计划交付时间交付？原计划的需求点实现了多少？哪些需求点没有按计划实现？每一个需求点延后原因分别是什么？哪些里程碑有延迟，延迟原因是什么？

项目结果复盘，即对项目已取得的阶段性结果进行复盘，包括项目中出现的意外，为什么会出现这些意外？用户对新增功能点的接受度与项目规划中的是否一致？

（2）项目需求复盘

即对项目对用户需求理解能力的复盘，包括是否提供完整的需求输出？包括原型、MRD、PRD、UML 等设计师、交互师、开发人员分别对需求是否明确？如果出现需求不明确的情况，将会严重影响项目的进度，这是否对用户和使用场景有清晰描述？

（3）项目设计复盘

即对项目各个功能设计情况的复盘，包括是否确定视觉设计的最终审核人？UI 设计产出是否符合统一标准？设计工作是否影响到开发工作的进度？影响原因是什么？产品设计工作在什么时候，由谁来完成？

（4）项目开发复盘

项目开发复盘是对项目开发阶段工作的详尽审视与深度归纳。这一过程不仅是对已完成任务的简单回顾，更是对项目开发过程深入探讨。通过这一复盘，项目管理者能够更为清晰地洞察这一阶段工作的亮点与不足，从而为后续工作提供宝贵的经验指引，确保项目稳步向前。

（5）测试阶段复盘

测试阶段复盘是对项目测试阶段进行全面评估与深入反思的重要环节。它涵盖了测试阶段的计划、使用的工具、测试的结果。通过这一系列的复盘总结出更有利于项目质量提升和持续优化的经验。

（6）上线阶段复盘

上线阶段复盘是对项目上线阶段进行全面审视与深入总结的必要步骤。在这一过程中，项目团队将回顾上线期间工作中取得的显著成就、遇到的挑战及发展规划，为项目的最终交付和长期发展奠定基础。

2. 小微型项目，一次性进行

对于小微型项目，比如几天，1 ～ 2 周即可完成的项目，可以采用一次性复盘的方式。因为复盘是有明确周期的，一般为日（周）复盘、季度复盘、半年（年度）复盘，日（周）复盘是短期的，如果项目最长完成周期在两周之内，做一次复盘即可。

一次性复盘比较简单，往往通过一次会议就可以解决绝大部分事情。操作方法也很简单，思路与大型项目复盘的雷同，图 8-7 为一次性复盘的步骤。

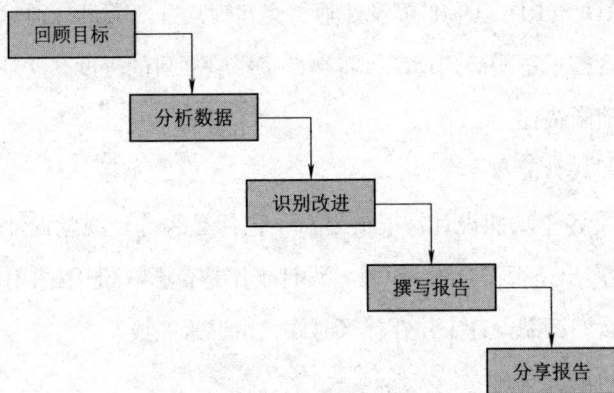

```
回顾目标
    │
    ↓
  分析数据
      │
      ↓
    识别改进
        │
        ↓
      撰写报告
          │
          ↓
        分享报告
```

图 8-7　一次性复盘的步骤

在这里最关键的是最后两步，撰写项目复盘报告、分享复盘报告并采取行动。在项目复盘工作完成后需要将结果撰写成复盘报告，简明扼要地介绍项目背景、目的，总结成功经验、失败因素，提出改进机会和建议，并形成可操作性的复盘计划。同时，将报告分享出去，并根据形成的计划采取相应的行动。

总之，一次性复盘是小微型项目重要的方法，可以帮助项目经理及团队深刻理解项目的过程和结果，为未来的项目提供宝贵经验。

8.1.4　撰写项目复盘报告

复盘不是结束，而是新的开始，比复盘更有意义的是复盘后的总结。人的选择无法超越自己的认知，当时做的每个选择都是局限于当时那个时候所能做出的最好选择，这些选择可能不完美，但通过复盘可以不断提升，不断优化。

撰写项目复盘报告目的有两个：一是向上报告，向领导展示项目成果，以及项目的价值；二是总结反思，为后续项目更好地打下基础。那么，如何写好项目复盘报告呢？可以按照以下四个部分进行，如图 8-8 所示。

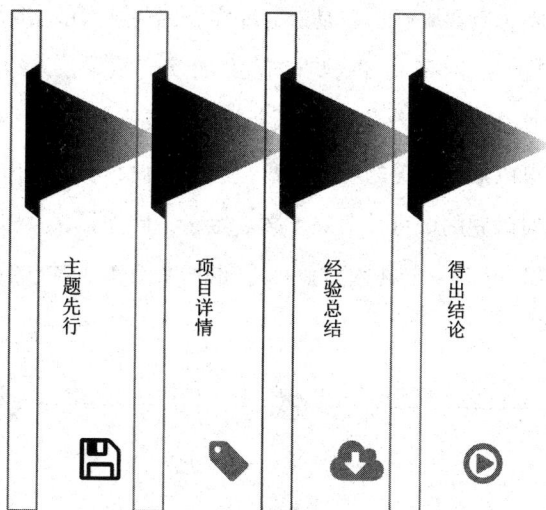

主题先行　　项目详情　　经验总结　　得出结论

图 8-8　项目复盘报告的四个部分

1. 主题先行

主题先行，即在报告开头要明确阐述主题，让参与项目的每个人知道报告的主题是什么，而且其意义十分重大，这有助于大家对后面内容的理解。

那么，具体如何做到主题先行呢？这里需要精心设计开场白。在开场白的设计上，会用到一个特殊模型：SCQA 模型，具体含义如图 8-9 所示。这是一个"结构化表达"工具，是麦肯锡咨询顾问芭芭拉·明托提出的，运用场景十分广泛，广告文案、演讲开场等。

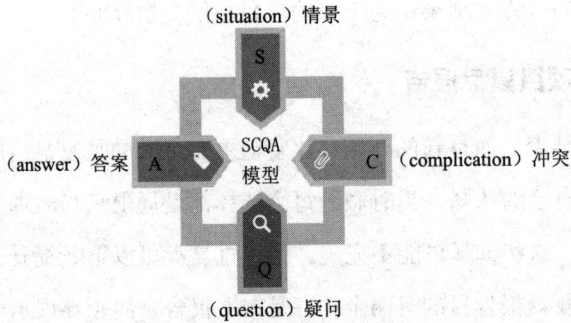

图 8-9　SCQA 模型的含义

S 是陈述项目中大家熟悉的、普遍认同的事件及其事件发生的背景，目的是让大家产生共鸣，有代入感；C 是引起冲突，因为项目的实际情况与预期往往有很大不同；Q 是发出疑问，即根据前面的冲突，从干系人的角度提出所关心的问题；A 是对问题的解答，A 也是项目报告所要表达的中心思想。

SCQA 模型可以形成完美的项目复盘报告开场白，不但点出了项目中存在的问题，还有针对问题的可行性解决方案。鉴于不同项目，具体情况不同，在运用 SCQA 模型时也不一定必须按照四个部分来操作。SCQA 模型的 4 种变形，如图 8-10 所示。

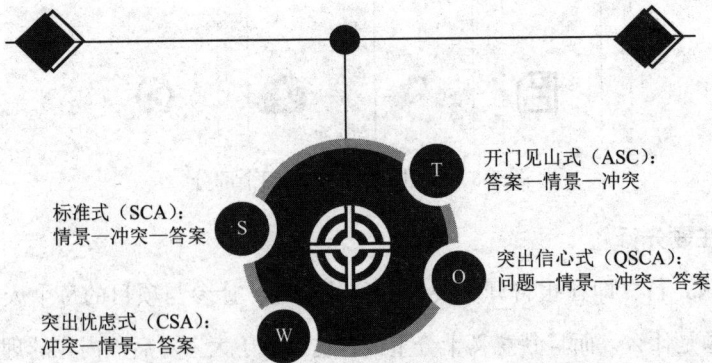

图 8-10　SCQA 模型的四种变形

以标准式（SCA）为例：这个项目的客户是 ×× 提出的，目前市场上没有同类产品，所以，没有可参照的项目，在艰难摸索下做成了项目，甲方非常满意，已介绍 × 个新客户给我们。

2. 项目详情

在阐述项目详情时重点抓住三个部分，分别为项目范围与最终目标、重要成果、项目参与人员。

（1）项目范围与最终目标

项目范围和最终目标是做项目规划时就需要确定好的，项目复盘报告上也要填写，并与项目结束后真实情况的对比。

比如，哪些范围发生了改变，是什么原因导致的，这些改变是否影响最终目标的实现；如果影响，要进一步分析原因。

（2）重要成果

在报告中要罗列出项目结束时，已经取得的所有重大成果，不需要详述过程，特别重要或有特殊需求的除外。

（3）项目参与人员

对于项目参与人员，包括团队成员，也包括项目干系人的介绍不仅仅是基本性介绍，还要介绍这些人取得的个人成就、突出贡献，有重大贡献的要多奖励，换句话说，就是激励机制要到位。比如，有些人付出很多，但结果不是很好或者在结果上无法完全体现，那就要着重阐述对方在过程中的贡献。

另外，对于干系人也要突出成果，比如客户某某，给予了什么帮助，在哪方面推动了项目的进行。

3. 经验总结

项目报告中的经验总结部分应涵盖的三个内容：即项目效果的综合评估、项目执行可借鉴的内容和应规避的内容。详细内容见表 8-4。

表 8-4　项目报告经验总结部分应涵盖的三个内容

内　　容	具体解释
项目效果的综合评估	突出比较成功的地方，成功点的证明需要通过对企业内外类似项目的对比。比如，类似项目的对比，市场上其他类似项目的对比。当然也要注意细节，比如，运用什么指标、采用什么数据，设置什么权重等
项目执行可借鉴的内容	项目执行过程中值得未来项目参考的方面
项目执行应规避的内容	项目执行过程中应当规避的方面

4. 得出结论

很多人看完或听完一长串的项目复盘报告之后，会记不清前面的内容。这时，就需要在结尾处做一个总结式的结论，以帮助参与者清晰地回忆项目的内容。

结论是项目复盘报告中是一段简短的文字，用于概述项目目的、方法和结果。一般包括项目背景、项目目标、项目过程、项目结果、未来展望等，具体内容见表 8-5。

表 8-5　项目报告"结论"部分包含的四个内容

内　　容	具体解释
项目目标	对于该项目的目标进行简单的描述和概括，让读者明确该项目的主要任务
实施过程	对于该项目的具体实施过程进行简要的描述，包括项目的计划、实施时间、人员配备、技术方案等
项目成果	对于该项目所取得的成果进行简要的总结，包括效益、经济效益、社会效益，并且要突出表现出这些成果对企业的意义
未来展望	对于未来该项目的发展前景进行简单展望，提出进一步的完善和发展方向，以便能够持续追求卓越的贡献

8.2　改进：通过问题盘点，进行工作改进

持续改进是项目管理的重要一环，具体包括两个方面：一方面，针对成功经验；另一方面，针对失败原因。前者是精益求精，为了更好地应对未来不确定因素给项目带来的压力；后者是规避风险，避免在未来的项目中犯同样的错误。

8.2.1　针对成功经验，进行淬炼优化

当一个项目结束并取得较大成果时，不仅意味着当前该项目的胜利，很多时候还有助于企业在特定领域获得可持续性竞争优势。那么，如何让这种优势继续下去，成为企业"取之不尽，用之不竭"的资源呢？

这就需要针对成功经验，进行淬炼，然后再建立能力模型，形成约定俗

成的东西，统一推广下去。

1. 经验淬炼

经验萃取的方法主要靠深度访谈，深度访谈一般包含四个阶段，如图 8-11 所示。

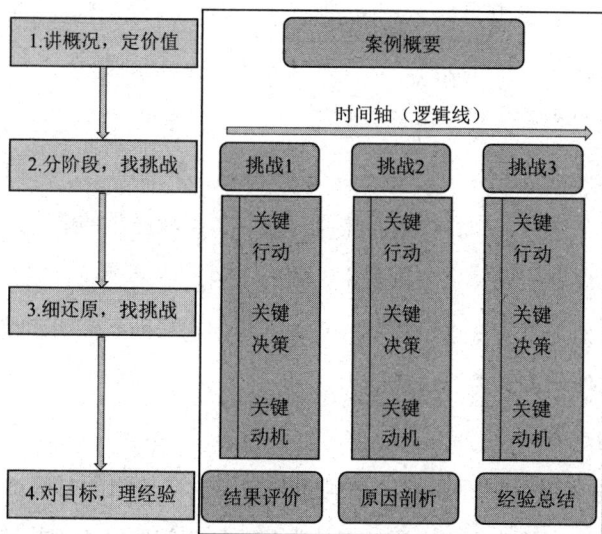

图 8-11 深度访谈的四个阶段

（1）讲概况，定价值

简要介绍访谈活动的整体概况（包括时间、地点、人物、事件、起因、经过、结果），以建立双方对访谈的整体认识，快速判断是否符合要求。需要注意的是，如果是指定的主题，有明确要求，可以不按照以上要求一一介绍。

（2）分阶段，找挑战

按照时间或逻辑顺序，将主题划分为若干个阶段，并找出完成整个活动或每个环节的主要挑战（关键行动点、决策点和动机）。这个阶段的难点是找挑战，只有找准挑战才能抓住访谈的重点，萃取到真正有价值的经验。

（3）细还原，深剖析

深度访谈要善于还原细节，比如，还原一下当时具体是怎么做的，为什么这么做，成效如何等，并在此基础上进行多维剖析。还原是基础，多维剖析才真正有价值。通过多维剖析关键决策和关键行动，可以挖掘，并提炼优秀人才的隐性特点。比如，如何识别判断问题、如何定义目标、如何选择行动模式等。

（4）对目标，理经验

这个阶段主要是以目标为导向，对优秀人才传授的经验、知识进行客观理性的梳理、评价，分析成功之处、失败之处及各自原因。

2. 能力规划与能力模型的深入解析

在日益复杂多变的工作环境中，企业和个人都面临着巨大的挑战。为了更好地管理整个项目，项目管理者需要对自己、团队成员的能力进行精心规划和构建。能力规划不仅关乎个人职业生涯的成败，更是企业长期发展的重要保障。而能力模型则是实现这一规划的基础工具，它帮助我们明确需要什么样的能力，以及如何培养和提升这些能力。

（1）能力规划

随着企业在项目管理上的优秀程度的提高，在较短的时间内，利用较少的资源而执行较多的工作，这样的好处十分明显。问题是组织能够承担多少工作？为了解决这个问题，目前大多数公司都致力于建立能力模型，进而分析在现有的人力、物力的条件下能承担多少新的工作量。在进行能力规划时，需要考虑的因素应该包括人力资源、时间、设备、现金流、技术等多方面的因素。

（2）能力模型

在未来，企业可能将用能力模型来代替工作描述。项目管理中工作描述倾向于强调可交付成果及来自项目经理的期望，而能力模型侧重的是为获得这些可交付成果而需要的技能。

根据美国著名的制药公司礼来制药公司的能力模型，其项目经理具备三个方面的能力：科学技术技能、领导才能、工艺技能。

引入能力模型概念的一个好处就是能使培训部门开发定制项目管理培训计划来满足技能要求。没有能力模型，大多数培训计划都是空泛的，而非定制的、有针对性的。同样，能力模型还可以使组织更容易开发出一整套培训系列课程，而不是某一种单一的课程。

所以，要想保持持续竞争力，就必须按照以上操作持续改进，保持竞争优势，不断应对新挑战。

8.2.2 针对失败原因，制定改进措施

很多项目经理在做复盘总结时，往往只讲成绩，刻意回避不足。实际上，应该更注重失败经验的总结，重视对项目的改进。应该花更多时间评估未来的风险，而不应该关注过去的成绩。

具体措施有以下三个，如图 8-12 所示。

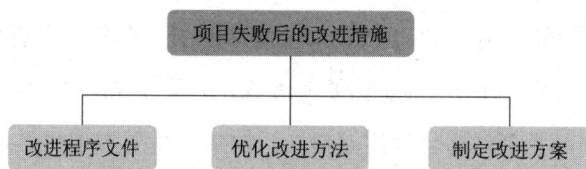

图 8-12 项目失败后的改进措施

1. 改进程序文件

程序文件即为便于项目改进的一系列文档，可以是程序、表格和检查表，也可以是指导方针、政策或这些东西的组合。好的程序文件将加快项目走向成熟，极大地改善项目沟通，促进各层次的改进工作。

之所以要开发有效的程序文件，是因为项目改进是一个动态化的过程，具有多功能的内涵，项目经理或团队需要大量科学、规范性文件，指导项目的改进工作。尤其对于大项目，只有单一的政策、制度是不够的，还需要有一个系统的程序化框架。程序文件就是在这个框架中使每个政策、制度能够在项目生命周期内，与相关的职能部门一致，保证与来自各部门的负责人精通合作、相互沟通。

开发有效程序文件有一个最简单的方法，就是利用工作分解结构。以项目主要生命周期阶段为主线，将主要的程序性类别进行组织，然后再将每一类细分为指导方针、政策、程序、表格和检查表。

这种做法多适用于大型项目，需要注意的是，这种方式由于需要增加人力投资，很可能会导致额外的问题，比如，产生新的工作接口问题，增加额外的管理费用，所以如果没必要，要尽力减少政策、程序的分层。

2. 优化改进方法

好的项目管理方法可以大大增加项目经理在项目改进方面成功的可能性。在项目改进中，要想有条理地进行，节省时间和预算成本，就需要采用正确的方法，理性地、框架化地来组织项目进展。

没有方法，项目改进就是空谈。随着项目管理理论的成熟，已经形成了很多改进方法。比如，逐层向下法、敏捷法、关键路径法、计划评审技术法等。然而，考虑到时间、预算和资源等因素的限制，并不是每个方法都适合任何项目。当决定采用某一种方法时，需要考虑该方法是否符合项目的实际情况。

例如，产品类项目适合运用敏捷法。这类项目要求项目经理有敏锐的用户视角，用户的购买行为直接受产品好坏的影响。所以，在运作产品类项目时，项目经理要尽可能多地获得用户需求样本，量越大，对产品在设计和研发阶段的工作越有帮助。敏捷法中的问卷调查、头脑风暴、抽样、焦点小组引导等，都有助于快速而精准地获取用户需求样本。

另外，在选择方法时，还要看该方法与主管该项目的企业文化是否匹配。一个方法能否真正在项目改进中发挥作用，关键是它对文化的适应性。企业文化是项目团队内部核心价值观和信仰体系形成的源泉，它会对项目改进效果产生非常大的影响。因此，项目改进方法应该与主管企业文化高度匹配，并根据自身情况做出适当的调整。这将有助于确保项目有效地满足改进的需求，并促进项目目标的进一步实现。

3. 制定改进方案

项目改进方案即通过对项目进行全面评估，明确问题、识别瓶颈，建立对应的改进计划，为项目改进顺利完成提供有效的支持。好的改进方案可以帮助项目经理、项目团队及管理层更好地了解项目当前存在的问题，并采取有效的措施进而解决问题。

一个有效的项目改进方案包含以下五项内容，见表8-6。

表 8-6 有效改进方案包含的内容

内 容	具体解释
问题分析	对现有的项目流程和实施过程进行分析，明确存在的问题，比如，时间安排不合理、资源调配不足等
目标设定	设定具体的目标，通过对已有问题的改进，达成预期的项目目标，比如，提高项目质量或降低项目成本
改进措施	制定可行的改进措施，根据识别出的问题和已经设定好的目标，设计出适合的方案，比如，调整工作流程、改善沟通机制等
实施计划	制订详细的实施计划，包括改进计划实施的时间点、责任人、实现方式、成本和效益评估等
跟踪和评估	实施改进计划后，需要对其实施效果进行跟踪和评估，以便及时调整和改进

通过项目改进方案可以更好地把控项目进度、质量和成本，并提升项目改进成功的可能性。同时，也能从改进工作中不断总结经验，提升整体水平。

总之，对失败项目的改进，需要综合考虑流程、制度、方法和实施方案等多方面的制约，只有全面提升和优化，才能保证项目的改进效果。

项目管理中常用的工具

很多图形工具可以使项目管理更高效。对于项目经理而言，这些都是十分有用的工具，可以令项目各阶段的工作可视化。

1.1　甘特图

甘特图是一种以条形图来反映项目任务开始时间、完成时间的一种表格，表中主要内容是项目任务，将一个大型任务按照时间划分为若干个小任务，并有条理地展示，以便分阶段、有计划逐个完成。任务可能循序渐进，也可能并行，时间有重叠，重要的事项也标记出来，作为一个里程碑。

每个任务都有任务名称，开始时间、结束时间，项目进度所用天数，一般以条形图表示。甘特图模板如附图 1-1 所示。

序号	项目名称	开始时间	结束时间	项目进度天数							天数
				1月1日	1月5日	1月10日	1月15日	1月20日	1月25日	1月31日	
1	项目名称1	1月1日	1月7日								7
2	项目名称2	1月6日	1月12日								6
3	项目名称3	1月6日	1月20日								14
4	项目名称4	1月12日	1月21日								11
5	项目名称5	1月5日	1月16日								9
6	项目名称6	1月16日	1月29日								13
7	项目名称7	1月24日	1月31日								7
8	项目名称8	1月5日	1月9日								4
9	项目名称9	1月14日	1月22日								8
10	项目名称10	1月2日	1月14日								12
11	项目名称11	1月10日	1月25日								15
12	项目名称12	1月21日	1月31日								10

附图 1-1　甘特图模板

从附图 1-1 中可以清晰地看出每个阶段的子任务是什么，以及任务何时开始、何时结束。可视化呈现可以轻松地了解一个项目每个阶段会发生的事情，从而便于跟踪项目的进程。

1.2　项目评价和评审技巧图（PERT 图）

项目评价和评审技巧（project evaluation and review technique，简称 PERT）。这是一种在项目实施阶段，用于计划、安排和跟踪整个项目行程的常用工具。

附图 1-2 展示的便是一个 PERT 图的例子。方框代表项目任务，可以通过调整方框中的内容反映各种项目属性，例如，进度和实际的开始和结束时间。箭头代表一个任务依赖于另一个任务的开始或完成。

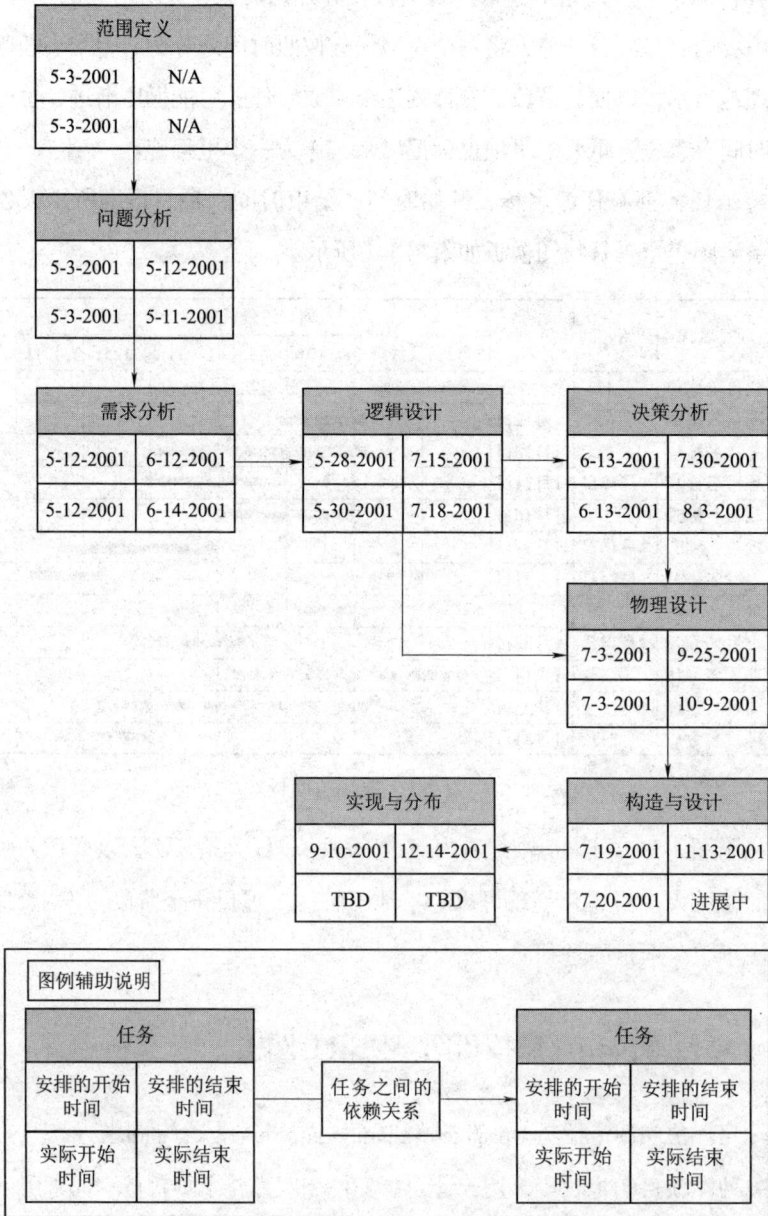

范围定义	
5-3-2001	N/A
5-3-2001	N/A

问题分析	
5-3-2001	5-12-2001
5-3-2001	5-11-2001

需求分析	
5-12-2001	6-12-2001
5-12-2001	6-14-2001

逻辑设计	
5-28-2001	7-15-2001
5-30-2001	7-18-2001

决策分析	
6-13-2001	7-30-2001
6-13-2001	8-3-2001

物理设计	
7-3-2001	9-25-2001
7-3-2001	10-9-2001

实现与分布	
9-10-2001	12-14-2001
TBD	TBD

构造与设计	
7-19-2001	11-13-2001
7-20-2001	进展中

图例辅助说明		
任务		
安排的开始时间	安排的结束时间	任务之间的依赖关系
实际开始时间	实际结束时间	

任务	
安排的开始时间	安排的结束时间
实际开始时间	实际结束时间

附图 1-2　PERT 示意图

PERT 图与甘特图有很多类似的功能，比如，可以展示任务划分、时间分配和开始、结束日期。但它不像甘特图是用条形代表任务的，而是用关系模型展示，用方框代表任务，箭头代表任务之间的关系。

PERT 图的优势是各个子项目、任务之间的关系比甘特图更加明显，缺点是任务较难跟进，对于有太多交叉和关联的任务，比较难跟进。

1.3 日历

日历与甘特图、PERT 图一样，都是一项个性化较强的项目管理工具，更加适合项目经理用于个人时间管理，能帮助其更好地管理每天、每周或每月的时间行程。

日历模板如附图 1-3 所示。

附图 1-3 日历模板

日历优势在于可添加诸多待办事项，以提醒项目经理时刻要做的事情，确保每项工作能在截止日期前完成。

1.4　WBS 图

WBS 图工作分解结构,是项目管理的重要工具之一,以可交付成果为导向,对项目要素向下分解,同时定义了项目的整个工作范围,每下降一层代表对项目更细分的定义。

具体是按照"项目→任务→工作→日常工作"的路径进行的。即将一个项目按一定的原则进行分解,项目分解成任务,任务再分解成一项项的工作,一项项工作再分配到每个执行者的日常工作中,直到分解不下去为止。

WBS 处于计划过程的中心,通过分解可以让项目执行团队中每个人都能轻松理解 WBS 项目不同层次的工作。同时,也可以为制订进度计划、资源需求、成本预算、风险管理计划和采购计划等提供依据。

工作分解结构表(WBS)模板见附表 1-1。

1.5　里程碑

项目里程碑是管理项目进展情况的一种方式,用于计划、调度、跟踪和沟通项目管理的进程。标志着上一个阶段结束、下一个阶段开始,对整个项目目标的实现有重要的引导作用。

里程碑有明确的任务起止点或重要的事件,这些时间点或事件标志着项目中的重要时刻。里程碑是甘特图的组成部分之一,在项目进度表中看到,主要用于起步阶段、结束阶段、计划中的固定日期。

以某地产项目为例,在整个项目过程中,里程碑清单模板(举例)如附图 1-4所示。

转换成表格见附表 1-2。

附表 1-1　工作分解结构表（WBS）

一、项目基本情况

项目名称	T 客户考察公司	项目编号	T0808
制作人	张三	审核人	李四
项目经理	张三	制作日期	2023/2/8

二、工作分解结构（R—负责—responsible；As—辅助—assist；I—通知—informed；Ap—审批—approve）

分解代码	任务名称	包含活动	工时估算	人力资源	其他资源	费用估算	工期	张三	李四	王五	赵六	吴七	刘八	张九
1.1	邀请客户	提交邀请函给客户	0.5	2			1	I	AP	R	I	I	I	I
1.2		安排行程	2	3			2	R	AP	AS	I	I	I	AS
1.3		确认客户行程安排	0.5	1			1	I	AP	R	I	I	I	I
2.1	落实资源	安排高层接待资源	1	2			1	R	AP	AS	I	I	I	I
2.2		安排参与座谈人员	2	6			2	AP	I	I	AS	AS	R	I
2.3		确定总部参观场所	0.5	4			1	AP	I	I	AS	AS	R	I

续上表

分解代码	任务名称	包含活动	工时估算	人力资源	其他资源	费用估算	工期	张三	李四	王五	赵六	吴七	刘八	张九
3.1	预订后勤资源	预订国际机票	0.5	1	机票6张	1.2万元	1	AP	I	AS	I	I	I	AS
3.2		预订酒店	0.25	1	酒店房间6间	3.5万元	1	AP	I	AS	I	I	I	R
3.3		预订交通车	0.25	1	2辆车×7天	1.5万元	1	AP	I	AS	I	I	I	R
3.4		预订用餐	0.5	1		2万元	1	AP	I	AS	I	I	I	R
3.5		预订观光门票	0.5	1	门票6套	1万元	1	AP	I	AS	I	I	I	R
4.1	实施考察接待	启程	1	3			1	I	AS	R	I	I	I	AS
4.2		展厅、生产线、物流参观	0.5	6			1	AS	AS	AS	I	R	AS	AS

续上表

分解代码	任务名称	包含活动	工时估算	人力资源	其他资源	费用估算	工期	张三	李四	王五	赵六	吴七	刘八	张九
4.3	实施考察接待	实验室考察	0.5	3			1	I	I	AS	I	I	R	AS
4.4		样板点考察	1	4			1	I	I	AS	R	I	AS	AS
4.5		系列座谈	2	20			2	R	AS	AS	AS	AS	AS	AS
4.6		观光	1	2			1	I	I	AS	I	I	I	R
4.7		返程	1	2			1	I	AS	R	I	I	I	I
5.1	后续事宜跟踪	座谈交流问题点落实	3	6			3	R	AS	AS	AS	AS	AS	I
5.2		代表主管回访	0.5	2			1	I	R	AS	I	I	I	I
5.3		代表反馈考察效果	0.5	1			1	I	AP	R	I	I	I	I
5.4		提交总结报告	1	3			1	R	AP	AS	I	I	I	AS

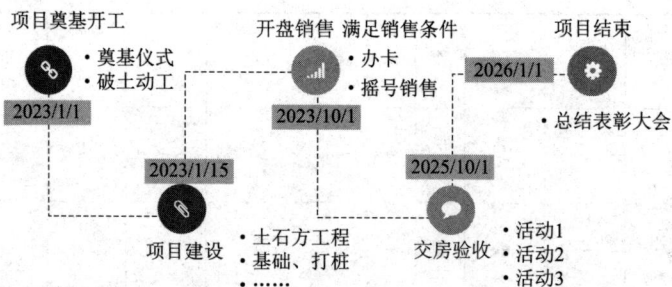

附图 1-4　里程碑清单模板（举例）

附表 1-2　里程碑清单模板（举例）

日　　期	里程碑事件	具体内容
2023/1/1	项目奠基开工	奠基仪式，破土动工
2023/1/15	项目建设	土石方工程、基础、打桩……
2023/10/1	开盘销售	满足销售条件、办卡、摇号销售
2025/10/5	交房验收	活动 1、活动 2、活动 3
2026/1/1	项目结束	总结表彰大会

1.6　思维导图

　　思维导图是一种结构化思考的高效工具，可以帮助我们理清思绪，重塑更加有序的知识体系。运用图文并重的技巧，把各级主题的关系用相互隶属与相关的层级图表现出来，把主题关键词与图像、颜色等建立起记忆链接。

　　思维导图在工作或生活中的运用场景很多，同样，在项目管理中也是一个十分高效的工具。与其他项目管理工具不同，思维导图没有固定模板，它只需要建立一个核心关键词或想法，便可以以辐射线形连接所有的代表性字词、想法、任务或其他关联项目。在表现方式上也相对更灵活，既可以做成树状结构，将大项目一级级分解成小任务，也可以制作成清单，记载待办事项。

　　更重要的是，在思维导图中还可以插入图片，链接文件，随意增加或隐藏分支，凸显某个部分，这些都是其他工具做不到的。

思维导图通用模板如附图 1-5 所示。

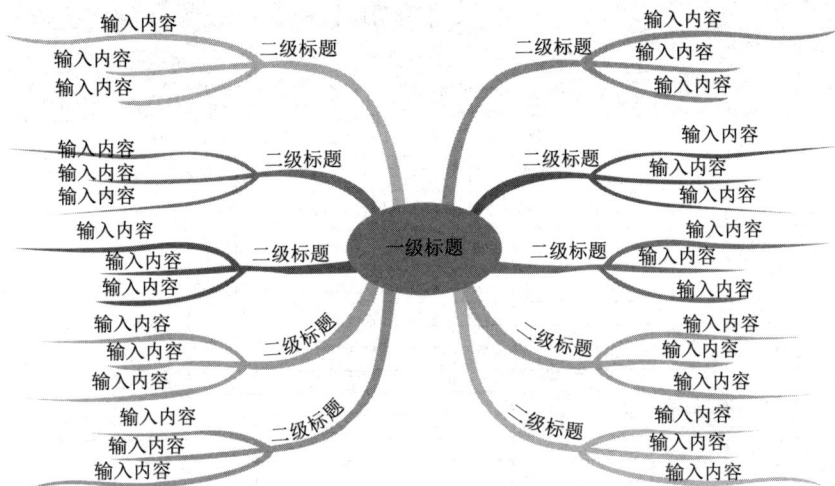

附图 1-5　思维导图通用模板

1.7　工作进度跟踪表

项目状态表用于记录和跟踪项目中各个任务的执行情况，并在表格中展示出来，以便项目负责人和团队成员随时掌握项目进展情况。

表格中可以包括任务名称、负责人、计划开始时间、计划结束时间、实际开始时间、实际结束时间、进度完成率等信息，还可以加入颜色标记或图表展示等功能，以便直观地呈现数据。工作进度跟踪表见附表 1-3。

1.8　HOQ

HOQ 是质量屋（house of quality）的英文首字母大写，用于界定顾客需求和产品功能之间的关系，是一种将客户需求转化为产品设计要求的工具。多用于质量功能配置，促进团队决策，旨在将客户需求和产品设计要求转化为产品特性、质量目标。

HOQ 把很多矩阵和图表组合成一张大的图，像房屋一样，如附图 1-6 所示。

附表1-3 工作进度跟踪表

工作进度跟踪表

最新日期:		2024/5/5							
统计		序号	工作安排				进度跟踪		
			工作内容	程度	责任人	期限日期	进展进程	状态	超时/天	未完成说明
已完成	1 件	1	工作1	紧急	张三	4月3日	进展到××程度	已完成	1117	
进行中	2 件	2	工作2	一般	李四	4月14日	进展到××程度	未完成	1116	跨部门协调阻力
待 办	1 件	3	工作3	一般	王五	4月20日	进展到××程度	进行中	1110	
未完成	1 件	4	工作4	一般	张三	4月25日	进展到××程度	进行中	1105	
未完成 1		5	工作5	一般	李四	4月25日	进展到××程度	待 办	1105	
待 办 1										
进行中 2										
已完成 1										
0 5										

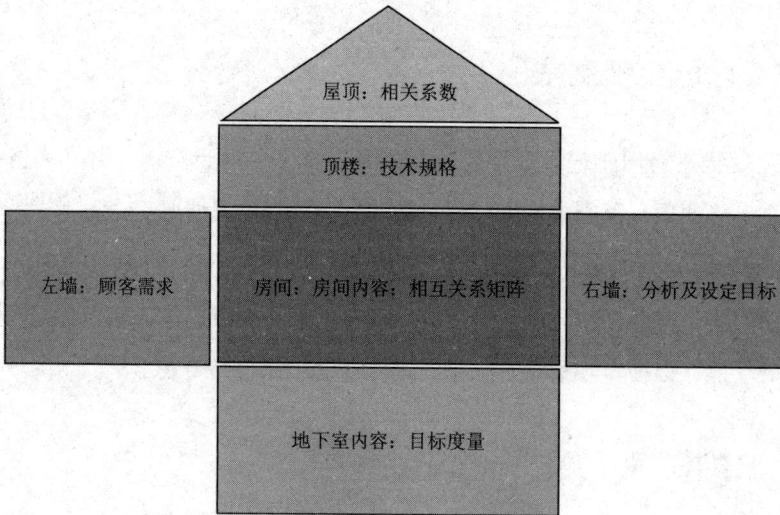

附图 1-6 质量屋构造

屋顶：相关系数

顶楼：技术规格

左墙：顾客需求 房间：房间内容：相互关系矩阵 右墙：分析及设定目标

地下室内容：目标度量

质量屋的构造始于分析顾客需求，写在矩阵行里。矩阵中是产品或服务的重量特性，矩阵中心和边缘是这组信息的关系，指导新设计的决定。作为结果，顾客需求被转化为产品或服务的技术规格，从而使得设计能够最大化顾客的满意度。

因此，在 HOQ 中首先将客户需求进行整理和归纳，然后把它们转换为产品特性，并与产品设计要求相匹配。在 HOQ 模型中，设计团队可以根据客户需求和技术要求的相互关系来确定产品设计方案，并对设计方案进行优化。

同时，HOQ 也可以通过各种手段，如调查问卷、市场分析等方式获取客户需求信息。通过对客户需求进行深入了解，产品设计团队可以更好地满足客户需求，提高产品质量和用户满意度。

总之，HOQ 是一种非常实用的质量管理工具，经常被应用于产品设计、质量控制和客户满意度方面。通过使用 HOQ 模型，设计团队可以提高对产品需求的理解和把握，从而满足客户的期望和需求。

1.9 责任矩阵表

项目需要完成的任务千头万绪，参与项目的成员数目众多，因此需要将任务落实到每个成员身上，确保每个任务都有相应的成员去负责和完成。责任矩阵是一种将所分解的工作任务落实到项目有关部门或个人，并明确表示出他们在组织工作中的关系、责任和地位的一种方法和工具。责任分配矩阵是一种矩阵图，责任矩阵中横向为工作单元，纵向为项目成员或部门名称，纵向和横向交叉处符号表示项目成员或部门在某个工作单元中的职责或参与角色。

责任矩阵是由线条、符号和简洁文字组成的图表，不但易于制作和解读，而且能够较清楚地反映出项目各部门之间或成员之间的工作责任和相互关系。

责任矩阵可以与工作分解结构结合使用，如制定战略层次的里程碑责任矩阵、项目分级的程序责任矩阵及战术级的日常活动责任矩阵。

责任矩阵见附表 1-4，是用来对项目成员进行分工，明确其角色与职责的有效工具，通过这样的关系矩阵，项目团队每位成员的角色，也就是谁做什么，得到了直观反映。这样项目的每个具体任务都能落实到参与项目的成员身上，确保项目"事有人做，人有事干"。

附表 1-4　责任矩阵（实例）

图例	
◎	负责
○	研发
□	技术支持
■	研发管理
△	资源分配
▲	流程管理

项目实施责任矩阵

行为 员工	客户沟通	需求分析	法律支持	技术开发	架构	安卓开发	苹果开发	微信开发	后台开发	联调测试	实施	客户培训	售后支持
王玺	◎	◎											
王轼										◎			
王来						◎							
王越						○		◎					■
王骥	■			○				◎				■	◎
王伟						□		○	◎			■	
王直				▲	▲	▲	▲	▲				◎	
王一居				◎	◎								
王永和		■											
王得仁						△	△	△				◎	

项目管理中常用的分析方法

2.1　SWOT 分析法

　　SWOT 分析法，又称态势分析法，即将与研究对象密切相关的各种影响因素列举出来，并依照矩阵形式排列，然后用系统分析的方法把各种因素相互匹配起来加以分析，从中得出相应结论的方法。

　　具体影响因素包含四个方面，即 S（strengths）优势、W（weaknesses）劣势、O（opportunities）机会、T（threats）威胁。SWOT 各元素代表的含义如附图 2-1 所示。

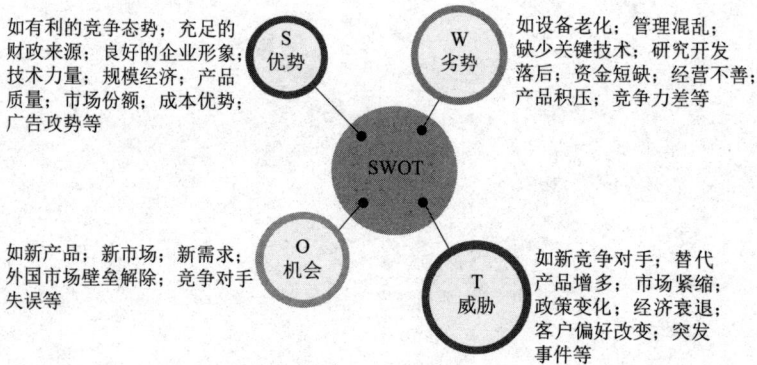

如有利的竞争态势；充足的财政来源；良好的企业形象；技术力量；规模经济；产品质量；市场份额；成本优势；广告攻势等

S 优势

W 劣势

如设备老化；管理混乱；缺少关键技术；研究开发落后；资金短缺；经营不善；产品积压；竞争力差等

SWOT

如新产品；新市场；新需求；外国市场壁垒解除；竞争对手失误等

O 机会

T 威胁

如新竞争对手；替代产品增多；市场紧缩；政策变化；经济衰退；客户偏好改变；突发事件等

附图 2-1　SWOT 各元素代表的含义

　　SWOT 分析法可以帮项目经理清晰地把握全局，分析自己在资源方面的优势与劣势，把握环境提供的机会，防范可能存在的风险与威胁。但在实际应用中，对这些因素的分析并不是单独进行的，往往需要将其两两组合，系统分析，这就形成了几个常用的组合战略。具体就是 SO 战略（优势机会组合）、WO 战略（劣势和机会组合）、ST 战略（优势和威胁）组合、WT 战略（威胁和劣势组合）。

　　在实际运用中，可以分为三个层面，具体如下。

1. SO 战略及 ST 战略的配对

　　一方面，从外部环境看，当企业面临某个市场机会组合时，为了利用这个机会，企业所需要拥有的内部资源可能落在自己的优势栏，也可能落在劣势栏；另一方面，从公司自身的优劣势角度看，或是为了寻找机会，或是为了进一步发挥优势，或是为了弥补劣势。

2. WO 战略及 ST 战略的配对：两个威胁应对战略（一般非企业的主战略）

当外部的威胁不得不面对时，企业内部有优势者应理性权衡内外部的博弈，考虑内外力量的对比和外部的趋势是否可逆。当外部的威胁直击内部的软肋时，建议防御、撤退或着手变革。

3. 强制优先级排序

根据 SWOT 模型确定所要的解决的问题和所应用的相应战略后，对所有的战略选项进行强制优先级排序，以协助决策者有计划、协调地执行。

2.2　PDCA 循环分析法

PDCA 循环模型最开始是由美国质量管理专家沃特·阿曼德·休哈特提出的，由 plan、do、check、act 四个英文单词首字母的组成，PDCA 循环示意图如附图 2-2 所示。

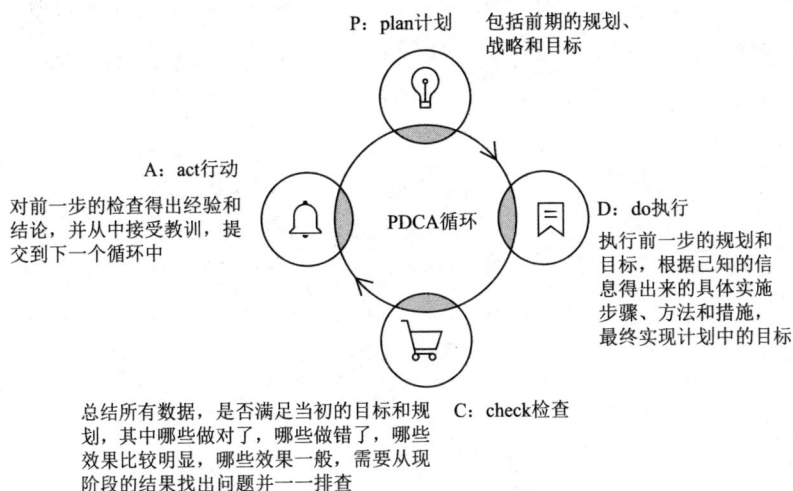

附图 2-2　PDCA 循环示意图

（1）P（plan）：计划阶段

要通过市场调查、用户访问等，摸清用户对产品质量的要求，确定质量政策、质量目标和质量计划等。包括现状调查、分析、确定要因、制订计划。

（2）D（do）：实施阶段

实施上一阶段所规定的内容。根据质量标准进行产品设计、试制、试验及计划执行前的人员培训。

（3）C（check）：检查阶段

主要是在计划执行过程中或执行后，检查执行情况，看是否符合计划的预期结果与效果。

（4）A（act）：改进阶段

主要是根据检查结果，采取相应的措施，巩固成绩，把成功的经验尽可能纳入标准，进行标准化，遗留问题转入下一个 PDCA 循环去解决。

P（计划）+D（执行）+C（检查）+A（处理）代表了 PDCA 循环模型代表了 PDCA 需要经过一个循环过程。项目中每一项工作都是一个 PDCA 循环，都需要经过计划、实施、检查结果，并进一步进行改进，同时进入下一个循环。

需要注意的是，这个过程是环状上升的，是一个周而复始的过程。PDCA "周而复始"上升进程示意图如附图 2-3 所示。只有在日积月累的渐进改善中，才可能实现质的飞跃，才可能做好每一环节工作，达到理想的项目目标。

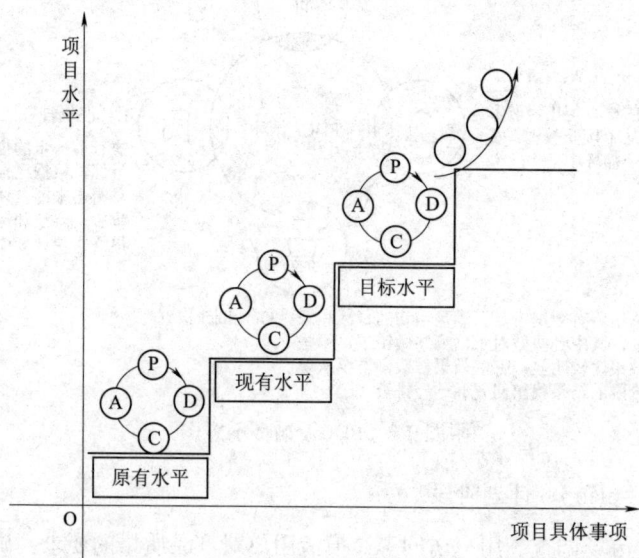

附图 2-3　PDCA "周而复始"上升进程示意图

2.3　6W2H 分析法

6W2H 分析法，也称八因素分析法，是一种实用的分析方法。该方法适用于任何领域，同样包括项目管理，它强调通过分析 what、why、who、when、where、which 六个因素及 how much、how long 两个附加因素，全面了解一个事件或问题。6W2H 代表的含义见附表 2-1。

附表 2-1　6W2H 代表的含义

因　素	含　义
what	工作的内容和达成的目标
why	做这项工作的原因
who	参加这项工作的具体人员及负责人
when	在什么时间、什么时间段进行工作
where	工作发生的地点
which	哪一种方法或途径
how	用什么方法进行
how much	需要多少成本
how long	需要多长时间

做任何项目都不能忽视 6W2H 分析法，这种方法有助于项目经理解决问题的思路条理化，杜绝盲目性。我们的汇报也应该用 6W2H，能节省写报告及看报告的时间。

1. what（什么）

该因素考虑一个问题或事件的本质是什么。对该因素的分析将明确该问题或事件的目标。比如：某公司要推出一款新产品，那么这款产品的特点、功能、品牌等，都是 what 因素的范畴。

2. why（为什么）

该因素考虑一个问题或事件存在的原因，它解答了为什么会出现问题。对该因素的分析将明确出现的问题和原因之间的联系，为解决问题提供了方向。比如：产品推广失败，造成市场萎缩的原因可以是价格较高、品质不佳等。

3. who（人）

该因素考虑某个事件或问题所涉及的人，包括企业内部和外部人群。对该因素的分析将帮助人们了解问题或事件中涉及的人，比如，产品的目标客户群、营销策略中的专业人士等。

4. when（时间）

该因素考虑某个事件或问题发生的时间，它解答了"什么时候问题或事件发生"的问题。对该因素的分析将帮助人们了解问题或事件发生的背景。比如，产品推广活动的有效时间，是在某个特定的季节还是全年。

5. where（地点）

该因素考虑某个事件或问题所涉及的地点，一般是在一个具体的位置范围内。对该因素的分析将帮助人们了解问题或事件是在哪里发生的。比如，某个城市的市场对于产品的接受度和需求等特点。

6. which（哪一个）

这一因素专注于探讨和确定解决特定事件或问题的最佳方法、途径。深入分析此因素将帮助项目管理者更有效地实施计划，从而有计划、有重点地达成项目目标。

7. how much（多少）

这是 6W2H 中的一个附加因素，聚焦于评估项目目标实现所需的人力、物力、财力总和。包括资源、资金、人员投入及其他相关成本，为项目管理者提供全面的成本考量依据。

8. how long（多长时间）

6W2H 中的另一个附加因素，着重考虑项目的时间维度。它涵盖了项目计划周期、营销、执行等各个环节的具体时间安排，确保项目管理者能在规定的时间内高效完成任务。

6W2H 分析法的优点在于，简单易操作，适用范围广，有助于解决复杂问题。这种方法利用六个基本的问题和两个附加问题进行有序分析，从而更好地了解问题和确定解决问题所需的行动计划。

2.4　SMART 原则

SMART 原则是一种目标管理原则，用于指导科学、合理地制订目标计划。具体由五个英文首字母组成，最早由管理学大师彼得·德鲁克在他的著作《管理实践》中提出。

他认为，并不是有了工作才有目标，恰恰相反，是有了目标才能确定每个人的工作。在项目管理中，目标管理也要坚持 SMART 原则，以目标为导向，以人为中心，以成果为标准，在项目团队成员的积极参与下，自上而下地确定工作目标，并在工作中实行"自我控制"，自下而上地保证目标实现。

SMART 原则的具体内容如附图 2-4 所示。

S：具体的（specific），指目标要具体，不能笼统；

M：可度量的（measurable），指目标是数量化或者行为化的，验证这些绩效指标的数据或者信息是可以获得的；

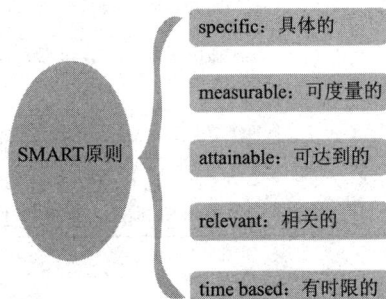

附图 2-4　SMART 原则的具体内容

A：可达到的（attainable），指目标在付出努力的情况下可以实现，避免设立过高或过低的目标；

R：相关的（relevant），指目标是与工作其他目标是相关联的；绩效指标是与本职工作相关联的；

T：有时限的（time-based），注重完成目标的特定期限。

2.5　关键路径法

关键路径法是一种用寻找关键路径及其时间长度，以确定项目的完成日期与总工期的方法。此方法能够让项目经理估算项目整体耗费的时间，不断比较每天应当发生的进度和实际发生的进度之间的差别。

这种方法最核心的是"关键路径的确定"。关键路径就是从输入到输出经过的延时最长的逻辑路径。在绘制方法上主要有两种：一种是箭线图（ADM），另一种是前导图（PDM）。

1. 箭线图

箭线图（ADM）表示的是一个项目计划，重点是凸显出清晰的逻辑关系和良好的可读性。除了箭线图（ADM）本身具有正确的逻辑性，良好的绘图习惯也是必要的。因此，在绘图时要遵守规则，懂得技巧。箭线图的绘制规则和技巧见附表 2-2。

附表 2-2　箭线图（ADM）的绘制规则和技巧

序　号	规则和技巧的详细内容
1	从左向右绘制；开始于一个节点，并且结束于一个节点
2	不能出现回路；两线不能相交，在相交无法避免时，可以采用过桥法或者指向法等方法避免混淆
3	每个节点都要编号，编号按照前后顺序不断增大（号码不一定连续，但不能重复）
4	为了便于辨识，表示活动的线条一般推荐使用直线和折线，在不可避免的情况下可以使用斜线，但要注意逻辑方向的清晰性

2. 前导图

前导图（PDM）法又称为单代号网络图法，以节点表示活动，以节点间的连线表示活动间的逻辑关系。活动期间可以有四种逻辑关系：结束—开始、结束—结束、开始—开始、开始—结束。绘制前导图时的规则和技巧见附表 2-3。

附表 2-3　绘制前导图时的规则和技巧

序　号	规则和技巧的详细内容
1	必须正确表达已定的逻辑关系
2	严禁出现循环回路
3	严禁出现双向箭头或无箭头的连线
4	严禁出现没有箭尾节点的箭线和没有箭头节点的箭线
5	箭线不宜交叉，当交叉不可避免时，可采用过桥法或指向法绘制